문화의 시대
한중 문화충돌

동북아역사재단
연구총서 135

문화의 시대
한중 문화충돌

김인희 편

동북아역사재단
NORTHEAST ASIAN HISTORY FOUNDATION

■ 책머리에

문화의 시대, 한중 문화충돌

문화도둑에서 문화속국으로

1992년 한중 수교 이후 한국 드라마가 중국에서 크게 유행하였다. 중국 언론은 이러한 한국문화 열풍을 한류(韓流)라고 하였다. 당시 중국에서는 한국문화가 중국 미디어 시장에 차가운 기운을 드리웠다는 의미로 '한류(寒流)'라고도 했다. 이는 일종의 자기 조롱으로 중국문화 산업 발전과 중국 전통문화의 국제영향력이 약해지는 것에 대한 우려였다. 이때 강릉 단오제가 등재되어 우려하던 바가 확인되었다.

중국에서 한국문화에 반대하는 항한(抗韓), 반한(反韓) 현상이 일어났다. 항한은 한국문화에 저항한다는 의미고, 반한은 한국문화가 중국사회를 점유하는 것에 반대한다는 의미다. 혐한(嫌韓)은 2004년 일본으로부터 들어왔는데 2010년 이후 많이 사용되고 있다.

한국문화에 대한 열광이 혐한으로 바뀌는 데 2004년 『런민일보(人民日報)』 보도가 결정적인 역할을 하였다. 『런민일보』는 「단오절은 다른 나라의 문화유산이 되는가?」라는 보도에서 "최근 동북지역 대학의 한 교수가 문화부에 급한 서신을 보내왔다. 믿을 만한 소식으로, 아시아의 모 국가에서 단오절을 유네스코 무형문화유산으로 신청할 예정이며, 이미 단오절을 자국의 문화유산으로 등재한 상태다"라고 하였다. 그리고 문화부 부부장의 말을 인용하여 "만약 다른 나라에서 등재에 성공한다면 조상을 어떻게 뵐 것인가"라고 깊은 우려를 표명하였다.

네티즌들은 『런민일보』 기사에서 말하는 모 국가가 한국임을 빠르게 찾아냈다. 그리고 중국 관리들과 언론은 한국을 '중국문화를 빼앗아간 도둑'이라며 성토하기 시작하였다. 한 연구자는 당시 상황을 "언론이 폭격하니 한국인이 마치 성 아래 와 있는 것 같았다"라고 표현하였다. 굴원(屈原)의 고향으로 알려진 후베이성(湖北省)의 위에양시(岳陽市)에서는 단오를 지키기 위한 단오 보위전(保衛戰)을 전개하기도 하였다. 굴원은 초나라의 애국시인으로 중국인이 모두 존경하는 인물이다. 일부 학자들이 "한국과 중국의 단오는 다르며 한국이 등재에 성공한다 해도 중국이 단오를 등재하지 못하는 것은 아니다"라고 하였으나, 소수의 목소리는 공중의 먼지가 되어 사라졌다.

사실 『런민일보』의 보도는 많은 문세가 있다. 위 보도는 "한국이 중국 단오를 유네스코 문화유산으로 신청하였으며 중국인의 조상인 굴원마저 빼앗기게 되었다"고 하였다. 이 보도는 한국과 중국의 단오를 동일한 것으로 착각하게 하였으며, 심지어 한국도 중국처럼 단오에 굴원을 제사하는 것으로 착각하게 하였다. 양국 단오의 차이점에 대한 이해 없이 보도된 『런민일보』 기사로 인하여 한국은 '문화도둑'이라는 낙인이 찍혔다.

2005년에는 문화도둑 이미지에 문화침략자 이미지가 더해졌다. 2005년 〈대장금〉이 중국에서 크게 유행하면서 중국인들은 한국문화가 중국문화를 침략한다는 위기의식을 갖게 되었다. 어떤 연구자는 "국가의 장기적인 문화 안전이라는 측면에서 한류의 침략에 반드시 경계심을 갖고, 중국인의 한국문화 열광에 냉수를 부어야 한다"고 하였다. 어떤 학자는 음모론을 제기하기도 하였다. 한국이 중국의 유교 종주국 지위를 빼앗기 위해 〈대장금〉을 제작 방영하였다는 것이다. 이 학자는 "한류는 단순한 문화전파가 아니라, 중국으로부터 유교문화의 정통지위를 빼앗으려는 것이다. 〈대장금〉은 한국이 동아시아에 선포한 정치선언서이며 한국이 세계로 향하는 문화신분증이다"*라고 하였다.

2004년 문화도둑 이미지가 형성된 이후 한국 전통문화가 중국에서 기원하였다는 주장은 주로 중국 내 애국주의 네티즌을 중심으로 전개되었다. 한류는 2005년 문화침략자라는 이미지가 형성된 이후 시기에 따라 차이는 있으나 지속적인 발전을 보였다. 2000년대는 드라마가 크게 유행하였고, 2010년대 이후에는 K-POP이 크게 유행하였다.

그런데 2016년 사드 한반도 배치 이후 상황이 바뀌기 시작했다. 문

---

* 詹小洪, 「『大长今』 折射韓國文化戰略」, 『新民周刊』, 2005年 9月 28日.

화도둑은 한국이 중국문화를 빼앗아간 것에 대한 분노이고, 문화침략자는 한국문화에 의해 중국문화가 침식당하는 것에 대한 우려였다. 그런데 2016년 이후 한국을 '문화속국'이라 주장하기 시작하였다. 즉, 한국문화는 중국에서 기원하였기 때문에 한국은 문화적으로 중국의 속국이라는 것이다. 예를 들면 조선시대 관복은 명나라에서 하사한 것이며, 여성의 짧은 저고리는 명나라 옷의 영향을 받았다는 것이다.

속국은 법적으로는 독립국이지만 실제로는 정치, 경제, 군사, 문화의 면에서 다른 나라의 지배적인 영향을 받는 나라를 말한다. 따라서 한국이 중국의 문화속국이라는 주장은 단순한 문화기원 논쟁이 아니다. 기존에는 수세적인 입장에서 방어에 치중하였다면, 이제는 적극적으로 공격하는 방법을 택했다는 것을 말한다.

문명의 충돌, 그리고 문화의 충돌

일찍이 헌팅턴(Samuel Huntington)은 탈냉전 이후 "새롭게 태동하는 세계 정치구도에서 가장 핵심적이고 위험한 변수는 상이한 문명을 가진 집단들 사이의 갈등이 될 것이다"라고 하였다. 그리고 "이데올로기 대립에 억눌려 역사 흐름의 표면에 나타나지 않고 있던 문명 간의 갈등이 이제부터 수면 위로 터져 나올 것이다. 억누르는 힘이 강하고 억눌려 있던 기간이 길었던 만큼 그 분출도 힘찰 수밖에 없다"[『문명의 충돌(The Clash of Civilizations and the Remaking of World Order)』]라고 전망한 바 있다.

헌팅턴은 자신의 책에서 세계 문명을 서방과 라틴아메리카, 이슬람,

힌두교, 유교, 일본 등 7개 내지 8개의 문명들로 나누고, 국가 간 무력 충돌이 발생하는 것은 이념의 차이가 아니라 전통, 문화, 종교적 차이 때문이라고 하였다. 헌팅턴의 예언대로 현재 세계는 문명 간의 갈등과 대립으로 몸살을 앓고 있다. 2019년 말 시작된 코로나19가 갈등을 더욱 가속화시켰다. 동양인에 대한 비하와 조롱, 폭력은 이제 일상이 되었다.

  거대 문명 간의 대립과 갈등이 증폭되는 한편 같은 유교 문명권에 속한다고 볼 수 있는 한국과 중국 간의 문화 소유권 논쟁도 점차 가열되고 있다. 문화는 정신적인 것과 연관되며 인간 활동의 모든 형식과 그 활동의 결과물을 지칭한다. 문명은 고도로 발달한 문화들에 대해 사용되는 질적인 의미를 지닌 개념이다. 문화가 민족주의적 특성을 내포한다면 문명은 국제적인 개념을 내포하고 있다. 문화가 비정치적이라면 문명은 정치적이다. 따라서 이 책에서는 거대 문명 간의 충돌이 아닌 같은 문명권 안의 한중 두 나라의 문화적 갈등을 '문화충돌'이라는 개념으로 표현하였다. '충돌'이란 용어를 사용한 이유는 두 나라의 갈등이 단순한 감정적인 대립이 아니라 보다 심층적이고 다양한 요인이 내포되어 있다고 판단하였기 때문이다.

  그동안 한중의 문화충돌은 오랜 역사적 경험으로 유사한 문화유산을 소유한 한국과 중국이 소유권을 놓고 벌이는 일종의 문화 소유권 경쟁으로 해석되어 왔다. 그리고 그 원인을 두 나라의 강한 민족주의에서 찾았다. 그러나 이는 표면적으로 드러나는 현상에 대한 해석으로 실제적인 원인을 읽어내지 못하였다. 만약, 민족주의가 원인이라면 중국과 오랜 역사적 교류를 경험한 일본, 베트남, 몽골 등에서도 똑같은 현상이 발생해야 한다. 그런데 이들 국가에서는 한국과 같은 문화충돌 현상은 발생하지 않고 있다. 일본의 경우에는 문화보다는 역사적인 원인으로 갈등하고 있다.

한중 문화충돌을 넘어

이 책의 전체 내용은 두 부분으로 나누었다. 첫 번째는 한중 간 문화충돌의 원인을 밝히는 것이다. 문화충돌의 원인을 전 세계적 현상으로 파악하고 거시적 관점에서 출발하여, 현재 충돌 지점인 중국의 시진핑 정부로 논의를 모아오는 방식으로 구성하였다. 전체적인 구성은 전 세계 단위의 문화충돌, 동아시아 단위의 문화충돌, 중국의 혐한과 한중의 문화충돌, 중국의 문화 정책과 한중의 문화충돌로 구성하였다.

두 번째는 한중 간 발생한 실제 문화충돌 사례를 중심으로 원인을 살펴보고 해결 방안을 모색해 보았다. 갈등의 핵심이었던 단오, 추석, 무형문화유산이 대상이 되었다.

이 책에서는 한중 간 갈등을 단순히 강한 민족주의를 가진 두 나라 사이의 갈등으로 본 기존 연구의 한계를 극복하기 위해 다음과 같은 점을 시도하였다.

첫째, 문화충돌을 한중 간의 문제로 한정하지 않고 전 세계적인 현상으로 보았다. 이를 증명하기 위해 문화의 세계화와 문화 제국주의의 관계에 대해 설명했다. 현재 미국으로 대표되는 서구사회와 중국은 문화 제국주의의 두 중심축으로 문화로 충돌하고 있다. 중국은 애국주의를 고양시켜 외국 상품의 유입을 막는 한편 전파공정을 통해 자국 문화를 전파하고 있다.

둘째, 중국 민족주의의 특징을 살펴보았다. 중국 민족주의는 방어적, 국가 주도, 대중적 민족주의 특징을 가지고 있다. 중국 민족주의가 방어적 특성을 갖게 된 것은 침략당한 역사에 대해 교육을 통해 연민의 역사관을 생성하였기 때문이다. 국가는 통치를 공고히 하기 위해 민족주의를 이용하고 있으며, 친정부 네티즌 집단은 이를 실천하는 역할을 맡고 있다. 이러한 요인이 결합되어 한중 간의 문화충돌은 과열된 양상으로 나타나게 되었다.

셋째, 중국이 그동안 주장한 한국문화의 중국기원론의 문제점에 대해 지적하였다. 중국은 모든 문화는 중국에서 만들어 전파하였기 때문에 문화발명권은 중국에 있다고 한다. 그러나 한국과 중국의 단오는 날짜를 제외한 구체적인 행사와 내용이 완전히 달라 중국기원론을 설명할 수 없다. 추석의 경우 오히려 한국에서 이른 시기에 시작되어 모든 문화가 중국에서 기원하였다는 주장은 성립될 수 없다. 따라서 단오와 추석에 대한 중국의 문화발명권은 존재할 수 없다.

넷째, 중국의 문화 공격에 탄력성을 가지고 대응할 것을 제안하였다. 과거 전쟁과 정복의 역사 그리고 타자를 주변화시켰던 역사를 극복하고 화해와 평화, 다양성의 의미로 전환시킬 필요가 있다.

한중 문화충돌 중 문화산업과 관련된 내용을 구체적으로 다루지 못한 것은 끝내 아쉬움으로 남는다. 시진핑 정부에서 인류운명공동체를 제안한 이후 문화산업 분야의 충돌이 점점 더 첨예화하는 양상을 보이고 있다. 중국은 서구문화 제국주의에 대결하기 위해 애국주의를 활용하고 있기 때문에 앞으로 문화산업 분야에서 한중 간의 문화충돌은 점점 더 첨예화될 것으로 예상된다. 헌팅턴은 문제 해결을 위한 사회의 엘리트 집단의 각성을 촉구한 바 있다. 그는 문명의 충돌은 세계 평화에 가장 큰 위협이 되며, 문명에 바탕을 둔 국제질서만이 세계대전을 막는 확실한 방어 수단이라고 강조한다.

저자를 대표하여
김인희 씀

■ 차례

■ 책머리에 _ 4

1장 세계화와 문화 제국주의 • 임동욱

문화의 생성과 교류 · 17 | 문화교류 또는 문명충돌? · 18 | 세계화와 세계시장, 자본주의의 재구조화 · 22 | 문화소비와 문화충돌, 제국주의와 문화 제국주의 · 26 | 문화의 세계화와 문화상품의 소비 · 31 | 문화 제국주의와 국가의 역할 · 35

2장 중국 민족주의와 한중 문화충돌 • 박정수

중국은 왜, 한국과 역사와 문화로 갈등할까? · 41 | 민족주의와 민족 · 43 | 민족주의와 문화갈등 · 47 | 중국 민족주의의 부상 · 49 | 중화 민족주의(中華民族主義)와 중화민족(中華民族) · 53 | 한족(漢族)의 다른 이름, 중화민족 · 56 | 중화민족 만들기 · 60 | 중화민족 만들기와 대중 민족주의 · 63 | 중화민족 만들기와 동아시아 문화갈등 · 65 | 중국의 방어적 민족주의의 위험성 · 68

3장 한중 문화교류와 충돌, 단오절 논쟁 어떻게 볼 것인가? • 박영환

현대 중국, 왜 유교 열풍일까? · 73 | 중국 문화부 차관, 단오 논쟁에 불붙이다 · 77 | 중국인들은 한국이 단오문화 강탈한다고 오해 · 80 | 강릉단오제 등재와 중국의 반성과 자각 · 88 | 한중 간 문화쟁탈 논쟁으로 확대 · 94 | 한류 열풍 대륙에서 사라지다 · 99 | 전통명절보호법안 제정과 중국 단오절 등재 성공 · 101 | 서구적 문화 종교관의 중국 유입 차단 · 108 | 『런민일보』, 단오 논쟁의 선봉에 서다 · 111 | 음수사원(飮水思源)의 중화 중심적 사고 · 115 | 중국이 단오 논쟁을 통해 얻고자 한 것은 · 119

4장 중국의 한류 수용과 저항 태도 • 윤경우

한류의 발원지, 중국 · 125 | 이론적 접근방법과 분석의 틀 · 127 | 중국의 외래문화 수용 전통 · 129 | 개혁개방 이후 중국의 문화수용 태도 · 132 | 시진핑 시기 중국의 문화수용 태도 · 137 | 중국의 한류 수용 태도 · 142 | 중국의 한류 저항 태도 · 152 | 우환의식(憂患意識)에서 발원한 초조함 · 162

5장 시진핑 정부의 문화정책과 한중 문화충돌 • 김인희

공산당을 반대하면 문화허무주의자 · 169 | 중국몽의 실현과 문화자신 · 172 | 야만과 문명의 기준, 문화 · 175 | 문화로 교화하다 · 179 | 이데올로기 투쟁 도구, 문화 · 181 | 인류운명공동체 실현과 전파공정 · 186 | 시진핑 시기 한중 문화충돌 원인은? · 190

6장 중국 중추절의 신라 기원설과 '문화발명권' • 신종원

서로 다른 달(月) · 199 | 신라의 추석 풍속 · 200 | 중국인들이 본 신라의 추석 · 209 | 일본승 엔닌(圓仁)이 본 신라 유민의 추석 · 213 | 신라인의 추석 음식, 박돈 · 217 | 중국과 일본 학계의 추석 기원 논쟁 · 225 | 문화발명권과 관련하여 · 229

7장 글로벌 시대 문화다양성의 가치와 문화유산 • 권혁희

'문화유산'이라는 글로벌 현상 · 235 | 초기 인류학을 통해 본 중국의 문화 기원 논쟁-전파론의 한계 · 238 | 역사·사회·문화적 실천으로서 문화유산-단오와 김치의 사례 · 242 | 민족 정체성 경합의 장으로서 문화유산-파오차이·힌푸 논쟁 · 251 | 문화다양성의 가치와 문화유산 · 255

8장 한국과 중국은 왜, 문화로 충돌할까? • 김인희

문화 제국주의의와 한중 문화충돌 · 261 | 중국 애국주의와 한중 문화충돌 · 268 | 중화주의와 한중 문화충돌 · 272

■ 미주_280

1장

세계화와 문화 제국주의

임동욱

culture
traditions
artifacts
food

language

values

society
symbols
identity

identity
values
customs

traditions
music
culture art
identity

문화의 생성과 교류

문화(culture)라는 말은 원래 경작이나 재배 등을 뜻하는 라틴어인 'cultus'에서 유래했다. 문화에는 자연상태의 사물에 인간이 작용(노동)을 가하여 그것을 변화시키거나 새롭게 창조해 낸 것이라는 의미가 담겨 있다. 넓은 의미에서 문화는 인간 생활의 총칭을 가리키면서 자연과 대립하는 말이라 할 수 있다. 인류가 유인원의 상태를 벗어나서 도구와 언어를 사용하면서부터 이루어 낸 지적·물적 축적의 결과를 말한다. 여기에는 정치나 경제, 법과 제도, 문학과 예술, 도덕, 종교, 풍속 등 모든 인간의 산물이 포함된다. 협의의 문화는 인간이 이룩한 문학과 예술만을 지칭하기도 한다.

문화처럼 복잡다기한 의미를 지니는 단어도 없다. 문화에 대한 정의가 다양할 수밖에 없는 것은 인간적인 활동과 산물들의 관계를 이해하는 방식이 매우 다양하기 때문이다. 문화는 역사적 시기와 시대, 사회집단, 이데올로기적 입장에 따라 아주 다양하게 정의됐다. 이는 인간이 창조한 사회적, 역사적 산물을 두고 인간들이 벌이는 권력 다툼과 밀접한 관련이 있다. 권력 다툼이란 결국 모든 인간적 산물들의 소유와 배분을 둘러싼 다툼이고, 궁극적으로 생활방식 또는 문화를 둘러싼 다툼이기 때문이다.

  초기 인류는 비교적 평등한 원시공동체적 삶을 영위했으나 농경 생활의 시작으로 여유생산물이 축적되면서 다툼이 본격화되기 시작했다. 농업생산이 정착되자 이웃 부족이나 도시의 여유농산물을 탈취하는 것이 빈번해졌으며, 이 과정에서 교류와 강탈, 충돌이 빈번해졌다. 초기의 순수한 물물교환이 강제성을 띠고, 착취와 강탈을 수반하게 됐다. 문화교류는 이렇게 해서 자연스럽게 또는 강제적으로 이루어지게 됐다. 예전에는 각 부족이나 도시, 국가들이 자기들이 부족한 물건을 외부에서 충족시키고 다른 한편으론 자기들이 남는 물건을 외부에 파는 형태로 물물교환이 이루어졌다. 초기의 순수한 물물교환에서 시작되었던 교환이 자발성과 강제성이 혼합된 형태의 문화적 교환이나 교류로 발전하였다. 이 글은 문화교류와 문화충돌에 대한 다양한 정의 방식 가운데 대표적인 몇 가지만 골라서 살펴볼 것이다. 특히 필자는 세계화기 전면적으로 확산하고 있는 현 상황에서 문화교류와 문화충돌을 단순한 문화 이동이라는 관점에서 벗어나 문화상품의 이동과 교환이라는 관점으로 볼 것을 제안한다.

문화교류 또는 문명충돌?

  우리 인간의 뇌는 대략 약 100만 년 전부터 다른 동물들보다 현저히 커졌으며, 대략 25만 년 전에서 10만 년 전쯤에는 현재의 크기로 커졌다. 그랬던 인류가 갑자기 '문화적 대도약' 또는 '지적 도약'을 경험했다. 큰 몸집보다 큰 뇌를 선택한 조상들의 전략적 선택은 인간의 지적 능력과 문화적 능력을 대폭 확장시켰다. 5만~4만 년 전쯤에 인류는 '문화적 대도약'을 경험한다. 인간의 뇌는 계속 커졌지만, 인간은 오랜 기간 커진 뇌를 활용하지 못했다. 그런데 어느 날 갑자기 문화적 변혁이 일어났다. 라스코 벽화 등에서 인류의 획기적인 문화적 유물들이 발견된 것이다. '문화적 대도약'이란 용어는, 인간의 뇌가 100만 년 동안에는 거의 활동을 제대로 못 하다가 5만~4만 년 전쯤 갑자기 서유럽의 동굴들에서 문화적 유물들이 대거 쏟아져 나오자, 재레드 다이아몬드(Jerad Diamond)가 붙인 말이다. 서유럽의 여러 동굴에서 그림, 조각, 장신구와 매장물 등 인간의 물질적, 정신적 결과물들이 대거 쏟아져 나왔다. 이를 인간의 문화적, 지적 대도약이라 불렀다.

약 1만 년 전쯤에 인류는 곡식의 재배와 일부 야생 동물의 가축화에 성공하였다. 이른바 '야만적'이라 불리는 수렵·채집의 원시공동체 생활에서 벗어나 인류는 '문명'을 경험한다. 문명이란 말은 인간이 농경 생활을 시작하면서 곡식을 기르는, 즉 토양에서 싹을 틔우며 곡식을 재배하는 삶의 의미가 담긴 배양의 개념에서 비롯되었다. 농경 생활과 경작을 시작하면서부터 사람들에게 여유생산물이 생기게 되었고, 이를 바탕으로 일부 경작민들은 조금 여유 있는 생활을 즐기고 여가를 가지기 시작했다. 이 여유를 즐기는 사람, 그리하여 배양된 사람을 '문화적인' 사람이라고 여기게 되었다. 여기서 인간 '문명화'로서 문화는 '원시적이며 교육받지 못한 사람들의 삶'인 '야만인'의 생활과 대비된다. 문화는 삶의 총체적인 방식으로서, 언어와 같은 방식으로서, 재현 때문에 구성되는 것으로서, 도구로서, 실천으로서, 창작물로서, 공간적 배치로서, 권력으로서, 고급이거나 저급한 것으로서, 다수의 것으로서, 그리고 대중적인 것으로서 이해할 수 있다.[1]

또한 문화는 오늘날의 세계가 보여 주고 있는 민족 사이의 차이를 설명하는 유용한 개념이다. 민족성과 문화를 단순히 등치시키는 방식은 문화가 단지 특정한 (물질적, 언어적, 영토적) 속성들을 공유한다는 사실만이 아니라 이런 속성들을 의식하고 또 집단 정체성의 본질적인 것으로 자연스럽게 받아들인다는 사실을 강조하기 때문이다.[2] 한편으로, "'문명'은 하나의 과정 또는 적어도 이 과정의 결과를 표현하며 또 무언가 항상 운동 속에 있는 것, 끊임없이 '앞으로 나아가는 것'으로 이해할 수 있다."[3] 노르베르트 엘리아스(Norbert Ellias)에 의하면, "프랑스와 영국의 '문명' 개념은 정치적·경제적·종교적·기술적·도덕적, 또는 사회적인 사실들을 지시한다. 반면에 독일의 '문화' 개념은 근본적으로 정신적·예술적·종교적 사실들에 적용되며 이런 종류의 사실들과 정치적·경제적·사회적 사실 간에 분명한 선을 그으려는 경향을 강하게 드러낸다." 이런 의미에서 문화는 사회마다 약간의 차이를 드러낼 수 있는 것으로 받아들일 수 있으며, 문명은 인간이 문화를 진전시켜 앞으로 끊임없이 나아가는 과정이라 이해할 수 있다.[4]

새뮤얼 헌팅턴(Samuel Huntington)은 문명의 본질을 여섯 가지로 파악했다. 첫째, 문명은 단일 문명과 복수 문명으로 구분할 수 있다. 둘째, 문명은 독일을 제외하고는 문화적 실체로 파악한다. 문명은 하나의 공간, 하나의 문화 지역, 문화적 특성과 현상의 집약이다. 셋째, 문명은 포괄적이다. 넷째, 문명은 유한하지만 아주 오래간다. 문명은 진화하고 적응하며, 인간의 결속체 중에서도 유독 질긴 생명력을 갖는다. 다섯째, 문명은 정치적 실체가 아니라 문화적 실체다. 여섯째, 과거의 주요 문명과 지금 세계의 주요 문명이 무엇인가에 대해 학자들은 일치된 견해를 내놓고 있다. 헌팅턴은 이러한 학자들의 견해를 종합하여 현존하는 문명을 중화, 일본, 힌두, 이슬람, 정교, 서구, 라틴아메리카, 아프리카의 8개 문명으로 구분했다.[5]

인류의 문명화 과정을 설명하다 보면, 무엇이 보편적인 문명이냐는 질문으로 이어지고, 결국 보편 문명은 근대화 또는 서구의 문화(서구화)라는 것으로 귀결된다. 근대화와 서구화는 서구의 소비 양식과 대중문화가 전 세계로 퍼지면서 세계인의 문화적 기준과 준거가 되고, 결국은 세계의 보편적 문화로 자리 잡게 된 것이다. 문명화가 근대화, 서구화, 세계화로 이어지며 문화의 보편화, 세계화, 차별화가 강화될 수밖에 없다.

헌팅턴은 문화와 문명은 조우하거나 교류하거나 격돌(또는 충돌)한다고 주장했다. 나는 여기에 덧붙여 문화가 흡수 또는 사라져 간다는 개념과 함께 문화의 소비란 개념도 포함되어야 한다고 주장한다. 세계화가 급진전하여 문화(상품) 교류가 빈번해지는 상황에서는 문화적 이동을 문화교류나 문화충돌이라는 한정적 의미로 바라보기보다는 문화 소비와 문화 흡수, 문화 융합, 문화 혼성이라는 복합적 의미로 바라보아야 한다.

세계화와 세계시장, 자본주의의 재구조화

세계화에 대한 개념과 그 기원은 보는 시각에 따라 달라질 수 있지만, 대체로 현대적인 의미의 세계화란 세계가 하나의 단일 체제로 통합되어 전 인류가 하나의 체제하에서 삶을 영위하는 것으로 이해할 수 있다. 구체적으로는 자본 축적의 공간적 범위를 범지구적으로 확장하는 새로운 형태의 생산양식과 교환체제가 확립되어 가는 과정이라 할 수 있다. 월러스타인(Immanuel Wallerstein)은 이를 '역사적 체제로서의 자본주의'로 표현하며, 자본주의의 팽창은 세계적 체제에 기반을 두고 있다고 주장한다. 그에 의하면 "역사적 체제로서의 자본주의는 갖가지 생산 활동을 통합하는 장이고, 시·공간적으로 한정되어 있으면서 구체적인 존재인 것이다. 거기에서는 끝없는 자본 축적이야말로 중요한 경제활동 전부를 지배하는 목표나 법칙으로 되어 있다. 그것은 또한 처음부터 이 법칙에 따라 활동해 온 사람들이 사회 전체에 결정적인 영향력을 미치고, 다른 사람들에게도 그들의 행동 패턴에 따를 수밖에 없는 상황을 만들어 냈다"고 주장한다.[6]

현재 우리가 광범위하게 사용하고 있는 단일 세계화나 지구촌의 개념들은 1980년대 말과 1990년대 초에 확립됐다. 물론 마샬 맥루한(Marshall McLuhan) 같은 학자는 이미 1960년대에 지구촌(global village) 개념을 사용했다. 19세기 말에서 20세기 초에는 증기나 전기, 통신 기술의 개발과 발전이 획기적으로 이루어졌고, 또한 노동 인력의 부족으로 국가 간 인구 이동이나 상품 거래, 투자 등이 활발하게 이루어졌기 때문에 이를 세계화의 기원으로 보는 시각도 있다. 그러나 20세기 초는 1980년대 말 이후에 이루어지고 있는 정보통신 기술에 기인한 기술적 발전이나 WTO와 각종 국제기구에 의해 촉진되고 있는 오늘날의 국제적 자본이나 상품 이동에 비하면 양적으로나 질적으로 비교할 수가 없다. 오늘날 국제간 경제 거래는 각종 국제 법규의 완화로 인한 무역 장벽의 제거와 양자 협상인 자유무역협정 FTA 등으로 예전과 비교하면 훨씬 자유로워졌다. 20세기 중반에 미국과 소련의 대립과 냉전으로 제약되었던 국제 정치 양태도 훨씬 더 유연해졌다. 특히 그 당시에는 국제 간 거래 영역이 극히 제한되어 있던 서비스 상품과 자본의 이동이 대폭 확대되었다.

이러한 자본의 움직임이나 대응으로 통칭하는 자본주의의 재구조화는 자본주의 전 역사에서 지속해서 진행됐다. 최근 진행되고 있는 범세계적 규모의 재구조화는 범위와 성격 면에서 이전 시기의 재구조화와는 차원이 다르다. 세계 경제의 태동은 이 시대 자본주의 재구조화를 모색하려는 자본의 몸부림과 밀접하게 관련돼 있다.[7] 오늘날 가속화되고 있는 경제의 세계화는 몇몇 국가의 주도로 혹은 국가 간의 협약으로 이루어졌던 국제화와는 달리 전 세계적인 시장경제의 힘으로 만들어지는 범지구적 변화로 나타나고 있다. 경제적으로 단일 시장의 구축으로 나타나는 세계화는 국가 간의 국경과 장벽이 없어지고 자본과 상품, 서비스 그리고 노동 인력의 자유로운 흐름을 가능하게 한다. 세계화는 선진 자본주의 국가의 패권적 주도권을 통한 국가 간의 대연합, 예를 들어 EU의 탄생 등을 통하여 구체화하고 있다. 작은 규모의 국제적 거래로부터 세계 경제로의 전환은 정보와 문화 영역에서도 단일 국가의 개념을 무너뜨리고 있다.

　세계화에 따른 자본주의 재구축은 세 가지 측면에서 이루어지고 있다.

　첫 번째 재구축은 자본의 전 세계적인 이동을 원활하게 하는 것이다. 19세기의 고전적인 제국주의를 금융 자본주의라 부르기도 했으나, 진정한 의미의 금융 자본주의는 자본이 별다른 제약 없이 국경을 자유롭게 넘나들 수 있게 해 주는 21세기에 구축됐다. 초국적 금융자본의 세계적인 활동은 그 활동 범위가 전 세계적으로 이루어진다는 측면에서 가히 전 지구적 팽창이라 부를 수 있다. 초국적 자본은 투기를 목적으로 할 뿐만 아니라 자신의 자본 증식을 위해 자유롭게 국경을 넘나들 수 있게 되었다. 오늘날 자본은 그것이 생산 자본이든 투기 자본이든 간에 아무런 제약 없이 국경을 넘나들 수 있다.

　두 번째 재구축은 상품의 자유로운 이동이다. 제2차 세계대전 이후 구축되었던 GATT 체제는 WTO로 확장되었고, 이는 FTA와 각종의 다자간 협정으로 이어진다. 이 협정들의 특징은 모든 분야의 상품들이 국경 없는 시장을 넘나들게 해 주는 것이다. 규제 완화라는 이름으로 행해진 각 분야의 규제 철폐와 제약 완화는 농수산물과 영상·문화 상품 그리고 서비스상품을 포함한 모든 상품의 세계적 이동을 가능케 했다.

　세 번째 재구축은 사람이나 인력의 자유로운 이동이다. 예전에는 사람이 국경을 이동하려면 상당한 제약이 따랐으나, 이제는 여행을 비롯한 사람의 이동을 아주 자유롭게 해 주었다. 특히 인력 시장의 자유로운 이동은 선진 자본주의 국가들에게는 값싼 노동력을 받는 기회로, 후발 자본주의 국가들에게는 외화를 벌어들일 기회로 받아들여졌다.

세계시장론은 GATT 체제를 대폭 보강하여 새롭게 탄생한 WTO에 잘 반영되어 있다. 1986년 푼타 델 에스터에서 시작된 우루과이 라운드 협상이 예전의 무역 협상과 질적으로 다른 것은 바로 일반 상품과 서비스의 교역에서 국경의 경계가 대폭 무너지고 자유로운 교역이 가능해졌기 때문이다. 우루과이 라운드 협상은 다자간 무역 협상이라고 불렸음에도 전통적 무역(국경을 통한 상품의 교환)에 관한 것이 아니고, 오히려 세계 경제에서 국경이라는 경계를 무너뜨린 초국적 체계(transnational system)로의 재편이다. 즉 WTO 체제는 (세계를 세계시장으로 엮어 주고 중심 국가들을 위해서 영구적인 자본 축적을 보장해 주는 도구인) 초국적 기업들이 제3세계 국가의 정부로부터 어떠한 간섭 없이 활동할 수 있는 자유를 보장해 주는 것이다.[8]

　미국과 서유럽, 일본을 포함한 선진 자본주의 국가들은 기존의 GATT 체제가 상품과 서비스의 교역에서 제대로 기능하지 못하고 있다고 생각하여 세계 경제 질서의 재편을 통해서 그 이전보다 훨씬 자유로운 무역이 이루어질 수 있도록 하였다. 국가가 존재하고 지리적 국경이 존재함에도 무역의 영역에서는 국경의 개념을 없애고 세계시장을 구축하여 자유 무역을 가능하게 한 것이다. 정보와 문화의 영역에서도 이제 단일 국가의 개념은 무너지고 있다. 인터넷 혁명 또는 사이버 문화는 국경의 개념을 무너뜨리고 있다. 정보의 영역에서도 이미 국경이라는 개념은 존재하지 않는다. 정보고속도로가 이 역할을 하고 있다. 국경이 무너진 세계시장에서 사람과 상품, 서비스 그리고 자본이 마음대로 활보할 수 있는 길이 활짝 열린 것이다. 문화 영역에서도 문화·서비스·정보 상품이 마음대로 달릴 수 있는 길이 활짝 열렸다.

문화소비와 문화충돌, 제국주의와 문화 제국주의

세계적, 문화적 교류를 설명하는 데에는 세 가지 방식과 이론이 있다.[9] 첫 번째는 문화 확산이론(cultural diffusion theory)이다. 문화 확산이론에 의하면 정보와 커뮤니케이션 등을 포함하는 문화 영역에서의 수입과 수출 등 국제적인 유통(flow)에서는 아무런 제한을 받지 않는, 즉 자유방임적 유통이 보장되어야 한다. 문화 확산론을 주장하는 학자들은 문화의 유입은 아무런 제약이 없어야 한다고 주장한다. 즉 자유 경쟁에 따라 우수한 문화는 자연스럽게 열등한 곳으로 흘러간다는 것이다. 이러한 국제 간의 문화와 정보[10] 유입 현상은 자유 시장 논리에 의하여 그 영역을 확장해 나가고, 그에 따라서 발생하는 국제 간의 정보, 문화 불균등은 불가피하다는 것이다.

솔라 풀(Sola Pool)은 이러한 논리를 다음과 같이 설명하고 있다. "일반적으로 문화는 보호가 필요 없다. 문화란 사람들에게 이미 부속된 것이다. 만약 문화가 만족스러운 것이라면, 그리고 만약 그것이 이미 분해의 단계에 있지 않다면, 사람들은 해외로 눈을 돌리지 않을 것이다. … 문화에 있어서 보호주의는 상업 거래에 있어서보다도 더욱더, 항상 자기 패배다."[11]

두 번째 접근은 문화 제국주의 이론이다. 문화 종속 또는 문화 제국주의라는 개념은 남미의 경제적 저발전의 원인을 중심부에 의한 착취와 국제 관계에서의 불균형에서 설명하는 종속이론의 틀에 따라 문화의 영역에서도 국제간의 불균형과 착취가 일어난다고 주장하는 이론이다. 이러한 문화 종속 또는 문화 제국주의의 접근 방법은 세 가지 관점과 가설을 지니고 있다. 첫째, 문화산업과 커뮤니케이션 산업의 활동들도 여타 다른 산업과 마찬가지로 국제 관계 차원에서 이루어지기 때문에 국제적 불균형이 발생한다는 것이다. 문화산업과 커뮤니케이션 산업에도 다른 영역과 마찬가지로 국경이란 존재하지 않는다. 둘째, 문화와 커뮤니케이션 산업의 활동들은 경제 관계 속에서 이해되어야 한다는 것이다. 문화와 지식, 언어, 의식 등 인간의 지적인 생산물은 그들의 사회적, 물질적인 토대에 근거를 두고 있다는 마르크스의 고전적인 명제에 따라 문화 제국주의 이론은 문화와 커뮤니케이션 산업의 전 세계적 자본주의 팽창을 지배하는 합법칙성과 일반적인 경향들을 찾아내는 데 주력했다. 따라서 그들의 관심이 다국적 독점기업들의 시장팽창 과정과 이윤 극대화 과정을 추적하는 데 모이고 있다는 사실이 이상할 것은 없다. 문화 제국주의 이론을 이끌었던 허버트 쉴러(Herbert Schiller)는 다음과 같이 설명한다.

> 지난 5년 동안 전 세계적으로 증가해 온 상품과 서비스의 생산과 분배는 수천 개의 다국적 기업에 의해서 행해졌다. 이러한 기업들-그중 3분의 2는 미국 소유이거나 미국에 근거를 둔-은 전 세계에 걸쳐 공장과 설비 시설 등을 가지고 있다. 그들의 투자, 생산 가격과 노동 가격은 여러 요인에 의해 영향을 받는다. 그러나 중요하고 결정적인 것은 자본투자의 이익성과 안정성에 있다.[12]

셋째, 문화산업과 커뮤니케이션 조직 또한 이데올로기 생산기구로서 파악되어야 한다. 커뮤니케이션 조직은 그 자체가 하나의 경제 기초이면서 상품을 생산해 내지만 또 한편으론 이데올로기, 가치와 사회의식도 생산해 내는 이중적인 구조로 되어 있다. 요약하자면, 문화 제국주의 이론은 문화산업 자체가 하나의 산업으로서 잉여가치를 추구하는 기업이지만 동시에 그 국가의 이데올로기와 문화적 동질감을 올려주는 역할을 한다고 주장한다. 이러한 국제적인 문화교류 과정에서 서구 선진 자본주의 국가의 메이저 문화, 정보, 미디어 기업들에 의해 주도되는 문화교류는 문화적 종속 내지는 문화적 불균형으로 흐를 수밖에 없다는 것이다.

세 번째의 문화교류에 관한 이론은 문화적 혼종 이론이다. 하나의 문화는 미국과 서구식의 문화에 영향을 받을 수 있지만, 이의 결과가 꼭 문화의 동질화로 나타나는 것이 아니라 문화적 혼종으로 나타난다는 것이다. 크리스 바커(Chris Barker)는 문화 제국주의 이론의 '지배-주변' 모델이 도전을 받고 있으며, 세계적으로 문화 다양성 또는 문화 혼종 현상이나 문화 분열이 일어나고 있다고 주장한다. 문화 수용이 인종, 국가, 성에 따라 다양화되고 있는 것을 예로 들며, 이런 현상은 국가 간의 문화교류를 문화 제국주의 시각보다는 문화의 혼성이나 복합성으로 이해하여야 한다는 것이다.[13]

이엔 앵(Ien Ang) 또한 글로벌 미디어 기업들이 국가 정체성을 붕괴시키는 경향이 있긴 하지만 또 다른 문화 공동체를 만들어 내며 문화 혼종 경향을 보인다고 주장한다.[14] 문화 제국주의의 문화 동질화 명제는 슐레진저[15]와 톰린슨[16]에 의해서도 비판받고 있다. 한 국가의 문화가 다른 문화에 대하여 정체성을 파괴하거나 포섭하고 동질화시킨다는 문화 제국주의 명제가 문화 혼종 개념 때문에 비판받는다. 하나의 문화가 다른 문화에 대해 영향을 미치는 것을 문화의 정체성 상실이라고 보기보다는 문화적 혼종이라고 보아야 한다는 것이다.

문화 동질화는 세계화의 영향으로 인해 전 세계의 생활양식이나 방식, 언어 사용 등의 문화가 점차 동질화되어 간다는 것이며, 이 중심에 미국의 대중매체와 글로벌 미디어 기업들이 자리하고 있다는 것이다. 이에 반하여 문화 혼종을 강조하는 학자들은 이러한 현상이 단일적이거나 일체화된 것은 아니고 여러 문화가 복합되고 혼합되어 나타난다고 주장한다.

문화교류나 문화충돌, 또는 문화흡수가 어떤 형태를 띠더라도 문화는 확대되어 갈 것이고, 그 과정에서 세계적 문화 자본과 초국적 자본의 이익은 확대되면서 그들의 시장은 점점 확대될 것이다. 다른 말로 하면, 그들의 영역, 그들의 제국은 점점 더 확장되어 가리라는 것이다. 현대 제국주의는 고전적인 제국주의와 확연히 구분되는 특징이 있다. 그것은 영토적으로는 국경이 해체된 탈영토화이고, 문화적으로는 동질화와 혼종이 반복해 나타나면서 미국식(서구적)으로 문화적 통합이 되어 간다는 것이다. 초국적 미디어 기업은 이제 본부(중심)를 한곳에 두고 사업을 확장해 나가는 것이 아니라 여러 나라와 여러 지역에 분산해서 사업을 확장하고 있다. 사업 영역도 고전적 미디어인 신문, 잡지, 출판, 책, 영화, 텔레비전에서 벗어나 디지털 영상, 음악, 인터넷, 온라인 게임, 소셜 미디어, 전자상거래, 플랫폼 사업, e-스포츠, 테마파크 등 모든 영역으로 확장하고 있다. 온라인과 오프라인의 구분, 미디어 영역의 구분도 무의미해지며 미디어 융합(수렴)이 되고 있다. 사업 방식에서도 수직적·수평적 결합, 사업 영역의 통합과 분할, 세계화를 위한 현지화, 지역화가 함께 진행되고 있다. 고전적 제국주의에서 나타나는 물리적 지배 방식이 공간과 영역의 지배라는 형태로 바뀌었다. 현대의 탈영토화되고 탈집중적인 형태의 지배를 다른 말로 하면 '문화 제국주의'라 할 수 있다. 문화 제국주의는 총, 칼 등의 강압적이고 폭압적인 형태의 지배보다는 문화와 기술, 인지, 정보를 앞세운다. 문화 제국주의가 고전적 제국주의와 다른 것은 지리적 개념의 영토가 없다는 것과 문명 그 자체를 지배하려는, 즉 포괄적인 의미의 문화 지배가 중심이 된다는 것이다. 문화 제국주의의 특징은 영토적으로는 해체된 탈영토화의 형태를 띠며, 문화·인지적으로 지배하는 데 있다. 문화 제국주의도 진화하며 변해 가고 있다. 제국주의의 형태와 지배 방식이 변해 가듯이 문화 제국주의도 변화하고 있다. 현대 제국주의는 고전적 제국주의와 달리 지배 방식도 예전의 강압적이고 폭력적이던 방식에서 벗어나 유연하고 다양한 방식을 사용한다. 문화 제국주의의 지배 방식은 점점 더 치밀하고 유연해지고 있다. 물리력의 구사도 예전의 군사력에 의존하던 방식에서, 자본의 이동, 상품과 서비스의 이동, 노동력의 이동 또는 침투라는 세련되고 치밀한 방식으로 바뀌고 있다.[17] 물론 국가는 이들 초국적 기업들이 활동을 원활히 하기 위해서 할 수 있는 모든 수단을 적극적으로 지원한다. 이들 국가는 상품과 사람의 자유로운 이동을 확보하기 위해서 군사력을 수반한 무력 행위도 서슴지 않는다.

문화의 세계화와 문화상품의 소비

　문화의 세계화란 문화의 영역에서도 세계화가 구축되어 문화의 유통과 소비가 별다른 제약 없이 국경을 넘나들 수 있게 되었다는 것을 의미한다. 문화의 세계적 생산과 유통으로 인하여 문화적 생산물이 생산과 유통에서 장소의 구속을 덜 받고, 짧은 시간에 때로는 동시에 전 세계로 퍼져 나갈 수 있게 되었다. 문화의 세계화는 미디어의 혁신과 급진전, 특히 디지털 기술의 발달로 인하여 지구상의 많은 사람이 시간과 공간의 제약 없이 문화를 즐길 수 있게 되었다는 것을 의미한다. 특히 오늘날에는 인터넷과 스마트 기술, 네트워크, 플랫폼 기술의 급성장으로 인해 전 세계가 시공간적으로 급격하게 좁아졌다. 이 넓어지고 빨라진 시공간을 타고 넘나드는 기업들은 세계적인 문화정보 기업들이다. 정보와 문화 영역에서도 이제 단일 국가의 개념은 무너졌다. 인터넷 혁명 또는 디지털 혁명은 예전의 국가적 단절을 무너뜨렸고, 자유주의와 신자유주의로 무장한 세계시장의 구축은 정보문화 영역에서도 국경의 개념을 무너뜨렸다. 자유주의적 개념이 인터넷과 정보 영역에 도입되어 초고속 정보고속도로가 구축되었다. WWW(World Wide Web)의 구축은 그 시작일 뿐이었다. 이제 구글, 아마존, 페이스북, 마이크로소프트, 애플, 넷플릭스는 활짝 열린 세계시장을 마음껏 휘젓고 다닌다. 상품과 서비스를 위한 전 지구적 시장의 확대는 미국과 서구식 자유주의 시장의 승리다. 인터넷과 스마트 기기는 세계 문화시장의 확장에 고속 엔진을 달아 주었다. 세계시장론이 문화 영역과 결합하여 문화적 세계화론으로 발전하였다.

　소비 영역에서도 국제적 대량생산과 대량소비에 따른 범세계적 소비가 이루어져 소비의 단일 시장이 구축되었다. 코카콜라와 맥도날드 햄버거는 이제 모스크바와 베이징에서도 광범위하게 유통되는 '세계 상품'이 되었다. 소비의 세계화에 따른 생활과 문화의 동질화, 보편화가 함께 이루어지고 있다. 소비는 이제 나를 표현하는 하나의 기제다. 무엇을 입고, 무엇을 먹고, 무엇을 사는가가 중요해졌다. 새것과 새로움에 대한 추구는 일상생활에서의 소비를 통해서 표현된다. 대부분 사람은 새 상품이나 새 서비스가 시장에 나오면 자제력을 잃어버리며 무슨 수를 써서라도 새것을 소유하려 안간힘을 쓴다. 새것에 대한 집착은 나만은 다른 사람이 갖지 못한 것을 가져야 한다는 욕망으로 나타나며, 이는 마케팅과 광고의 고품위 전략과 명품 전략의 핵심이 된다. 가격이 높아야 다른 사람과의 차별성이 드러나고 남이 갖지 못한 것을 가져야만 내가 빛나고 드러난다고 생각한다. 이는 욕망 사회의 사기표현이자 자기실현의 방법이다. 욕망 사회에서 소비는 나를 표현하고 나를 드러내는 하나의 재현 방식이다. 새로운 것을 소유하는 것은 남과의 차별성을 드러내는 것이고, 소비사회와 욕망 사회에서의 자기실현의 한 방식이다.

　세계적 문화시장의 구축은 문화상품의 소비가 단시간에 또는 동시에 이루어진다는 것을 의미한다. 자본의 유연적 축적이 취하는 전략 중 하나는 자본의 회전을 빠르게 하는 것인데, 자본의 회전을 빠르게 하기 위해서는 생산도 중요하지만 소비가 더 중요하다. 자본주의하에서의 마케팅과 광고는 대량생산을 대량소비로 연결해 주는 최첨단 무기다. 마케팅과 광고는 사람들에게 소비를 강하게 권유하며 자기실현을 하라고 부추긴다. 자본주의하에서의 대량소비는 인간의 자기실현을 충족시켜 준다. 현대적 인간은 소비를 통해 자기를 표현하고 자기실현을 한다. 돈을 잘 쓰는 것이 자본주의의 미덕이고 자기실현을 잘하는 것이다.

문화상품의 범세계적인 소비는 문화상품의 표준화 덕분에 더욱 탄력을 받게 됐다. 일단 투자된 자본은 가능한 많은 소비자를 확보하고 잉여가치를 많이 남기기 위하여 표준화 전략을 구사한다. 같은 생산물이 세계 곳곳에서 같은 형태로 제공되고, 수많은 형태의 지역 버전으로 제작된다. 책이 영상으로 또는 영상이 책으로 변모하여 기업들에 사업 다각화와 시장의 다양화 기회를 제공한다. 문화상품을 더 널리, 더 많이 보급하기 위해 취해진 전략이 표준화 전략이다. 자본가들에게는 성공한 상품을 반복적으로 생산하고 유통하는 것이 이익 증대에 큰 도움이 된다. 문화제작자에게는 성공한 상품을 반복적으로 생산하고 모방하는 표준화가 아주 중요하다. 리하르트 뮌히(Richard Münch)는 "가장 성공적인 문화상품은 뒤따라오는 모든 생산품의 척도가 된다. 여기에서는 문화생산품의 내용 모방보다 형식 동화(同化) 같은 형태의 기술적인 완성이 더 중요하다. 세계시장에서 문화적 공급은 다양성을 띠지만 성공 이면에는 동일한 형식이 숨어 있다"라고 했다.[18]

세계화를 위한 표준화는 지역화 전략을 수반한다. 현지화 또는 지역화 전략은 초국적 미디어 기업이 현지의 문화적 반발을 무마하고 그 국가의 문화적 정서에 맞도록 문화상품과 서비스의 내용과 포맷[19] 등을 수정해 줄 수 있는 고도의 현지 적응 전략으로 세계화 전략의 하나다.

이들 초국적 기업들은 현지의 정서에 부합하고 현지 문화에 적응하기 위해 현지화 전략을 구사한다. 예를 들어 뉴스코퍼레이션, 스타 TV 같은 초국적 기업들은 현지에 진출하고자 진출 국가의 미디어 정책에 부응하고, 현지 수용자의 반발을 누그러뜨리기 위해 지역 실정에 맞는 편성을 하는 등 적극적인 현지화 전략을 수행했다. 페이스북 또한 세계인의 입맛에 맞는 다양한 상품화 전략을 구사했다. 페이스북은 초기의 단순한 인간관계 구축 단계에서 벗어나서 2000년대 후반부터는 관계 만들기에 상업적 이용을 가미시키는 방식으로 사업 방식을 변화시켰다. 페이스북은 온라인 비디오 유통 플랫폼 사업자와 합작하여 사업 영역을 확장하고, 영화 제작배급사인 미라맥스(Miramaxx)와 협력하여 영화 스트리밍 서비스를 제공한다. 거대 영화 제작사인 콜롬비아와도 협력하여 페이스북에 영화 서비스를 제공한다. 애플 또한 아이튠즈 같은 상품을 개발하였으며, 구글은 구글플레이를 개발하여 상품 다양화에 노력하였다.[20]

　페이스북의 가치 창출 방식은 달라스 스마이드(Dallas Smythe)가 주장한 '수용자 상품'을 연상시킨다. '수용자 상품론'은 상업방송이 프로그램 시청자를 광고주에게 판매하여 수익을 올린다고 주장한다.[21] 초국적 기업들은 다양한 상품을 개발하여 이익을 극대화하려는 노력을 끊임없이 시도하고 있다. 문화상품화는 문화소비를 촉진하며 문화의 세계화를 달성한다. 이 모든 노력의 결과가 문화교류이든 문화충돌이든 간에 문화가 세계로 퍼져 나가고 문화상품이 소비된다는 데에는 이의가 없다. 문화의 세계화 본질은 문화상품이 전 세계적으로 퍼져 나가고, 이의 결과로 세계적 기업들이 엄청난 돈을 벌어들인다는 데 있다.

문화 제국주의와 국가의 역할

　문화 제국주의가 식민지 시대의 제국주의와 다른 이유는 예전의 제국주의가 군사력을 동반한 폭력적이고 강압적인 방식을 채택했다면 문화 제국주의는 영토가 없는 문화와 지식, 정보의 영역을 지배한다는 것이다. 현대 제국주의의 하나인 문화 제국주의는 지식, 정보, 인지, 문화를 기반으로 한다. 현대 제국주의의 특징을 가장 잘 나타내 주는 영역이 문화 제국주의이며 이 문화제국을 선도하는 것이 세계적 미디어 기업이다. 글로벌 미디어 기업은 사업의 구상 단계부터 전 세계적 시장을 염두에 두고 마케팅 전략을 수립한다. 이들의 목적은 커다란 이윤을 남기는 것이다. 이들에게는 이념이나 가치체계보다는 이익 창출이 더 중요하다. 물건이 잘 팔린다면 거기에 어떤 이념이 담겨 있든 별로 개의치 않는다. 우리가 문화의 교류를 논의할 때 주목해야 할 부분은 그 문화교류가 충돌이냐 흡수냐 하는 방식이 아니라, 그 상품이 이익을 낼 수 있는 상품이냐 아니냐의 여부다. 물론 이익 창출에 대한 강조가 문화교류에서 문화적 영향이나 효과가 중요하지 않다고 말하는 것은 아니다. 상품의 교환에는 항상 자본의 논리가 들어 있다. 자본(가)의 첫째 목적은 그것이 문화적 상품이든 아니든 간에 이익을 내는 것이고, 그 상품에 문화적 가치, 이념적 가치가 담겨 있느냐의 여부는 부차적 관심사다. 그 상품이 잘 팔리는 상품이라면 그 상품에 담긴 정신적 가치, 문화적 가치, 이념은 별로 중요치 않다. 잘 팔리는 상품에 이념이 담기고 가치가 담긴다면 금상첨화일 것이다. 자본가들은 이념과 관계없이 잘 팔리는 상품을 선호할 것인가? 아니면 팔리지 않더라도 이념과 가치가 담긴 상품을 선호할 것인가? 답은 분명하다.

최근 중국에서 벌어지고 있는 국가에 의한 문화상품 통제는 주목할 만하다. 중국 정부는 중국의 국가 이념에 반하는 문화상품에 대한 제재를 강화하고 있다. 자신들의 문화에 자신감을 불어넣기 위해 다양한 방법을 구사하고 있다. 먼저 중국 정부는 문화 애국주의를 강조한다. 문화 애국주의는 중국 정부의 전파공정을 통해 구체화하고 있으며, 중국 문화의 '사랑스런' 이미지를 강화하기 위해 해외에 중국문화 전파와 중국어 교육을 강조한다.[22] 중국의 문화 전파공정은 한편으론 국가가 문화시장에 직접 개입하여 국가주의와 애국주의를 강화하는 효과를 노리지만, 다른 한편으론 다른 나라의 문화상품이 자국으로 흘러들어오는 것을 차단하는 역할도 한다. 중국 정부는 문화시장을 통제하면서 이중의 효과를 노리고 있다. 즉, 중국 정부는 애국주의의 강화를 통해 해외 시장에는 자국의 문화를 널리 알리면서도 나쁜 나라의 문화상품은 자국의 시장으로 유입되는 것을 막아내는 이중적 임무를 수행한다. 주지하다시피 중국의 시장은 세계에서 가장 큰 시장이다. 중국은 문화상품에 대한 통제와 함께 그 문화상품에 담겨 있는 중국의 애국주의와 국가주의도 동시에 겨냥하고 있다. 중국은 애국주의의 강화를 통해 자국 상품의 판매는 늘리면서 다른 나라 상품의 유입은 차단하는 이중의 효과를 내고 있다.

이제는 국가의 역할도 바뀌고 있다. 고전적 제국주의에서는 국가가 영토 확장을 위해 앞장서서 군사력과 강제적인 방법을 동원했다면, 현대 제국주의는 국가가 직접 나서기보다는 세계적 기업들이 사업을 잘

할 수 있는 제도적, 법적, 정치적 환경을 조성하는 데 주력한다. 그런 의미에서 현대 제국주의 전쟁에서는 국가의 정치력과 외교력이 더 중요해진다. 고전적 제국주의에서는 국가가 직접 나서서 군사력을 행사했다면 현대 제국주의에서 국가는 무역 확장이나 경제기반의 조성을 위한 국제기구의 장악, 국제법 마련 등에 주력한다. 군사력은 경제적 기반과 여건을 조성하는 데에 도움을 주는 방식으로 개입한다. 현재 미국과 중국이 동남아시아와 남중국해에서 군사력을 강화하는 이유도 세계시장 확보를 위한 판매와 유통 거점을 선점하려는 의도가 숨어 있다.

2장

중국 민족주의와 한중 문화충돌

박정수

culture
traditions
artifacts
food

language

values

society identity
symbols

identity
values customs

traditions
music
culture art identity

중국은 왜 한국과 역사와 문화로 갈등할까?

　한복과 김치에서 매듭장까지 한국 전통문화를 둘러싼 한국과 중국 간의 갈등으로 무척이나 소란스럽다. 중국의 한 게임회사에서 비롯된 한복이 중국 명나라의 옷이라는 주장이 중국 내에서 일고 있다. 또 자국의 김치 제조법이 국제표준(ISO)으로 결정되었다며 김치 종주국 한국이 굴욕을 당했다고 호들갑을 떨기도 했다. 여기에 우리나라 국가무형문화재 제22호인 '매듭장'마저 중국에서 비롯된 것이라는 주장까지 나온다.
　전통문화만의 일도 아니다. BTS가 중국 네티즌들로부터 심한 비난을 받았다. 2020년 10월 7일 한·미 친선 비영리 재단인 코리아 소사이어티의 '밴플리트상'을 수상하면서 했던 수상 소감 때문이다. 당시 BTS의 한 멤버가 2020년은 한국 전쟁 70주년으로 한국과 미국이 겪었던 고난의 역사를 기억해야 한다는 취지로 수상 소감을 밝혔는데 중국에서 이것을 두고 한국 전쟁에서 흘린 중국인들의 피를 무시하는 발언이라고 반발하고 나선 것이다. 북한이나 중국은 한국 전쟁에서 적군이었으니 한국이나 미국의 입장에서 보면 참 어이없는 주장이다.
　어제오늘만의 일도 아니다. 2000년대에 들어서면서 동북공정(東北工

程)의 역사 왜곡부터 단오제, 한의학, 김치와 파오차이(泡菜) 분쟁에 이르기까지 다양한 갈등이 끊이지 않고 일어나고, 시간이 지날수록 더욱 심해지는 양상이다. 한류의 영향력이 세계적으로 높아질수록 중국의 반응 역시 감정적으로 더욱 격해지는 모양새다. 네티즌들뿐만 아니라 공공의 대중매체들까지도 논란을 조장하는 모습은 때때로 비이성적으로까지 비친다.

중국이 이런 문제들에 이토록 민감하게 반응하고, 때론 광기 어린 집착까지 보이는 모습을 어떻게 설명할 수 있을까? 동북공정, 단오제, 한복, 김치, 매듭장, 한국 전쟁 등 중국인들이 반발하는 일련의 주제들을 들여다보면 이들을 관통하는 공통된 키워드를 발견할 수 있다. '역사와 문화'가 바로 그것이다.

무엇이 중국인들을 역사와 문화에 그토록 민감하게 반응하게 만드는 것일까? 한 사회나 국가에서 대중의 집단행동을 가져오는 요인은 여러 가지를 들 수 있겠지만 그중에서도 가상 강력한 동인으로 이데올로기를 꼽는 것을 주저하는 사람은 거의 없을 것이다. 이데올로기는 대중의 의식에 영향을 미쳐 특정 행동을 가져오는 관념이나 신념 체계를 말한다. 그렇다면 자국의 역사와 문화에 깊이 관련되는 이데올로기에는 무엇이 있을까? 여기에도 생각나는 것이 있다. 바로 민족주의(nationalism)다.

실제로 1990년대에 들어서 정치, 경제, 문화 등 다방면에 걸쳐 불거지고 있는 중국과 주변국들 간의 갈등을 중국 민족주의의 부상에서 찾는 연구들이 많이 나오고 있다. 서구학자들은 대개 중국 민족주의의 배타적이고 공격적인 성향에 주목한다.[1] 시진핑(習近平)이 '위대한 중화민족의 부흥'으로 강조한 중국몽(中國夢)은 여기에 기름을 부은 듯하다. 이에 대해 중국 학자들은 중국 민족주의는 그 초기부터 서구 열강들의 침략에 대항해 일어났기에 기본적으로 방어적 민족주의라고 말한다. 같은 맥락에서 최근 중국에서 일어나고 있는 대중 민족주의 역시 중국 위협론과 같은 외부 위협의 반발로 일어나는 것이라고 주장한다.[2]

이 연구는 주류 서구학자들과 같이 2000년대에 들어 불거지고 있는 한국과 중국 간 문화갈등의 원인을 중국 민족주의의 부상에서 찾는다. 다만 이 연구는 중국 민족주의가 다분히 방어적이라는 중국 학자들의 주장에 동의하면서 중국 민족주의가 본래 공격적이었다는 주류 서구학자들과는 다른 관점을 제시한다. 1990년대 이후 급속히 부상하고 있는 중국 신민족주의 역시 외부로 자신의 힘을 투사하려는 대외적인 목적보다는 국가 통합과 유지라는 데 그 일차적 목적이 있다고 본다. 그러나 이 연구는 주변국들 간의 문화갈등을 심화시키고 해결을 어렵게 하는 이유가 오히려 중국 민족주의의 그 방어적인 속성에 있음을 주장한다.

민족주의와 민족

민족주의에 대한 다양한 정의가 존재하지만 가장 명쾌하면서도 일반적으로 받아들여지는 것은 역시 민족주의 학자 어니스트 겔너(Ernest Gellner)의 정의로 보인다. 그는 민족주의를 "정치적 단위와 민족적 단위가 일치해야 한다는 정치적 원리(political principle)"로 정의한다.[3] 조금 더 부연하자면 민족주의는 정치적 단위로서 '국가(state)'와 민족적 단위로서 '민족(nation)'을 일치시켜 보다 통합된 공동체인 '민족 국가(nation-state)'를 건설하고자 하는 정치적 원리 그리고 이 원리에서 파생하는 운동이나 의지 또는 감정이라는 것이다.

민족주의를 이렇게 정의한다면 민족과 민족 국가는 어떻게 정의 내릴 수 있을까? 우선 국가(state)와 민족(nation)을 비교해서 설명해 보자. 일반적으로 국가는 일정한 영토와 배타적 주권을 가진 집단으로 정의한다.[4] 반면에 민족은 하나의 공동체를 구성한다는 의식을 가진 사람들의 집단을 일컫는다. 국가가 영토적, 제도적 의미를 갖는다면, 민족은 의식적, 관념적 의미를 갖는다. 따라서 민족 국가(nation-state)는 영토나 제도 그리고 의식이나 관념 모두에서 통합된 집단이라고 할 수 있다.

민족주의와 민족은 언제부터 등장한 것일까? 일단 민족주의가 근대의 산물이라는 데에는 대체로 동의하는 것으로 보인다. 민족주의가 근대의 산물이니 민족 국가 역시 근대의 산물이다. 다만 민족의 존재에 있어서는 상반된 두 가지 주장이 팽팽하게 대립한다. 하나는 민족주의라는 것이 근대의 산물이기 때문에 민족 역시 민족주의 이후, 즉 근대 이후에 생겼다는 주장이고, 다른 하나는 민족주의 훨씬 이전부터, 즉 근대 이전부터 이미 민족이 존재해 왔다는 주장이다.

두 논리가 경쟁적으로 대립하고 있지만 앞서 제시한 겔너의 민족주의 정의에 입각하면 두 가지 주장 모두 논리적 타당성을 갖는다. 겔너의 정의에 따르자면 민족주의는 두 가지 상황에서 발생할 수 있다. 하나는 국가는 존재하지만 민족이 존재하지 않는 경우고, 다른 하나는 민족은 존재하지만 국가가 없는 경우다. 전자에서는 국가에서 민족주의가 일어나 민족을 형성하고 민족 국가를 세울 것이고, 후자에서는 민족에서 민족주의가 일어나 국가를 세우고 민족 국가를 건설할 것이다.

정리해 보면 전자는 민족주의 이후 민족이 나타나는 '국가(state) → 민족주의(nationalism) → 민족(nation) → 민족 국가(nation-state)'의 흐름을 갖고, 후자의 경우는 민족주의 이전에 민족이 존재해서 '민족(nation) → 민족주의(nationalism) → 국가(state) → 민족 국가(nation-state)'의 흐름을 갖는다. 이렇게 놓고 보면 전자는 민족이 근대의 산물이라는 주장과 부합하고, 후자는 근대 이전에 이미 민족이 존재해 왔다는 주장과 맞아떨어진다.[5]

민족이 근대의 산물이냐 아니냐에 따라 민족의 실체와 특성도 무척이나 다를 수밖에 없다. 근대의 산물로서 민족은 '시민적 민족(civic nation)' 또는 '시민적·영토적 민족(civic-territorial nation)'이라 하고, 이런 민족주의를 '시민적 민족주의(civic nationalism)'라고 부른다. 시민적 민족은 국가 안에 이미 다양한 종족들이나 민족들이 존재하기에 이들을 모두 포괄해야만 한다. 이 경우 민족주의가 특정 민족이나 종족의 역사와 문화에 치우친다면 다른 민족이나 종족의 거부감을 불러와 오히려 분열을 야기할 수 있다. 시민적 민족주의가 종족이나 민족을 초월한 자유와 평등, 박애 등의 근대적 공공문화(public culture)와 국민 참여, 국민투표 등의 근대적 민주 제도를 바탕으로 형성되는 이유가 여기에 있다. 따라서 근대적 민족은 베네딕트 앤더슨(Benedict Anderson)이 말하는 '상상의 공동체(Imagined Communities)'로서 실제 존재하는 것이 아니라 의식적으로 형성된 구성적 존재다. 구성적 존재로서 시민적 민족은 법적·

정치적 공동체의 성격이 강하고, 구성원의 민족 선택에 상대적으로 개방적인 성향이 강하다. 대체로 서구적 민족 개념에 많이 나타난다.

반면에 근대 이전부터 존재하는 민족은 '종족적 민족(ethnic nation)' 또는 '종족적·계보적 민족(ethnic-genealogical nation)'이라 부르고, 이런 민족주의를 '종족적 민족주의(ethnic nationalism)'라 한다. 종족적 민족은 민족 자체의 '역사성'을 강조한다. 여기서 민족은 의식상으로 상상되는 구성적 존재가 아니라 실존하는 존재로 여겨지며 혈연적 계보, 고유문화 그리고 대중 동원을 강조한다. 따라서 종족적 민족은 역사적·문화적 공동체의 성격이 강하게 나타나고, 민족은 선택하는 것이 아니라 운명 지어진 존재로서 다분히 폐쇄적인 성향을 갖는다. 이러한 민족은 대체로 비서구적 민족 개념을 이룬다.[6]

시민적 민족주의냐 종족적 민족주의냐에 따라서 민족주의의 추진 방식도 다르다. 종족적 민족주의에서는 국가가 존재하지 않기 때문에 당연히 아래로부터(from below)의 '대중 민족주의(popular nationalism)'가 주로 나타난다. 반면에 시민적 민족주의에서는 국가가 이미 존재하고 있기에 위로부터(from above)의 '국가 주도 민족주의(official nationalism)'와 아래로부터의 대중 민족주의가 모두 나타날 수 있다.

여기서 국가 주도 민족주의는 특별히 눈여겨볼 필요가 있다. 대중 민족주의의 경우에는 자발적인 성향이 높은 반면에 국가 주도 민족주의에는 의도성과 강제성이 높은 국가주의적 성향이 강하게 나타날 수 있기 때문이다. 베네딕트 앤더슨은 국가 주도 민족주의가 "제국의 거대한 몸체에 짧고, 꼭 끼는 민족이라는 가죽을 덮어씌우려는 것으로 이해될 수 있다"[7]고 말한다. 이는 자신들의 권력을 유지하고 강화하려는 권력

계층에 의한 국가 주도 민족주의를 경계하는 말이다. 틸리(C. Tilly) 역시 "민족의 이름을 자주 언급하는 통치자는 시민들로 하여금 스스로를 국민과 일치시키며 자신들의 이해관계를 국가 이익의 하위로 종속시키는 일을 성공적으로 행한다"[8]고 말하며 국가 주도 민족주의를 경계한다.

민족주의와 문화갈등

시민적 민족이든 종족적 민족이든 민족 개념에서 가장 중요한 것은 하나의 공동체를 구성한다는 의식, 즉 공동체 의식이다. 공동체 의식을 다른 말로 '정체성(identity)'이라 하는데 오랜 시간 형성되어 다른 집단들과 차별화된 특성을 말한다.[9] 정체성을 구성하는 요소에는 상징, 가치, 신념, 관습 등이 있는데 이들을 포괄하는 개념이 바로 '문화'다. 즉 한 집단 속에 공유되는 공통 문화(common culture)가 구성원들의 연대감을 창조할 뿐만 아니라 그런 문화의 일부분으로서 자신을 인식하게 되면서 정체성을 형성한다.

문화적인 의미에서 보면 민족주의란 공통 문화를 형성해서 민족 정체성을 강화시키는 과정으로 말할 수 있다. 민족 정체성은 내부적으로는 문화적 동질성(homogeneity)을, 외부적으로는 문화적 배타성(exclusivity)을 갖는다. 내부적으로 동질화(homogenization)되고, 외부적으로는 차별되는 공통 문화가 민족문화다.

민족주의는 다른 민족들과 차별되는 민족문화를 형성하기 위해서 문화의 '재해석(reinterpretation)'과 '재생산(reproduction)'에 집중한다.[10] 민족주의는 문화와 역사의 재해석을 통해서 자신에게 부합하는 민족문화를 형성한다. 그리고 이를 알튀세르(Louis Althusser)가 말하는 '이데올로기적 국가 기구(Ideological State Apparatuses)'[11]인 가정, 학교, 종교기구, 대중매체 등을 통해 재생산하면서 민족 국가의 통일과 단결을 도모한다. 흔히 민족 국가의 전통문화라고 인식되는 문화들 중에는 근대 민족 국가의 형성 과정에서 그 나라의 문화와 역사로 선택되어 재해석되고, 공교육, 언어 정책, 대중매체 등을 통해서 재생산된 것들이 많다. 이렇게 민족 국가가 민족문화를 통해서 구성원들의 통합과 충성을 이끌어 낼수록 민족문화는 더욱더 국가 통합의 강력한 메커니즘으로 작용한다.[12]

그러나 민족주의의 문화적 속성은 문화갈등의 중요한 요인으로도 작용한다. 이는 민족문화가 갖는 동질성과 배타성 모두에서 일어난다. 동질성은 민족 국가 안에서의 문화갈등을, 배타성은 국가 간 문화갈등을 일으킬 수 있다.

내부적으로 민족주의가 문화적 동질화를 강화하면 할수록 국가 안의 소수 문화는 소외되고 약화되면서 이에 저항하는 소수 문화들과의 갈등은 불가피하다. 다문화적 갈등이 이런 과정에서 일어나며 특히 다민족 국가에서는 자신들의 문화와 정체성을 지키려는 소수민족들의 독립이나 분리 움직임으로도 나타난다.

외부적으로는 민족주의가 민족 국가 간 역사와 문화갈등을 야기할 수 있다. 민족주의는 민족 정체성을 강화하기 위해서 외부적으로 문화의 '경계 짓기', 즉 문화의 '영토화(territorialization)' 또는 '재영토화(reterritorialization)'에 집착할 수밖에 없다. 정체성을 형성하는 민족문화의 특성들은 특정 영토에 오랫동안 축적된 기억, 즉 역사와 불가분의 관계를 갖기 때문이다. 문화학자인 존 스토리(John Storey)는 정체성이 "본성에서 나오는 것이 아니라 역사와 문화 안에서 구성된다"[13]고 말한다. 민족주의는 재해석과 재생산을 통해서 특정의 역사와 문화를 자국에 유리하게 해석하거나 귀속시키려 한다. 이 과정에서 오랜 시간 역사와 영토를 공유했던 주변의 다른 민족 국가들과의 갈등이 첨예해질 수 있다. 더욱이 민족문화는 민족적 자존심과 직접적으로 연결된다는 점에서 국민 간 감정 대립으로 쉽게 전이될 수 있다.[14]

문화갈등의 정도는 민족주의의 두 유형, 시민적 민족주의와 종족적 민족주의에 따라 다르게 나타난다. 일반적으로 종족적 민족주의가 문화적 배타성이 높은 반면에 시민적 민족주의는 문화적 개방성과 포용성이 높다. 시민적 민족주의에서는 자유와 평등, 국민 주권, 국민 참여 등의 보편적 근대문화에 바탕을 둔 민족문화를 갖는 반면에 종족적 민족주의는 역사적으로 공유하고 체화한 특정의 전통문화를 민족문화로 하기 때문이다. 따라서 종족적 민족주의 성향이 강한 민족 국가들 사이에서는 상대적으로 문화갈등이 강하게 나타날 수 있다.

중국 민족주의의 부상

1949년 중화인민공화국 수립 이후 잠잠하게 묻혀 있었던 중국 민족주의가 1990년대에 들어 다시 거세게 불고 있는 이유는 무엇일까?

국가 통합과 통치의 이데올로기였던 사회주의가 1980년대 중반 이후로 급속히 약화되면서 중국이 새로운 국가 통합의 이데올로기로 민족주의를 선택했기 때문이라는 설명이 가장 설득력 있어 보인다. 중국에서 민족주의로의 이데올로기 전환은 1980년대 중반 이후 사회주의권의 변화가 중요한 원인으로 작용했음은 분명해 보인다. 1985년 구소련에서 고르바초프(Mikhail Gorbachev)가 공산당 서기장에 취임하면서 구소련은 물론이고 동유럽에서도 사회주의 이데올로기가 급속히 약화되기 시작했다. 특히 1991년 구소련의 갑작스러운 붕괴 이후 국가 분열을 막고 통합을 유지하는 데 사회주의는 더 이상 의미가 없어 보였다. 이에 따라 중국 민족주의는 1990년대 들어 사회주의를 대체해 급속히 부상했다.

그러나 이 설명은 왜 꼭 민족주의여야 했는가에 대한 설명으로는 다소 부족해 보인다. 사실 민족주의가 중국이 견지하고 있는 사회주의와 부합되는 이데올로기도 아닐뿐더러 잘못 건드리면 오히려 소수민족들의 민족주의를 촉발해 이들의 분리 움직임을 강화할 수도 있기 때문이다. 그런데도 중국이 민족주의를 선택할 수밖에 없었던 이유는 무엇일까?

이에 답하기 위해서 한 가지 다른 질문을 던져보자. 중국은 과연 민족 국가일까 아니면 제국(empire)일까? 앞서 겔너의 민족주의 정의를 바탕으로 좀 더 구체적으로 물어보자. 중국은 국가(state)와 민족(nation)이 일치하는 국가일까? 국가와 민족이 일치한다면 민족 국가일 것이고, 그렇지 않다면 제국에 가까울 것이다.

중국은 지배 민족인 한족을 포함해 56개 민족으로 구성된 다민족 국가다. 중국을 민족 구성비로 보면 한족을 제외한 55개 소수민족이 전체 인구의 8.4%에 불과하다. 이는 중국이 여느 다른 다민족 국가보다도 하나의 민족 비중이 압도적으로 높은 국가라는 사실을 보여 준다. 조금 다른 개념이긴 하지만 한국만 해도 2020년 인구 통계에 의하면 장기체류 외국인, 귀화 외국인 등 외국계 인구가 222만 명으로 전체 인구에서 4.3%를 차지한다. 단일 민족 국가라는 한국이나 다민족 국가라는 중국이나 별반 큰 차이가 없어 보인다. 한족 내에서 분리 움직임이 있다면 모를까 민족 구성비로 본다면 중국은 단일 민족 국가에 버금가는 단단한 민족 국가라 할 수 있다.

그러나 민족 구성을 각 민족에 귀속되는 영토 비중으로 보면 이야기가 확 달라진다. 8.4%에 불과한 소수민족의 영토는 중국 전체 영토에서 얼마를 차지할까? 자그마치 중국 전체 영토의 63.7%를 차지한다. 인구 구성에서 91.6%를 차지하는 한족의 고유 영토는 36.3%에 불과하다. 더욱이 소수민족의 고유 영토는 중국 지하자원의 대부분을 매장하고 있을 뿐만 아니라 안보상 가장 중요한 변방 국경 지역들이다. 티베트(西藏), 신장 위구르(新疆維吾爾), 네이멍구(內蒙古) 등이 면적, 자원, 안보 등에 있어서 특히나 중요한 소수민족 지역들이다. 그런데 소수민족들 중에서도 바로 이들 지역의 소수민족들이 가장 첨예한 민족 갈등을 보이고 있다.[15]

민족 구성을 영토 비중으로 보면 중국은 정치적 단위(국가)와 민족적 단위(민족)의 간격이 매우 크다는 사실을 알 수 있다. 민족 국가라기보다는 분명 제국에 가깝다. 겔너의 민족주의 정의로 볼 때 민족주의가 일어날 조건을 충분히 갖추고 있다. 중국공산당의 의지가 어떻든 간에

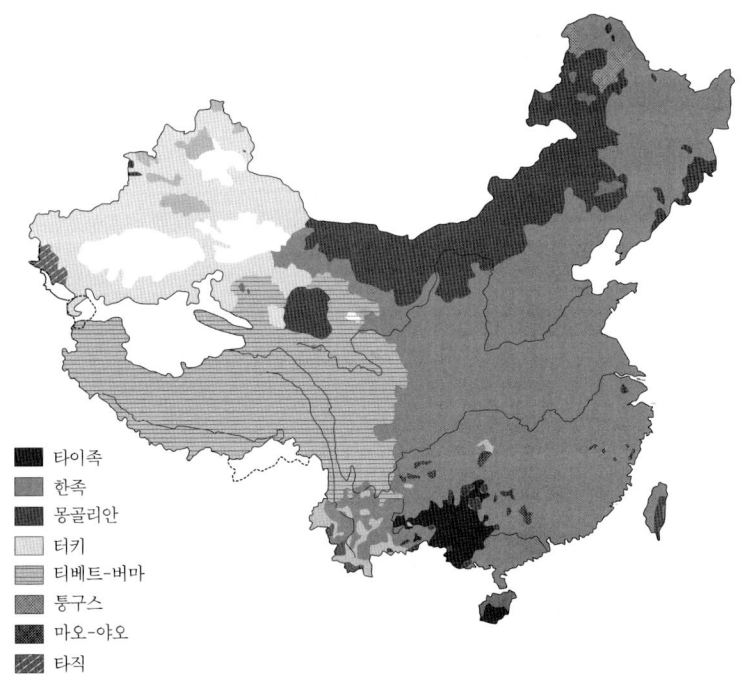

중국의 소수민족 분포

그간 국가 통합을 이끌었던 사회주의 이데올로기를 대신해서 민족주의가 부상할 수밖에 없는 결정적인 이유다. 오히려 1990년대 이전까지 사회주의 때문에 민족주의가 제대로 부상하지 못했다고 할 수 있다. 즉 중국에서 민족주의의 부상은 중국공산당의 선택이라기보다는 역사적 필연으로 보인다.

중화 민족주의(中華民族主義)와 중화민족(中華民族)

중국 민족주의의 목적은 중국 민족(Chinese Nation)의 형성에 있다. 정치적 단위로서 중국이라는 국가(state)는 누구도 부인할 수 없을 정도로 명확하다. 반면에 56개 민족을 모두 포괄하는 '중국 민족'은 존재하지 않거나 무척 약해 보인다. 그렇다면 중국 민족주의가 가야 할 방향은 명확하다. 이미 존재하는 국가에서 민족을 형성하는 '중국→중국 민족주의→중국 민족→민족 국가 중국'의 흐름을 갖는다. 아울러 중국 민족주의가 국가 통합뿐만 아니라 중국공산당의 통치 이데올로기로도 작용하고 있다는 점에서 기본적으로 국가 주도 민족주의일 수밖에 없다.

중국 민족은 실존하는 국가에서 새롭게 구성되는 민족이기에 근대적 공공 문화를 토대로 하는 시민적 민족이어야 한다. 중국 영토 안에 있는 56개 민족 모두가 저항감 없이 받아들이기 위해서는 중국 내 특정 민족의 역사나 문화에 구속되지 않아야 한다. 그렇지 않다면 민족주의는 오히려 여타 소수민족들의 민족주의를 자극해서 민족 분규와 분리 운동을 촉발시키고 심화시킬 수 있다. 논리대로 시민적 민족으로 간다면 근대 이후 서구 유럽에서 주로 일어났던 여타 민족주의 운동들과 마찬가지로 큰 무리는 없어 보인다.

그런데 중국이 전혀 다른 길을 선택한다. 중국 민족주의가 시민적 민족을 선택할 수 없었기 때문이다. 공산당 일당 독재의 사회주의 중국에서 시민적 민족의 근간을 이루는 자유와 평등, 박해 등의 근대적 가치와 국민주권, 국민참여, 국민투표 등의 민주적 제도는 체제 전복의 가장 위협적 요소가 되기 때문이다. 시민적 민족은 사회주의를 포기하지 않는 한 중국이 갈 수 있는 선택지가 아니었다.[16] 시민적 민족으로 갈 수 없다면 중국의 선택지는 하나, 역사와 전통문화를 토대로 하는 종족적 민족밖에 없다. 그렇다고 특정 민족의 종족적 민족주의를 가져올 수는 없다. 기존 논리로는 결코 설명할 수 없는 상황이다.

여기서 중국 민족주의의 뜬금없는 논리가 나온다. 중국 민족주의는 하나의 중국 민족으로 '중화민족(中華民族)'을 내세운다. 중국 민족주의를 특별히 '중화민족주의(中華民族主義)'라고도 부르는 이유다. 문제는 중화민족이 형식으로는 시민적 민족을 취하는 듯하지만 내용에서는 종족적 민족을 보이고 있다는 데 있다.[17] 중국은 중화민족이 중국 내 56개 민족들을 평등한 관계 속에서 모두 포괄하는 중국 민족이라고 말한다. 여기까지는 시민적 민족의 외형을 갖는다. 그런데 중국은 중화민족이 이미 오랜 역사 속에서 형성된 민족적 실체라고 주장한다. 중화민족은 수천 년 전이 선진(先秦)시대부터 중국 강역(疆域)의 다민족이 융합해 형성된 민족으로, 중국은 중화민족을 바탕으로 이미 오랜 역사 속에서 하나의 통일된 민족 국가를 형성해 왔다고 말한다.

대체 이 논리는 어디서 어떻게 나온 것일까? 중국이 말하는 중화민족의 논리를 좀 더 들여다보자. 사실 중화민족은 20세기 초인 청(淸)나라 말기에 서구의 민족 개념이 들어오면서 만들어졌다. 전통적 '중화(中華)' 개념과 서구의 '민족' 개념이 합쳐진 용어로 초기 민족주의자들인 량치차오(梁啓超), 캉유웨이(康有爲), 쑨원(孫文) 등이 주장했다.[18]

그러나 중화민족이 본격적으로 대두되고 이론적으로 정비되기 시작한 것은 역시 1980년대 말부터다. 여기에는 페이샤오퉁(費孝通)이라는 중국의 저명한 민족주의 학자가 중요한 역할을 했다. 그는 사회주의 중국 건립부터 중국 민족주의의 중요한 원리로 작용한 '통일적 다민족 국가론(統一的多民族國家論)'을 토대로 1980년대 말 '중화민족 다원일체론(中華民族多元一體論)'을 주장하며 중화민족의 개념을 재정비했다.[19]

'통일적 다민족 국가론'은 중국이 근대 이전부터 이미 다민족 통일 국가였다는 논리다. 비록 한족과 다수의 비(非)한족이 경쟁하면서 분열되기도 했지만 이미 오랜 역사 속에서 여러 민족이 융합되어 통합된 민족 국가를 형성해 왔다는 것이다. 선진(先秦)시대는 통일적 민족 국가의 맹아기였고, 진(秦)과 한(漢) 시기에는 이미 완벽한 민족 국가를 형성했다고 말한다.

페이샤오퉁은 통일적 다민족 국가의 형성 과정에서 중화민족이 생성되었다고 주장한다. 그는 '중화민족 다원일체론'에서 중화민족은 "자각된 민족 실체로서 수천 년의 역사 속에서 형성된 것"이며, "한족이 지속적으로 이민족을 동화, 흡수함으로써 다민족이 융합되어 불가분의 통일체를 형성한 것"이라고 말한다. 이는 중화민족이 오랜 역사를 갖는 민족적 실체임을 강조하는 말이다. 중국은 통일적 다민족 국가를 성립하는 과정에서 이미 중화민족을 형성해 왔으며, 따라서 중화민족은 현존 영토 안에 있는 56개 민족뿐만 아니라 중국의 역사적 영토 안에 살았던 모든 민족 집단들을 포괄하는 민족 실체라는 것이다.

한족(漢族)의 다른 이름, 중화민족

중국의 주장대로 중화민족은 실재하는 것일까? 중화민족이 실재한다면, 그것도 수천 년 전부터 존재해 왔다면 현재까지도 소수민족들에 의한 분리, 독립운동이 끊임없이 지속되고 있는 이유는 무엇일까? 특히 티베트, 신장위구르, 네이멍구 자치구를 필두로 하여 소수민족과 한족 간의 민족 갈등이 갈수록 더욱 첨예해지고 있다는 사실은 어떻게 설명할 수 있을까?

중화민족의 실체를 찾아 들어가다 보면 중화민족과 한족의 경계가 무척이나 모호하다는 사실에 직면한다. 무엇이 중화민족이고, 무엇이 한족인지 알 수가 없다. 중화민족과 한족의 모호성은 다음의 몇 가지 점에서 분명해진다.

첫째, 중화민족과 한족의 형성 과정이 동일하다. 앞서 페이샤오퉁은 중화민족은 한족이 지속적으로 이민족을 동화, 흡수하는 과정에서 형성되었다고 주장했다. 그의 논리대로라면 한족과 중화민족의 형성에 차이가 없다. 이민족을 동화, 흡수하면서 성장한 것은 한족의 성장 과정으로 한족이 이민족을 동화, 흡수했으면 한족이 되는 것이지 어째서 중화민족이 되는 것일까?

한족이든 중화민족이든 모두 중화사상(中華思想)을 바탕으로 한다.[20] 중화사상은 화이사상(華夷思想)으로도 불리는데 문화를 기준으로 문명족인 화(華)와 야만족인 이(夷)를 구분한다. 중국 민족주의는 오랜 역사 속에서 화(華)가 무수한 이(夷)를 흡수하면서 중화민족이 형성되었다고 한다. 그런데 이 논리는 한족의 형성 과정으로 우리에게 더 익숙하다. 중국 민족주의에서는 화(華)를 중화민족이라고 하지만 한족 민족주의에서는 화(華)가 한족이다. 화(華)가 한족도 되고 중화민족도 되는 것이니 한족과 중화민족은 역사적으로 구분되지 않는다. 즉 한족과 중화민족은 동일한 역사와 문화 그리고 여기에 더해 동일한 민족 형성 과정을 갖는다. 이는 중화민족이 한족의 다른 이름에 불과하다는 사실을 말해 줄 뿐만 아니라 중화 민족주의가 곧 한족 민족주의임을 말해 주는 것이다.

둘째, 중화민족의 토대가 되는 중화사상은 근본적으로 다양한 민족들의 수평적 관계를 지향하는 민족주의의 논리가 될 수 없다. 중화사상에서 중(中)은 중심과 중앙을, 화(華)는 높은 문화를 의미한다. 중화란 중앙의 높은 문명을 가진 한족을 이르는 말로 한족과 주변의 이민족을 차별하고 배제하는 개념이다. 결국 중화사상을 바탕으로 한 중국 민족주의는 특정의 민족을 중심으로 여기에 이민족을 편입시키는 동화의 성향이 강할 수밖에 없는데, 이는 민족 또는 종족 간 평등한 관계를 지향하는 민족주의에 부합하지 않는다. 따라서 민족 간 차별에 바탕을 둔 중화사상을 배경으로 하는 한 중화 민족주의가 아무리 잘 포장되었다 하더라도 결코 한족 중심의 종족적 민족주의 성향을 떨쳐버릴 수 없다.[21]

셋째, 중화민족과 한족의 모호성은 중화민족 초기의 개념적 혼동에서도 잘 드러난다. 민족 개념이 처음 등장한 19세기 말과 20세기 초 중국에서는 소(小)민족주의와 대(大)민족주의의 두 갈래 민족주의가 나타났다. 중화민족은 두 갈래 민족주의에 따라 다른 의미를 가졌다. 소민족주의에서 중화민족은 철저히 한족만을 의미했고, 반면에 대민족주의에서는 소수민족을 포함하는 개념으로 사용되었다. 두 민족주의의 비중은 시대적 변화에 따라 달라졌다. 만주족이 지배하던 청말(淸末) 시기에는 장빙린(章炳麟) 등의 혁명파에 의해 청조(淸朝)를 타파하고 한족 중심의 중화(中華)를 세우자는 '배만흥한(排滿興漢)'의 소민족주의가 강조되었고, 1912년 중화민국(中華民國)이 건설된 이후에는 량치차오 등의 입헌파에 의해 소수민족을 포함하자는 '만한합일(滿漢合一)'의 대민족주의가 강조되었다.[22]

이러한 중화민족의 개념적 혼동은 쑨원에게도 나온다. 그 역시 초기에는 소민족주의적 중화민족을 강조하다가, 중화민국 설립 후에는 대민족주의로 방향을 전환하였다. 그렇다고 쑨원이 자신의 한족 중심적 성향을 바꾼 것은 아니다. 쑨원은 "중국에 가입한 어떤 민족이든 모두 다 반드시 한족으로 동화시킴으로써 하나의 한족 국가를 조직한다"고 말하면서 '한족 주체론' 또는 '한족 중심론'을 강조했다.[23] 이는 그의 개념적 변화가 중화민국 설립 이후 급속히 부상하는 소수민족들의 분리 움직임을 잠재우려는 정치적 의도에서 나온 것임을 여실히 보여 준다. 어찌되었든 중화민족이 오랜 역사 속에서 실존하는 민족이라면 이러한 개념적 변화나 혼동은 결코 나올 수 없다.[24]

넷째, 중화민족과 한족의 명확한 문화적 차이를 제시하지 못하고 있다. 중국은 혈연이 아니라 문화를 중심으로 민족을 구분한다. 동일한 문화적 정체성을 가지고 있는 집단을 하나의 민족으로 본다. 중국 민족주의는 중화민족의 문화로 중화민족문화(中華民族文化)를 제시한다. 중화민족문화 역시 오랜 역사 속에서 56개 민족문화가 통합되고 융합되어 형성된 문화적 실체라고 말한다.

그런데 흥미로운 점은 1950년대 초 중국이 민족 식별 작업을 하면서 중화민족을 하나의 민족 실체로 제시하지 않았다는 사실이다. 당시 중국은 문화적 정체성을 상실한 소수민족들을 모두 한족에 편입시켰다. 심지어 자신들이 한족이 아니라고 주장하는 소수민족들조차도 한족과의 문화적 차이가 없다는 이유로 모두 한족에 포함시켰다고 한다.[25] 소수민족도 아니고 한족도 아니라면 순수한 중화민족일 수 있지 않을까? 중화민족문화가 수천 년의 역사를 가진 문화적 실체라면 말이다. 결국 이는 중화민족문화가 없다는 사실을 중국 스스로 인정한 셈이다. 민족문화가 없는 민족이란 존재할 수 없으니 사실상 한족과 중화민족 사이의 문화적 경계가 없다는 말과 다름없다.[26]

다섯째, 중화민족과 한족의 모호성은 현재 중국의 외교 정책에서도 드러난다. 특히 민족주의는 홍콩, 마카오, 타이완의 통일 이데올로기이기도 하다. 통일 문제에서 중국은 어김없이 한족의 민족성에 호소한다. 중국은 한족이 하나의 통일국가를 건립해야 한다고 강조한다. 중국이 통일에 있어서 한족 민족주의를 강조하는 데에는 두 가지 의도가 있다. 하나는 소수민족을 포함하는 중화민족 개념을 전면에 내세우게 되면 그 광범위성으로 인해 오히려 통일의 당위성이 떨어질 수 있다는 것이고, 다른 하나는 논리적으로는 한국, 몽골 등 중화민족에 포함되는 소수민족들의 모국까지 중국 통일의 대상이 될 수 있기 때문이다.[27]

결론적으로 중화민족은 한족의 다른 이름에 불과하다. 중화민족이 한족의 다른 이름이라면 중국 민족주의도 한족 민족주의의 다른 이름에 불과하다. 결국 중화민족이 된다는 것은 곧 한족화(漢族化)를 의미한다. 소수민족들이 중화민족에 강한 거부감을 가지고 반발하는 이유가 여기에 있다.

중화민족 만들기

사회주의권의 붕괴 이후 중국공산당에게 중화민족의 형성은 국가 통합과 정권 유지를 위해 사활이 걸린 문제였다. 어차피 민족이라는 것이 상상의 공동체, 즉 구성적 존재이기에 중국 내 모든 민족들에게 상상되도록 만드는 일이 중요하다. 앞서 앤더슨의 표현을 빌리자면 중국은 어떻게 해서든 거대한 자신의 몸체에 짧고 꼭 끼는 중화민족의 가죽을 덮어씌워야만 한다. 그것도 수천 년의 역사를 가진 민족적 실체로 말이다.

중국 역시 자신의 역사와 문화에 대한 '재해석' 그리고 공교육, 대중매체 등을 통한 '재생산'에 집중한다. 민족주의는 역사와 문화를 자신에게 부합하도록 재해석하여 민족문화를 형성하고, 이를 공교육, 집단의례, 대중매체 등을 통해 재생산함으로써 민족 정체성을 강화한다. 중국 민족주의에서 역사와 문화의 재해석 작업은 주로 소수민족의 역사와 문화에 집중하고 있으며, 공교육과 대중매체를 통한 재생산은 애국주의 운동의 형태로 나오고 있다. 역사와 문화의 재해석은 중화민족과 중화민족문화를 실존하는 존재로 만들려는 이론적이고 상징적인 작업이고, 애국주의 운동을 통한 재생산은 중화민족과 중화민족문화를 대중에게 확산시키고 각인시키는 실천적 작업이다.[28]

첫째, 역사와 문화의 재해석 작업은 소수민족들의 역사와 문화를 중화민족의 역사와 문화에 인위적으로 편입시키는 역사 작업이다. 중국이 추진하는, 가장 획일적이면서도 적극적인 민족주의 전략이라고 할 수 있다. 중국은 중화민족이 수천 년 역사 속에서 중국 영토 안에 존재하던 모든 민족들이 융합해서 형성된 민족적 실체라고 주장하는데, 이를 위해서는 모든 소수민족들의 역사와 문화를 중화민족의 역사와 문화에 통합해야 한다. 과거에서 현재에 이르기까지 중국이라는 정치적 단위에 민족적 단위를 억지로 끼워 맞추려는 전략이다. 하지만 중화민족이 한족의 다른 이름에 불과한 이상 한족 역사의 확대 작업이자 소수민족들에 대한 철저한 한족화 작업이라 할 수 있다.

소수민족들의 역사와 문화의 재해석 작업은 기본적으로 '통일적 다민족 국가론'이 그 뼈대를 이루고 있다. 여기에는 '중국 강역(疆域)'이라는 흥미로운 개념이 나온다. 중국 강역은 중국의 역사적 영역에 대한 추상적 공간 개념인데 '통일적 다민족 국가론'에서는 중국 역사상 영토가 가장 넓었던 1750년대부터 1840년 아편전쟁 이전까지의 영토를 중국 강역이라 한다. 아울러 중화민족을 형성한 모든 민족들이 관할하던 영역이 중국 강역이 되고, 이것이 현대 중국의 역사적 영토라고 주장한다. 이는 역사적으로 영토가 가장 넓었던 청 말기에 중국 영토 내에 존재했던 모든 민족들의 역사와 문화가 모두 중화민족의 역사와 문화가 된다는 의미다. 이 논리를 바탕으로 중국은 중국 내 소수민족들의 독립된 역사와 문화를 강제로 중국사에 편입시키고 있다. 재해석의 경계가 어디까지인지는 모르지만 이 정도면 재해석을 넘어 왜곡이 아닐 수 없다.

둘째, 역사와 문화의 재생산은 교육과 대중매체에 의한 애국주의 운동을 통해 강화되고 확산된다. 국가 주도의 중국 민족주의에는 애국주의와 국가주의가 강하게 나타날 수밖에 없다. 애국주의는 국가에 대한 사랑과 충성을 강조하면서 국가주의로 연결되고, 국가에 대한 사랑과 충성은 다민족 국가인 중국의 민족적 통합을 전제로 한다는 점에서 다시 민족주의와 연결된다. 시진핑은 2019년 중앙정치국 회의에서 "애국주의는 중화민족 정신의 핵심"이라고 말한다.[29] 이런 의미에서 애국주의는 중화민족과 중국 인민을 동일시하면서 자연스럽게 중국 민족주의로 나타난다.

애국주의 운동은 1990년대 들어서 전국적인 교육 운동으로 전개되었다. 1994년에 발표된「애국주의 교육 실시강요(愛國主義敎育實施講要)」에서는 애국주의 교육의 주요 목적 중 하나를 중화의 공동 이상을 위해 단결하고 분투하는 데 두었다. 이를 위해서 중화민족의 유구한 역사 교육, 중화민족의 우수한 전통문화 교육 그리고 민족 단결에 관한 교육 등을 주요한 교육 내용으로 강조한다. 2019년에 발표한「신시대 애국주의 교육 실시강요(新時代愛國主義敎育實施講要)」에서는 애국주의는 중화민족이 민족 미음이고 민족혼으로 신시대 애국주의 교육을 통해서 '중화민족의 위대한 부흥'이라는 '중국의 꿈'을 실현해야 할 것을 더욱 강조한다.[30] 애국주의 교육의 궁극적 목적은 55개 소수민족들을 중국의 인민이자 중화민족으로 인식시키고자 하는 것이다. 이러한 애국주의 교육은 성인들에게도 실시되고 있지만 주로 대학과 초·중·고등학교 등의 청소년에 집중되고 있다.

이와 함께 중국은 다양한 대중매체를 통한 애국주의의 노출과 확산에 주력한다. 관영 매체와 민영 매체는 물론이고, 애국주의를 강조하는 영화나 드라마 제작에도 노력을 기울이고 있다. 최근에는 사이버 공간도 적극적으로 활용해서 다양한 학습 플랫폼을 통해 애국주의 교육에 대한 사이버 의식을 강화하고 있다. 이는 청소년을 넘어서 전 연령대의 모든 중국인들에게 중화민족을 각인시키고자 하는 노력이다.[31]

중화민족 만들기와 대중 민족주의

'중화민족 만들기'는 한편으로 잠재되어 있던 한족 민족주의를 끌어내면서 '한족 중심'의 대중 민족주의를 심화시키는 것으로 보인다. 이는 중화민족이 한족의 다른 이름인 이상 당연한 논리적 귀결이자 불가피한 현상이다. 실존하는 민족이나 종족의 정체성을 토대로 하는 종족적 민족주의는 기본적으로 대중 민족주의적 성향이 강하기 때문이다. 여기에 애국주의 교육을 통한 민족주의의 확산과 강화는 한족들에게 잠재된 민족주의를 불러일으키는 동인으로 작용할 수밖에 없다.

여기에 더해 중국 민족주의에는 그리즈(Peter Hays Gries)가 말하는 홍위병적 특성이 강하게 내재되어 있다. 그는 중국 민족주의가 "문화대혁명의 유산으로서… 일절 타협하지 않는, 적을 몰살시키는, 그리고 자비심 없는 홍위병 스타일의 민족주의"라고 주장한다.[32] 이는 중국 민족주의가 이데올로기적 선동과 선전 그리고 대중적 동원과 폭력에 극단적으로 익숙한 민족주의라는 것을 의미한다.

문화대혁명(文化大革命)은 대약진운동(大躍進運動)의 실패로 권좌에서 물러난 마오쩌둥(毛澤東)이 1966년 공산당 내의 반대 세력을 제거하고 다시 권력을 획득하기 위해서 학생과 대중을 동원해 일으킨 급진적이고 폭력적인 대중 정치 투쟁이다. 문화대혁명으로 중국 전역은 삽시간에 폭력과 폭행, 파괴로 빠져들고, 수많은 개혁파 지도자들이 반동분자로 몰려 숙청되거나 살해되었다. 아울러 소수민족 전통문화의 훼손, 유물과 유적의 파괴, 종교 탄압, 교육 마비 등이 극심했다. 당시 마오쩌둥에 호응해서 폭력과 파괴의 선두에 섰던 젊은 학생 무리를 일컬어 홍위병이라 한다. 마오쩌둥은 대중, 특히 자신을 추종하는 젊은 혈기의 학생들을 선동하여 홍위병을 조직하게 하고, 이들을 지속적으로 격려하고 지원함으로써 폭력적이고 파괴적인 행동을 조장하였다.

홍위병적 성향의 중국 민족주의는 작은 이슈에도 쉽게 극단으로 치달을 수 있다. 인터넷과 SNS와 같은 정보통신 기술은 이런 성향을 더욱 강화시킨다. 또한 인터넷 공간의 시공간적 압축과 익명성은 홍위병적 대중 민족주의의 폭발적 성장과 확산에 큰 장(場)을 마련해 준다. 크고 작은 이슈마다 여기저기 떼로 몰려다니면서 사이버 폭력을 일삼는 중국 네티즌들의 감정적인 사이버 형태는 이를 극명하게 보여 준다.

대중 민족주의에 대한 중국 정부의 통제력도 우려되는 부분이다. 홍위병적 대중 민족주의는 일단 불붙을 경우 인위적으로 잠재우기가 쉽지 않다. 중국 정부가 가장 우려하는 것은 민족주의가 국내정치적 문제, 특히 민주화 운동으로 전환되는 것이다. 급진적 대중 민족주의는 갈등을 급속히 심화시키고 때론 폭발시킬 수 있는 휘발성을 갖는데, 여기에 더해 홍위병은 문화대혁명에서 집권 개혁파 정권을 타도했던 투쟁 세력이었다. 이런 성향의 중국 대중 민족주의는 잘못 통제했을 때 자칫 그 반작용으로 반정부 투쟁화되어 오히려 정권을 위협할 가능성이 지극히 높다. 중국 정부로서도 개입을 주저할 수밖에 없는 이유다.

결국 중국 민족주의는 중국 정부에게도 양날의 검인 셈이다.

중화민족 만들기와 동아시아 문화갈등

중국의 '중화민족 만들기', 특히 소수민족 역사와 문화를 중국사에 편입하려는 역사 재해석 작업은 내부적으로 중화민족의 정체성을 형성함으로써 보다 통합된 중국을 만들고자 하는 것이겠지만, 외부적으로는 오랜 시간 중국과 역사적·문화적 공간을 공유해 온 주변 동아시아 국가들과의 문화갈등을 초래할 수밖에 없다.

사실 소수민족 역사의 중국사 편입은 꽤 오랜 역사를 갖는다. 1949년 중화인민공화국 건국과 1950년 티베트의 무력 점령 후 중국은 몽골과 티베트에 대한 역사 편입을 꾸준히 추진해 왔다. 하지만 역사 편입을 본격화하고 전방위적으로 추진한 것은 역시 1990년대 중국 민족주의의 부상과 함께였다.

가장 대표적인 작업들이 중국 역사의 기원을 앞당기고 확장해서 중화민족의 시원을 형성하는 거대 고대사 작업들이다. 여기에는 1996~2000년까지 진행된 '하상주단대공정(夏商周斷代工程)'과 2001~2015년에 진행된 '중화 문명탐원공정(中華文明探源工程)'이 있다. 이들 거대 역사 작업에 세부 역사 공정들을 연계시키고 편입시켰다. 세부 역사 공정들에는 1950년대부터 시작한 몽골 접경 지역의 북방공정(北方工程), 1986년부터 티베트 지역에 대한 서남공정(西南工程), 1997년부터

중국의 역사 공정

베트남 접경 지역의 남방공정(南方工程) 그리고 2002년부터 신장위구르 지역의 서북공정(西北工程)과 동북 3성 지역에 대한 동북공정(東北工程)이 그것이다.[33]

이들 역사 프로젝트들 중에서 한반도와 관계가 있는 것이 동북공정이다. 동북공정은 동북 3성, 즉 만주를 중심으로 고조선, 고구려, 발해 등 한국 고대 역사를 중국사에 편입시키는 작업이다. 중국은 동북 지역 역시 중국의 역사적 영토인 중국 강역으로 이 지역에 수립된 고조선, 발해, 고구려 역시 중화민족의 역사라고 주장한다. 특히 중국은 고구려사의 중국사 편입에 열을 올린다. 중국은 고구려를 "중국 경내의 변강민족이 세운 지방정권"으로 규정하면서 고구려 문화가 고려의 문화가 아니라 중국의 문화라고 주장한다.[34] 이렇게 되면 한(韓)민족의 뿌리가 되는 한국 고대사와 한국사는 단절될 뿐만 아니라 우리의 역사와 문화는 한반도로 축소된다.

　동북공정을 둘러싼 한국과 중국 사이의 역사 갈등은 자연스럽게 문화갈등으로 이어진다. 동북공정의 근본적 목적은 조선족을 중화민족에 융합시키는 것에 있다. 고조선, 발해, 고구려의 역사가 중국사에 편입되면 자연스럽게 동북 지역에 뿌리를 둔 현 조선족의 문화 역시도 중국문화에 귀속될 수밖에 없다. 이렇게 되면 중국과 한반도 사이에는 고대 역사와 문화를 둘러싼 갈등뿐만 아니라 판소리, 아리랑 등 현존하는 한국과 조선족의 문화를 둘러싼 갈등도 첨예해질 수밖에 없다.

　여기에 더해 소수민족 역사와 문화 편입 작업은 중국을 모든 동아시아 문화의 기원으로 간주하려는 중국의 자문화 중심주의를 강화시킨다. 중화사상과 유교주의를 바탕으로 하는 중국의 문화 민족주의적 성향은 이러한 자문화 중심주의의 중요한 배경이 되고 있음은 주지의 사실이다. 중국 민족주의의 핵심 배경인 중화사상이 "중심과 주변을 위계적으로 구조화하는 중심주의의 한 전형"[35]이라고 한다면 동아시아 주변국의 문화는 지류(支流)로서 원류(原流)인 중국의 문화에서 흘러나온 것이 된다. 이는 동아시아 유교 문화권 대부분의 문화를 중앙, 즉 중국으로 모으는 '의도된' 구심력으로 작용할 수 있다. 단오제, 한의학 등에서 불거졌던 한국과 중국의 문화갈등이 이러한 배경에서 일어났다.

　중국 민족주의가 초래하는 주변국과의 문화갈등에서 더욱 주의를 가져야 하는 부분이 중국의 홍위병적 대중 민족주의의 성향이다. 중화민족 만들기가 한족 중심의 대중 민족주의를 발흥시키고, 이 과정에서 강조된 애국주의가 중국 민족주의를 더욱 감성적이고 급진적인 민족주의로 만들고 있다. 중화민족 만들기를 강화시킬수록 중국인들의 자문화 중심주의와 자문화에 대한 홍위병적 감성 역시 심화된다. 이는 작은 문화갈등이나 충돌에도 중국인들이 벌떼처럼 일어나는 현재의 갈등 양상을 잘 설명해 준다. 갈등이 상대적이라고 했을 때 한쪽의 감정적 대응은 다른 한쪽의 감정적 대응 역시 불러일으켜 단순한 문화갈등을 국민 간 감정싸움으로 전이시킬 수 있다.

중국의 방어적 민족주의의 위험성

중국의 통합을 이끌었던 사회주의가 그 힘을 상실한 이상 새로운 통합 이데올로기로써 민족주의의 부상은 어느 정도 불가피해 보인다. 하지만 거대한 자신의 몸체에 억지로 중화민족의 가죽을 덮어씌우려는 '중화민족 만들기'는 내적으로는 소수민족들과의 갈등을 증폭시키고 외적으로는 동아시아 주변국들과의 문화갈등을 심화시키고 있다. 더욱이 중국의 감성적이고 급진적인 대중 민족주의는 문화갈등의 속도와 범위를 급속히 확대시킬 수 있는 휘발성마저 가지고 있다.

더욱 심각한 것은 이들 문제가 쉽게 해결될 수 없다는 데 있다. 중국 민족주의가 중국의 통합과 통일을 유지하려는 의도를 가지고 있다는 점에서 중국 민족주의는 다분히 방어적이다. 그렇기 때문에 중국으로서는 운신의 폭이 더욱 적다. 그만큼 더 절대화되고, 위기에 직면할수록 극단으로 치달을 수 있다. 지금처럼 소수민족 분규가 심화되면 될수록 보다 강력하고 인위적인 중화민족 만들기를 추진할 수밖에 없고, 주변국과의 역사와 문화갈등 역시 더 높아질 수밖에 없다.

중국이 바뀔 수 없다면 우리라도 인식의 변화를 가질 필요가 있다. 사실 현재의 문화갈등을 온전히 중국에게만 책임을 돌리기도 어렵다. 중국뿐만 아니라 동아시아 각국이 정도의 차이만 있을 뿐 모두 민족주의에 민감하기 때문이다. 특히 한·중·일 3국은 문화의 경계 짓기에도 익숙하다. 따라서 새로운 문화 공존 방식이 필요해 보인다. 그것이 꼭 동아시아 문화공동체를 의미하는 것은 아니더라도 지금의 국가 문화 중심에서 동아시아 지역 문화로의 문화적 지평을 넓히려는 시도가 이루어져야 한다.

창조가 모방을 바탕으로 하듯 새로운 문화가 기존 문화의 교류와 융합에서 나온다고 했을 때 동아시아 문화의 경계 짓기는 동아시아 문화의 퇴보를 가져올 뿐만 아니라 국가 간 소모적인 감정 대립만 가져올 뿐이다. 역사 왜곡의 문제는 학계의 전문적 연구에 맡기고 감정적으로 대응할 필요는 없어 보인다.

3장

한중 문화교류와 충돌, 단오절 논쟁 어떻게 볼 것인가?

박영환

culture
traditions
artifacts
food

language

values

identity
society
symbols

identity
values custom

traditions
music
culture art identity

현대 중국, 왜 유교 열풍일까?

중국 역사를 보면 한국 역사와 다른 점이 하나 있다. 친유교와 반유교 흐름이 교차 반복되고 있다는 점이다. 한나라 때 "백가 사상을 폐하고, 오직 유학을 존숭한다(罷黜百家獨尊儒術)"는 국시 아래, 유학은 중국 대륙 및 동아시아에 깊게 뿌리를 내리기 시작한다. 약 400년 후, 한나라 말기부터 도교가 성행하기 시작하였고, 빈번하게 왕조가 교체되었던 위진남북조 시기는 반유(反儒)정서의 확대로 현학과 불교가 흥성한다. 당나라에 와서는 불교, 도교의 발전과 더불어서 유교, 이슬람, 경교(기독교) 등 다양한 종교와 사상이 병진하였다.

북송 대에 이르러 신유학인 이학의 성립을 거쳐서 남송 말 주희에 이르러 성리학(주자학)이 집대성되며 주변 동아시아에도 크게 영향을 미친다. 하지만 상업을 중시하던 원나라에선 형식적으론 과거제가 존재하였지만 유가의 지위가 땅에 떨어진 지 오래였다.[1] 한족 정권인 주원장이 명나라를 건국하면서 주자학은 관방 학문으로 공인되며, 다시 독존적인 지위를 차지한다. 이러한 흐름은 청대까지 이어지며 명청 시대 약 540년간 주희의 천하였다고 해도 과언이 아니다.

하지만 19세기 들어 아편전쟁 등 서양 열강의 침입으로 청나라는 힘없이 무너지고, 그 후과를 짊어진 유학은 다시 비판의 심판대에 올랐다. 1911년 신해혁명, 1914~1915년 신문화운동, 1919년 5·4운동을 보면 정도의 차이는 있지만, 공통분모는 반전통, 반예교, 반유교 흐름이었다. 중화민국을 거쳐 중국 대륙에는 중화인민공화국이 1949년 10월에 성립된다. 무산계급의 혁명에 따라 "임금은 임금 노릇 하고, 신하는 신하 노릇 하고, 아버지는 아버지 노릇을 하고, 자식은 자식 노릇을 한다(君君, 臣臣, 父父, 子子)"라는 유교 정명론에 근거한 계급이 사라진 평등한 사회주의 국가를 건설하였다는 의미에서 1949년 성립한 국가를 '신중국'이라 하고, 1949년 이후를 '해방 후'라 한다.

이 시기에 반유교, 반공자의 흐름이 이어지는 것은 너무나 당연했다. 1967~1977년 문화대혁명 시기에 이르러 반유 열풍은 완전히 정점을 찍는다. 단순한 반전통이 아니었다. 우리에게 익숙한 '비림비공(批林批孔)'과 '조반유리(造反有理)'를 구호로 삼아 모든 전통과 과거를 무자비하게 파괴하는 것으로써 마오쩌둥은 권력의 동력을 유지하였다. 오천 년의 중국 전통문화는 혁명화된 인민들의 기억 속에서 사라지게 된 것이다.

전통 명절이 사라지는 것도 당연한 현상이었다. 건국 직후, 1949년 12월 명절 휴일 규정을 공포할 때만 해도 신년(元旦), 춘절, 노동절, 국경일을 휴일로 지정하였고, 그중에서 춘절은 3일 동안 공휴일로 지정하였다.[2] 하지만 1967년 문화대혁명이 시작되면서 설날(춘절) 휴일은 '혁명화된 춘절'로 바뀌며 1월 1일부터 출근하였다. 중국인이 설날에 하는 인사말인 '공시파차이(恭喜發財!)'라는 말도 사라졌다. 대신 "올해는 당신이 마오 주석을 만나 뵙기를 기원합니다"[3]라는 말로 인사를 대신하였다. 가장 중요한 '춘절'조차도 사라졌기에 추석, 단오절을 공휴일로 한다는 생각은 있을 수 없었다. 1976년 문화대혁명이 끝난 이후 춘절 휴가제도는 회복되지 않았다. 회복의 징조는 개혁개방이 막 시작된 이후인 1979년 춘절 즈음 중국 제1신문인『런민일보』를 통해서였다. "왜 춘절에 쉬지 못하는가?", "농민들로 하여금 안정된 설을 지내게 하자!"⁴는 한 농민이 보내온 편지가 1월 17일 자에 보도된 이후, 1980년부터 중국 정부는 춘절을 공휴일로 재지정했다.⁵ 1999년 제9회 전국인민대표대회 2차 회의에서「국가법정휴일의 연장 요청 건의」를 제출하였고, 2000년에 국무원에서 5·1 노동절, 10월 1일 국경절, 춘절에 7일 휴가를 결정하였다.⁶

그리고 2004년 5월 6일, 한중 간 단오 논쟁의 시발점이 되는 저우허핑(周和平) 문화부 부부장의 주장을『런민일보』에서 처음 보도했다.⁷ 이후 온 중국 대륙이 들썩이며 한국을 중국 단오절을 침탈하는 문화침략자라고 비난하면서 강력하게 성토했다. 뜨거운 비난의 물결이 대륙을 휩쓸고 지난 뒤, 2006년 5월 20일 중화인민공화국은 건국 이후 처음으로 전통 명절에 관한 보호법안을 만들었다.⁸ 그리고 인터넷 투표라는 초유의 방식을 거쳐 2008년부터 춘절 이외 청명절, 단오절, 중추절 등 전통 명절을 정식 공휴일로 지정하였다. 그리고 2009년 9월 30일, 중국 단오절도 세계무형문화유산으로 정식 등재되었고, 이로써 한국이 중국 단오절을 침탈해 간 것이 아님이 증명되었다.

개혁개방 20년 이후, 특히 90년대 후반을 전후로 중국 사회도 급변하였다. 기존 맑스, 레닌의 프롤레타리아 계급혁명이론 및 마오쩌둥 등의 홍색 사상에만 의지하여 국가사회를 이끌어 나간다는 것은 역부족이었다. 덩샤오핑 '선부론'의 시장경제에 부합하는 새로운 윤리 도덕과 가치관 확립이 절실했다. 팔영팔치(八榮八恥)라는 새로운 도덕 강령을 전국의 학교와 각급 기관에 보급하지만 단순한 행동강령으로는 금전만능 시대 사회의 각종 문제점을 포용할 수 없었다. 팔영팔치는 "여덟 가지 행해야 할 자랑스런 행동과 여덟 가지 해서는 안 될 부끄러운 행동"이란 의미다.

　작용이 있으면 반작용이 있기 마련이다. 과거제를 폐지한 1905년 이후, 약 100년 만에 중국은 다시 친유가의 흐름으로 진입하기 시작했다. 2000년 전후로 어린이용 유교 학습서 『삼자경(三字經)』, 『제자규(弟子規)』 등을 통해서 유교적인 도덕관을 유치원과 초등학교에 보급하기 시작했다. 2002년 후진타오 제4세대 지도부는 기존 사회주의 이데올로기의 문제점을 '유교'와 같은 중화민족의 전통문화에서 해법을 찾으려고 노력했다. 유교문화의 부상은 이러한 정치이데올로기적 기획 속에서 등장하였다.⁹ 2002년 11월 30일 린민대학에 공자연구원이 설립되고, 2004년 6월 베이징대학에 '유장편찬연구센터(儒藏編纂研究中心)', 2005년 6월에 중국사회과학원 '유교연구센터(儒教研究中心)'를 설립하였다. 또한 2005년 9월에 산둥대학에 '유학연구센터(儒學研究中心)'를 설립하고, 2006년 1월에 푸단대학교에 '유학문화연구센터(儒學文化研究中心)'를 설립하였다.¹⁰ 그뿐만 아니라 1948년도에 중단되었던 공자에 대한 제사를 1984~2003년까지 민간 차원에서 진행해 왔는데, 2004년 9월 최초로 중국 관방 차원에서 공제 형식으로 복원하였고, 2005년에는 명대 제례의식으로 복원하여 타이완, 홍콩 등의 대표와 공동으로 제례를 봉행하였다. 동시에 2004년을 전후하여 어린아이를 대상으로 하는 쟝칭(蔣慶)의 '독경운동' 열풍도 중국 대륙을 흔들었다.

2000년을 전후하여 중국 대륙에서 거세게 몰아치는 유교 복고 열풍 속에서 한중 단오 논쟁이 촉발되었다. 엄밀하게 말하면 한중 간 단오 논쟁은 표면적으론 한국과의 문화쟁탈 논쟁이었지만, 실은 중국 내부의 단결과 결속을 겨냥한 전통문화 계몽운동이었다. 다시 말해서 중국 내의 유교 부흥과 복고 사조라는 거시적인 흐름 속에서 단오 논쟁을 읽어야 한다는 것이다. 이 글에서는 1992년 한중 수교 이후, 한중 간에 처음 집단적으로 상대방을 혐오하기 시작한 문화쟁탈 논쟁의 서막인 '2004~2005년 한중 단오 논쟁'이 구체적으로 어떻게 전개되었고, 특히 중국 언론계와 학계에서는 어떻게 접근하였는지 살펴보고자 한다. 사실 오늘날 한중 간에 벌어지고 있는 한복 논쟁, 김치 논쟁 등도 대부분 단오 논쟁의 여진으로 봐도 무방하다.

중국 문화부 차관, 단오 논쟁에 불붙이다

1992년 8월 24일 한국과 중국은 베이징의 영빈관에서 역사적인 수교를 하였다. 양국은 수교 이후 약 10여 년 동안 비교적 우호적인 관계를 유지했다. 전면적인 경제교류, 문화교류, 교육교류를 추진하면서 양국의 우의를 점진적으로 심화시켰다. 게다가 1997년 〈사랑이 뭐길래〉[11] 등 한국 드라마와 음악은 중국 국민들로부터 뜨거운 관심과 환영을 받았다.

그 결과 1999년 11월 19일 『베이징칭연보(北京靑年報)』에서 처음 한류라는 용어가 등장하였다. 2000년 2월 베이징 공런(工人)체육관에서 열린 H.O.T의 공연은 중국에서 아이돌문화, 팬문화를 만들어 내면서 하한족(哈韓族)이라는 신조어도 유행시켰다. 2002년 〈가을동화〉는 중국의 21개 방송국에서 동시에 방영하였으며, 2003년 〈보고 또 보고〉, 〈목욕탕집 남자들〉도 커다란 환영을 받았다.

2002년 중국에서는 한국 드라마를 316차례나 방영했다.[12] 이처럼 2000년도 초반까지 한국과 중국은 유사 이래 최고의 밀월관계와 교류를 이어갔다. 한국 입장에선 중국으로부터 단군 이래 최고의 대우를 받은 시기라는 우스갯소리가 나올 정도였다. 중국인들은 한국을 통해 자국이 잃어버린 유교 중심의 중국 전통문화에 대해 새롭게 인식하기 시작했다. 여기에는 한류 열풍이 매우 중요한 역할을 수행하였다. 동시에 이 시기는 중국인들이 한국을 서방문화를 이해하는 하나의 시금석으로 활용했던 시기라고 할 수 있다.

산이 높으면 골이 깊은 것이 대자연 섭리다. 중국인들이 한국에 대해 집단적으로 적대적인 감정을 처음 나타내기 시작한 시기는 바로 한류가 대륙에서 뜨겁게 요동치던 2004년 봄이었다. 2004년 3월 양회가 순조롭게 마무리된 이후, 2004년 5월 6일 중국 문화부 부부장(한국의 차관급에 해당)인 저우허핑(周和平)의 글이 공산당 기관지이자, 중국에서 제1신문으로 공인되는 『런민일보』에 보도되면서부터다. 류위친(劉玉琴) 기자가 쓴 「스스로의 전통 명절을 냉대하지 말자」라는 제목 아래 기사는 이렇게 시작된다.

근일 동북의 한 대학교수가 문화부 부부장인 저우허핑에게 하나의 급한 문건을 보내왔다. 믿을 만한 소식통에 의하면 "아시아의 어느 나라에서 유네스코에 단오절을 본국의 문화유산으로 신청하려고 준비하고 있으며, 현재 이미 그것을 국가 유산 명단에 편입시켰으며 곧바로 유엔에 '인류의 구전 및 무형문화유산의 대표작'으로 신청할 것"이라고 한다.[13]

이렇게 동북의 한 대학교수가 편지를 보내왔다는 것에서부터 시작하는 이 기사는 다음 단락에서 저우허핑 부부장의 감정적인 언사를 소개하며 이웃 국가(한국)가 장차 중국 단오절 문화를 강탈해 갈 것으로 기정사실화하고 있다.

며칠 전에 열린 '중국 민족 민속문화 보호공정 시범작업에 대한 교류회의'에서 저우허핑은 조급하게 말하였다. "유구한 역사를 지닌 단오절은 중국의 전통 명절이다. 만약, 외국의 유네스코 무형문화유산 신청이 성공하게 되면 우리들은 얼마나 창피하겠는가? 우리는 무슨 면목으로 조상을 대할 수 있을 것인가?"

저우허핑은 매체를 향해 현재 중국의 모든 전통 명절을 묶어서 유네스코에 '인류의 구전 및 무형문화유산의 대표작'으로 서둘러 신청할 것을 고려하고 있음을 내비쳤다. 그는 "중국 전통 명절은 다채롭고 문화적 내함도 풍부하며, 인류의 독특한 문화기억을 담고 있다. 조상들이 창조한 역사와 문화유산에 대해 반드시 경외심을 가져야 하며, 반드시

민족민간 문화에 대한 보호를 고도로 중시해야 한다"고 말했다. 그는 모든 민중들이 특히 젊은 층이 중국 스스로 전통 명절을 냉대하지 말 것을 희망하였다.[14]

알려진 것처럼 이것은 2004년 한국이 '강릉단오제'를 유네스코에 '인류무형문화유산'으로 등재 추진한 것을 겨냥한 발언이었다. 당연히 이 보도는 중국 내에서 지대한 관심과 반향을 불러왔다. 중국 각지의 모든 언론 매체들은 사실 여부와 상관없이 『런민일보』 보도를 그대로 인용하여 보도하였다. 네티즌들은 물론이고, 전후맥락을 잘 이해할 수 없었던 일반 국민들도 "우리는 무슨 면목으로 조상을 대할 수 있을 것인가?"라는 기사를 보고 커다란 충격을 받았던 것이다. 기사를 접한 중국인들은 우리 중화문화를 보호해야 한다며 서로 앞다투어 강릉단오제 세계문화유산 등재 추진 사실을 강하게 비판했고, 수많은 네티즌과 독자들은 중국 단오절 문화를 끝까지 수호해야 한다며 거세게 반발했다.

중국인들은 한국이 단오문화 강탈한다고 오해

20세기 중엽, 중국 저명한 고전문학자이며 베이징대 교수였던 여우궈언(游國恩) 교수는 「위대한 시인 굴원(屈原) 및 그의 문학」에서 다음과 같이 말하였다.

음력 5월 5일은 단오절이라 칭한다. 전하는 바에 의하면, 이날은 우리 조국의 위대한 애국시인 굴원의 기일이다. 인민들은 그를 기념하기 위해 매년 이날 스스로 각종 의식을 거행하며 그에 대한 애도와 숭경(崇敬)을 표현한다. 수많은 기념 의식 중 가장 보편적인 것은 쫑즈를 먹는 것이다. 그다음으로는 남방 각지에서 '경도(競渡)'라 칭하는 용선 경기가 있다.[15]

중국 단오절의 기원에는 여러 학설이 있다. 전국시대 굴원[16] 이전에 이미 단오절이 존재했었다는 것이 학계의 정설이다. 하지만 중국 일반 민중들은 단오절이라고 하면 자연스럽게 굴원에 관한 고사를 떠올린다. 여우귀언 선생의 위의 기록도 바로 그런 면을 반영하고 있다. 따라서 현대 중국 학계와 민간에서는 단오절이라고 하면 당연히 굴원과 관련이 있는 명절로 인식한다. 굴원으로 인하여 쫑즈를 먹고, 굴원 때문에 용선경기가 있다고 믿고 있는 것이다. 한마디로 굴원과 단오절은 절대 분리할 수 없는 것이라는 인식이 중국을 비롯한 타이완, 싱가포르 등 중화권 국가의 일반적인 인식이다.

5월 6일 자 『런민일보』 보도 이후 중국 각종 언론 매체들이 앞다투어 이 기사를 연이어 인용 보도했다. 특히, 저우허핑의 "무슨 안목으로 조상을 대할 것인가?"라는 국민감정을 자극하는 구절을 대부분 언론들이 빠짐없이 인용했다. 보도를 접한 중국인들이 가장 먼저 떠올린 것은 굴원이었다. 중국 최초의 애국시인이자, 중국문학의 근원인 초사체 창시자, 민족영웅 굴원을 빼앗아가서 유네스코에 한국문화유산으로 등재한다고 오해했던 것이다. 거센 반발이 이어진 것은 너무나 당연했다.

굴원의 생평과 관계된 지역에서는 더욱 반발이 거셌다. 베이징에 기반을 둔 『첸룽왕(千龍網)』의 5월 7일 자 보도를 보자.

> 단오절이 만약 다른 나라에 의해서 문화유산으로 등록되면 이것은 우리의 직무유기이며 치욕이다… 웨양시(岳陽市)의 인민들은 단오절에 대해 매우 깊은 감정을 가지고 있다. 우리들은 반드시 잘 보호해야 한다. 웨양시는 신속하게 행동을 취할 것이며, 끝까지 우리 것에 속하는 단오절을 수호할 것이다.[17]

이 보도는 굴원이 유배 갔던 후난성 웨양시 지역민들의 울분을 반영하고 있다. 5월 7일 남방 대도시 광저우에 있는 『양청완보(羊城晚報)』의 보도를 보자. 「우리나라 단오절이 다른 나라 문화유산?」이라는 제목 아래 "(한국이) 강탈하여 등재한다는 소식이 국민들의 감정적인 언사를 촉발시켰고, 웨양시아 미뤄시(汨羅市)는 끝까지 수호할 것을 맹세하였다"[18]라고 하며 저우허핑의 한국 찬탈 주장을 그대로 인용하면서 다음과 같이 말하였다.

> 적지 않은 (교류회의에 참가한) 대표[19]들은 현재 젊은 층이 서양(외국)의 명절에 열중하고 있다고 말했다. 예를 들면 밸런타인데이나 크리스마스와 같은 것이다. 그러나 풍부한 문화 내함을 갖춘 우리 중국 전통 명절은 냉대를 받고 있다. 이것은 매우 유감스런 일이다. 사실 전통 명절뿐만 아니라, 중국 민족과 민간 문화 전체의 생존환경은 현재 경제 세계화와 현대화의 도전에 직면해 있다.[20]

위의 보도는 "서구 명절을 배격하고 소외받고 있는 우리 전통 명절을 소중히 해야 한다"고 강조한다. 북방 랴오닝(遼寧)에 본부를 둔『스다이상보(時代商報)』의 5월 8일 자 보도내용을 보자.

미뤄시의 부서기 훠둥화(霍東華)는 단오절이 다른 나라의 문화유산에 편입되었다는 것을 알고 대단히 놀랐다. 단오절은 중국의 전통 명절이며, 이것은 중화민족의 정수이다. 절대로 빼앗길 수 없다. 미뤄시의 전통문화는 대부분 미뤄강(汨羅江) 굴원문화의 영향을 받은 것이다. 단오절과 매우 밀접한 관계가 있다.[21]

미뤄강은 굴원이 투신자살한 곳으로 굴원을 추앙하는 마음이 특별한 지역이다. 이외에 중국 중부지방인 후난성 창사(長沙)에 기반을 둔『둥팡신보(東方新報)』의 5월 8일 자 보도를 보자.

단오절은 중화민족의 것이다. 어제 후난성『신바오(新報)』의「후난성은 단오절을 수호한다」는 글은 강렬한 반향을 불러왔고, 독자들은 "단오절이 서양(외국)의 명절이 되지 않도록 하겠다"고 강력히 표명했다. 이 소식은 곧바로 화제가 되었고, 수많은 시민들이 우리 민족의 명절을 지키기 위해 반드시 실천적인 행동을 취할 것을 제안했다. 어떻게 하면 단오절을 지킬 수 있을 것인지, 신문의 핫라인 0731-2204000으로 전화하는 것을 환영한다.[22]

눈여겨볼 점은 첫째, 아직 유네스코에 등재 신청도 하지 않았는데,

2018년 허난성(河南省) 중소도시인 루산(魯山)에서 열린 성대한 단오절 행사
한 고등학교에서 열린 단오절 행사에 지역 예술인들과 학생들이 참여하고 있다. 무대 위에 걸린 "우리의 명절-2018년 중국(루산) 단오절"이라는 배경 글씨가 눈길을 끈다.

이미 중국의 모든 언론 보도는 외국(한국)에서 중국의 단오절을 강탈해 갈 것으로 기정사실화하여 보도하고 있다는 점이다.[23] 이러한 자극적인 언론 보도는 당연히 혐한 정서를 자극하는 데 매우 유효한 수단이 되었다. 둘째, 일반적으로 '양절(洋節)'은 서양의 명절을 가리킨다. 단오절이 한국의 문화유산 목록에 편입되어 등록된다면 '양절'로 편입된다는 표현이 매우 특이하다. 이 점은 중국인들이 한국을 바라보는 관점이기도 하다. 현대 한국문화(특히 K-POP)를 단순한 외국문화로 인식하는 것이 아니라 서양의 문화와 동일시하고 있다는 점도 독특하다. 핫라인을 통해서 단오절 수호 의견을 듣는다는 방식은 시민들의 참여를 이끌어 내어 응집력을 강화하기 위한 것으로 보인다.

아시아 특정 국가가 단오절을 세계문화유산으로 먼저 등재하려는 사실과 관련하여 어제 시정부 부시장인 쉐궈칭은 본보 기자와의 단독 인터뷰를 통해 "단오절을 서양(외국)의 명절로 만들 수 없다"고 말했다.[24]

내용이 다른 한국 강릉단오제를 중국의 단오절과 동일시하는 점, 그리고 그것을 굴원과 연계시키고 있는 것이 중국 언론의 시각이자 중국인의 인식임을 알 수 있다. 앞서 언급하였지만, 한국이 강릉단오제를 유네스코에 등재한다면, 바로 단오절이 "서양의 명절(洋節)"로 변모한다고 강조하는 시각을 눈여겨 볼 필요가 있다. 마지막으로 중국 제1의 상업도시 상하이에 기반을 둔 『신원완보(新聞晩報)』는 5월 9일 「각계 반응」이라는 기사에서 상하이쟈오통대학(上海交通大學) 한 교수 주장을 인용하였는데 아래와 같은 내용이다.

단오절이 우리나라에서 시작된 것은 부정할 수 없는 사실로, 다른 아시아 국가(한국)가 성공적으로 등재하는 것은 절대 불가능하다. 왜냐하면 인류의 구전유산과 무형유산 대표작은 독창성, 완정성 및 진실성의 세 가지 특징을 갖춰야 하기 때문이다. 이 특정 국가의 단오절은 앞의 두 가지 조건을 충족하지 못한다. … 2000여 년 전 굴원은 웨양 지역의 미뤄강에서 순교했다. 웨양 사람들은 단오절에 대한 깊은 감정을 가지고 있으며, 웨양시는 장차 신속하게 행동해서 우리의 단오절을 단호하게 수어해야 한다.[25]

위의 보도를 정리하면 다음과 같다.

첫째, 대부분 중국 언론들은 폐쇄적인 문화관을 가지고 있다는 점이다. 중국에서 기인한 것이면 모두 중국 것이며, 따라서 다른 나라의 문화유산으로 절대 등재할 수 없다는 인식이 팽배하다.

둘째, 대부분 중국 언론과 중국인들은 단오절과 굴원을 동일시하고 있음을 알 수 있다. 한국이 강릉단오제를 유네스코에 등재 신청하는 것을 2000년 전 중국의 굴원문화를 한국이 유네스코에 등재 신청하는 것으로 오해하고 있다. 다시 말해서 강릉단오제의 내용이 무엇인지 파악하지도 않고 무조건 반대하는 것이다. 이는 문화의 다원성과 변이성, 그리고 문화의 교류, 융합, 변용이라는 문화 유동성의 특징에 대한 이해가 부족한 데서 비롯된 것으로 보인다.

셋째, 연관된 문제로 한국이 중국 단오절을 실제로 강탈해 가려고 하는지에 대해 사실 여부를 분별하려는 의지가 없어 보인다. 당연히 한국 강릉단오제와 중국 단오절의 차이에 대해 심층 분석하여 보도하려는 시도가 매우 부족했다. 오히려 한국의 유네스코 등재 신청 준비에 대해 감정적으로 대응하면서 중국 민중들에게 단오문화를 수호해야 한다며, 단오를 서양(한국)의 명절로 편입되게 해서는 안 된다는 주장만을 반복 강조하고 있다.[26]

넷째, 중국 젊은이들이 풍부한 내면을 가진 중국 전통문화를 수용하지 않고 서양(외국)의 명절을 중시하고 있음을 개탄하고 있다. 따라서 대부분 언론 매체들은 저우허핑의 "특히 젊은 층이 중국 스스로의 전통 명절을 냉대하지 말 것을 희망했다"는 구절을 이구동성으로 보도하며, 하루빨리 중국 젊은 층이 중국 전통문화를 소중하게 인식해야 한다

"굴원문화를 널리 알리자"라는 내용의 표어
굴원 고향과 직접적인 상관이 없는 허난성 중소도시의 표어가 눈길을 끈다.

고 역설하고 있다. 사실 필자가 보기에는 중국 당국이 제일 우려하는 바가 바로 이 부분이라고 판단된다.[27] 크리스마스와 밸런타인데이 등 서구적인 가치관의 유입으로 기독교의 평등한 가치관이 전파되는 것을 가장 경계하기 때문이다.[28]

종합해 보면, 한국에 의한 단오절 강탈, 굴원문화 강탈이라는 오해 분위기 속에서 당연히 한국과 한류에 우호적 정서를 가졌던 중국인들도 한국을 질시의 눈초리로 바라보기 시작했다.

〈대장금〉열풍이 중국 대륙을 뜨겁게 달구던 2005년 11월, 강릉단오제가 유네스코 세계무형문화유산으로 지정되었다. 사실관계를 잘 알지 못했던 중국인들은 이 사건을 중화민족의 자존심에 커다란 상처를

준 것으로 인식했다. 중국인들은 중국의 민족영웅 굴원과 관련된 단오문화를 한국이 유네스코에 등재 신청한 것으로 오해한 것이다. 당시 중국의 한 신문이 보도한 「문화유산 보호를 강화해 단오절을 빼앗아간 한국에 갚아주자」[29]라는 기사제목을 보아도 중국 언론의 한국에 대한 "문화강탈" 인식이 극에 달했음을 알 수 있다.

강릉단오제 등재와 중국의 반성과 자각

비록 여론에 편승하여 강릉단오제의 세계무형문화유산 유네스코 등재 신청을 비난하는 일부 중국 학자들도 있었지만, 학자적인 관점에서 객관적인 시각으로 바라보려는 사례도 적지 않았다. 문제는 이들의 목소리가 시민들에게 잘 전달되지 않았다는 것이다. 예를 들면 중국민속학회 비서장인 베이징대 가오빙중(高丙中) 교수는 2004년 5월 17일 한 언론과의 인터뷰에서 다음과 같이 밝혔다.

동아시아 유교문화권 각도에서 보면, 비록 단오절 발원지가 중국이라 할지라도 강릉단오제 문화는 한국의 문화관념이 들어간 것이라 합리성이 있으며 반드시 존중할 가치가 있다. 동시에 한국 단오제 유네스코 등재 신청을 문화 약탈이라고 보는 시각에는 반대한다.[30]

그로부터 1년 6개월 뒤인 2005년 11월, 강릉단오제 유네스코 등재 이후 가오빙중 교수는 여전히 동일한 견해를 유지했다. 『난방두스보(南方都市報)』와의 인터뷰에서 한국 강릉단오제와 중국 단오절은 분명히 활동 내용이 다르다는 점을 강조하였다. 또한 강릉단오제 유네스코 등재 성공은 오히려 중국에 긍정적인 일깨움을 가져다 줄 것이라는 견해를 표시하였으며, 한국은 전통문화 활동에 현대적 요소를 주입하고 현대적 변형을 성공적으로 실현하였기에 중국의 문화유산보호와 중국 단오절의 유네스코 등재에 좋은 귀감이 될 것이라며 긍정적으로 평가하였다.[31]

하지만 이미 중국 언론의 광범위한 보도로 인하여 일반 네티즌들과 국민들은 한국이 중국 굴원문화를 강탈해서 유네스코 등재에 성공한 것이라고 믿고 있었다. 따라서 그들은 전문가들의 객관적, 이성적인 관점을 받아들이지 못하고 오히려 그들의 객관적인 의견을 비난하는 경우도 있었다. 2005년 12월 『베이징칭녠보』에서는 「한국의 단오제 등재 성공을 어떻게 대해야 하는가, 전문가와 네티즌의 의견은 완전히 다르다」라는 제목으로 다음과 같이 보도하였다.

어떤 학자들은 중한 양국의 단오절(혹은 단오제)을 완전히 다른 두 가지 사항으로 인식하고 있다. 나는 이러한 주장이 실제에 부합되지 않는다고 생각한다. 만약 다르다면 왜 똑같이 모두 '단오'라고 칭하겠는가? 이러한 논점은 오히려 중국 단오절의 주변국에 대한 문화적인 영향력을 폄하하는 것이다. 사실 문화유산의 본토화 현상은 대단히 보편적이다. 설사 우리나라라고 할지라도 각 지역에서 존재하는 것이다.[32]

전형적인 중화 중심주의적인 사고로 전문가들의 객관적인 견해를 비판하고 있다. 중국에서 기원했다면 그 문화는 영원히 중국 소유라는 문화패권적인 인식을 가지고 있다.[33] 그러나 중국 단오절이 유네스코에 등재된 2009년, 중국 언론들은 강릉단오제가 중국 단오(굴원)문화와는 완전히 다르다는 것을 인식하였다. 하지만 여전히 이웃나라 문화에 대한 존중은 인색했다. 중국 경제주간지인 『21스지징지보도(21世紀經濟報道)』의 "한국 강릉단오제가 세계무형문화유산으로 등재되었으며, 비록 중국 단오절을 빼앗아 간 것은 아니지만, 우리로서는 감정적으로 받아들이기 힘든 일이라고 지적했다"[34]라는 부분에서도 잘 나타난다.

2005년 11월 강릉단오제의 유네스코 등재 이후 당시 중국 학계의 시각은 복잡다단했다. 가오빙중 교수처럼 학자적인 양심에 따른 객관적인 견해를 나타낸 소수의 학자도 있었지만, 대부분은 사실 관계를 규명하는 것보다는 전통문화에 대한 중국 내의 보호와 보존에 대한 국가적 인식이 부족했다는 것에 초점을 맞추어 중국 문화정책에 대한 반성을 강조하는 주장이 주류를 이루었다.

예를 들면, 2009년 발표된 「단오절 등재로부터 우리나라 전통문화의 유실과 보호를 말한다」라는 논문이 있다. 이 글에서는 자국 문화 보호에 대한 인식 부족을 지적하는 동시에 강릉단오제의 유네스코 등재는 중국 전통문화보호에 대한 성찰을 가져와 중국 사회 각계 강렬한 반응을 불러왔다고 지적하였다. 당연히 '중국 전통 명절 보호'라는 인식이 일반 민중들 사이에도 폭넓게 공감을 얻게 되었고, 이들에게 전통문화 보호라는 성찰을 남겨 주었다고 설명하였다.

한국의 등재 성공 이후에 우리나라 사람들이 비로소 각성하기 시작하였고, 놀라움과 괴로움을 느꼈으며, 비로소 "단오를 보위하자"며 목소리를 높이기 시작하였다. 많은 민중들은 "단오절은 중화민족의 전통 명절이며, 모든 중국 인민들은 적극적으로 행동하여 끝까지 우리 민족 전통에 속하는 것을 더욱 중시해야 한다"며 소리 높여 외쳤다.[35]

한국 강릉단오제 등재 성공은 중국 사회에 대한 각성으로 이어졌고, 이로 인하여 자국문화에 대한 중시와 보호에 대한 공감대가 이루어졌다는 것이다. "전통 명절을 보호하는 것은 중화민족 스스로의 문화 신분을 확인하는 데 필요한 것이며 문화 자각의 표현이다"[36]라며 중국인들의 전통 명절에 대한 인식이 소홀하게 된 원인과 이를 통해서 전통문화의 유실을 방지해야 함을 역설하고 있다.

굴원의 고향인 후베이성에서 발행하는 학술지에 실린 글도 흐름을 같이한다. 한국 강릉단오제의 문화적 형태와 중국 역사 문화와의 연원 관계를 살펴보고, 중국이 한국의 강릉단오제보다 유네스코 등재 신청이 왜 뒤처지게 되었는지 원인을 분석하면서 전 사회적으로 모든 무형유산에 대한 보호와 자각에 대한 길이 멀다고 반성하고 있다.[37]

이외에도 중국 문화유산의 보호에 있어서 현존하는 문제점을 검토하고 아울러 중국 문화유산 보호에 대한 정책 방향 전환을 위해 3가지를 건의했다. 첫째, 문화유산의 보호와 중국 국민들의 사상 및 도덕 건설과 유기적으로 결합할 것. 둘째, 법률적인 측면에서 문화유산의 보호를 강화할 것. 셋째, 문화유산의 보호와 중국의 현대화 건설을 상호 적응시킬 것.[38] 그 밖에 류진(劉金)과 두원셴(杜文軒)은 "세계화 충격 아래,

허난성 시골 도시인 처우청(雠城)에 건립된 굴원의 동상
마을 주민들이 굴원에 대한 제례를 지내고 있다. 단오절 논쟁은 중국 인민들에게 중국 전통문화의 중요성에 대한 인식을 강화시켰다.

우리나라 전통문화, 전통 명절은 냉대 받는 현상이 점진적으로 두드러지고 있으며, 전통문화 유실을 막기 위해 우리들은 반드시 전통문화에 대해 더욱 관심을 가져야 한다. 한국과 비교해 보면 우리나라는 무형문화유산의 중시와 보호가 부족하다. 무형문화유산 보호에 대한 엄중한 상황은 우리들이 필요한 대책을 취해 보호와 전승해야 함을 요구한다"[39]라고 하였다.

2009년 9월, 중국 단오절이 유네스코에 등재된 이후에도 중국 정부와 언론은 한국 강릉단오제에 대한 오해가 있었다고 공개적으로 해명하지 않았다. 대부분의 학자들은 중국 무형문화유산에 대한 중시와 보존에 대한 대책 강화만을 역설하였다. 이런 측면에서 보면, 베이징대 천롄산(陳連山) 교수가 2011년에 발표한 「단오 논쟁으로 본 중한 양국의 문화충돌」[40] 논문은 여러 측면에서 의미가 있다. 한마디로 한중 간 단오 논쟁을 가장 정확하게 인식하고 있는 논문으로 평가된다. 그는 한중 단오 논쟁의 출발점이 『런민일보』에 실린 저우허핑 부부장의 관점에서 시작되었음을 밝히고 있다. 한중 양국 단오절 차이에 대해 고증하면서 홍석모의 『동국세시기』, 유득공의 『경도잡기』, 김매순의 『열양세시기』 등 다량의 한국 고문헌과 중국 문헌을 통해 한국 단오절의 특수성과 차이점을 상세히 설명하였다. 또한 유교제례식의 한국 강릉단오제를 중국의 단오절과 단순 비교할 것이 아니라, 중국 성황묘 숭배신앙과의 비교가 합당하다고 주장하였다.[41]

이런 주장은 양국의 논쟁을 감정적으로만 응대하던 기존 학계의 주장을 뛰어넘는 새로운 관점이다. 또한 이 논쟁이 중국인들의 한국 단오에 대한 오해에서 비롯되었다는 점도 분명하게 밝히고 있다. 동시에 양국 논쟁은 쉽게 해결할 수 없는 심층적인 원인을 가지고 있는데, 주된 이유는 한중 쌍방 모두가 단오절 문화는 자기 것이라 인식하는 '문화자아중심주의'를 가지고 있기 때문이라는 결론을 내렸다.[42] 천 교수는 중국인들은 '자아중심주의'에 빠져 있으며, 한국인들은 '문화자아중심주의'에 매몰되어 있다고 주장했다.

결론적으로 학술적인 관점에서 이 논문은 고금의 단오문화에 대한 고증과 풍부한 사료의 운용, 객관성을 담보하고 있다는 점에서 양국 문화교류에 있어 귀감이 될 만한 논문이다. 다만 한국 학계 일부분의 주장을 확대에서 한국 학계 전반에 대한 비판으로 활용한 점은 아쉽다. 또한 그가 제기한 한국인의 '문화자아중심주의'라는 정의와 논거가 불

명확하다. 아마도 상대방에 대한 양국민 감정의 형평성을 고려한 것으로 보인다. 중국인의 한국인에 대한 오해를 설명하면서 동시에 한국인의 중국 단오절에 대한 오해도 언급한 것은 양쪽의 균형을 기계적으로 맞추기 위한 것으로 보인다.

한중 간 문화쟁탈 논쟁으로 확대

사실 한중 간 단오 논쟁의 심각성은 단오 논쟁 자체에 있는 것은 아니었다. 단오 논쟁 자체의 문제라면 중국도 자국의 단오절을 유네스코에 등재하면 해결된다. 문제는 한중 간 단오 논쟁이 중국의 오해로 빚어진 논쟁이었다고 사실적으로 보도하는 중국 언론이 거의 없었다는 점이다. 비록 간헐적으로 일부 선분가들이 양국 단오문화의 상이성을 강조하였지만, 2004년 5월 이후 중국인들과 네티즌들 대부분의 정서는 이미 한국은 우리 것을 강탈해 간 민족이라고 굳게 믿고 있었다.

2009년 9월 말 중국의 단오절도 유네스코에 정식으로 등재된다. 굴원문화 중심의 중국 단오절이 한국에 빼앗긴 것이 아니며, 강릉단오제는 중국 단오절과 다르다는 것이 명백히 증명되었다. 중국 학자, 언론계도 당연히 이를 인지하였다. 하지만 어느 누구도 중국이 한국을 오해하였다는 해명이나 설명을 하지 않았다. 오히려 일반 국민들은 중국 단오절이 등재된 사실조차 모르고 있었다.[43] 심지어 "(2009년 중국의 단오절 등재는) 어떠한 측면에서 보면 중국 전통문화의 존엄을 지켜낸 것이다"⁴⁴라고 강변하는 학자도 있었다. 중국 입장에선 빼앗긴 것도 없고, 한국은 빼앗아 간 것도 없는데, 즉 중국 전통문화의 존엄이 한국에 의해 훼손당한 적이 없는데 존엄을 지켜냈다고 강변하는 것은 솔직히 이해하기 힘든 발언이다.

중국 단오절이 유네스코 등재에 성공했음에도 불구하고, 강릉단오제의 충격은 '중국 전통문화의 비애'로 지속되었다. 그만큼 단오 논쟁은 중국인들에게 오랫동안 상당한 충격을 주었다. 베이징대 천롄산 교수의 주장을 보면, 중국인들의 분노가 어느 정도였는지 이해할 수 있다.

> (저우허핑 부부장의 말이) 하나의 돌이 되어 수많은 파문을 일으켰다. 많은 중국인들, 학자를 포함해서 정치가들은 모두 중국이 계승하고 있던 2000여 년의 단오절이 한국의 세계문화유산이 된 것에 감정적으로 받아들일 수가 없었다. 인터넷에서는 더욱 욕설로 가득 찼고, 한국의 유네스코 신청은 중국 문화유산을 갈취한 것이라 여겼다 … 이런 주장에 대한 당시 중국민속학회 이사장인 류쿠이리(劉魁立) 선생의 비판과 민속학자 허쉐쥔(賀學君) 등이 한국 강릉단오제 현장에 대한 고찰을 통해서 강릉단오제와 중국 단오절이 차이가 있다는 점을 상세히 설명한 이후에도 결코 논쟁은 사라지지 않았으며, 현재에도 지속되고 있다. 이로 보아 이번 단오 논쟁의 영향이 얼마나 심원한지 알 수 있다.⁴⁵

중국의 대표적인 민속학자들이 강릉 현지에서 직접 강릉단오제를 참관하였다. 이들이 중국의 단오절과 강릉단오제는 다르다고 설명했음에도 일반 중국인들의 오해는 불식되지 않았다. 전문가들의 학문적인 주장이 전혀 받아들여지지 않았던 것이다. 아무런 실체가 없었던 중국인들의 한국 강릉단오제에 대한 적대적인 감정은 이처럼 중국인들의 뇌리 속에 굳어지게 되었고, 이를 기반으로 해서 한중 간 또 다른 문화 논쟁으로 전선이 확대되었다. 중국의 혐한 정서 확대에 대해 중앙민주대학(中央民族大學) 샤샤오리(夏曉莉) 교수는 다음과 같이 설명한다.

> 2005년 한국 강릉단오제의 유네스코 등재 성공 이후, 2008년 유엔 보건기구의 (한국) 한방의 경혈을 표준으로 참고한다는 주장과 한국 다수 민중들이 중의를 한의로 변경할 것을 요구한다는 주장으로 제2차 중한 문화 논쟁이 시작되었다.[46]

중국 입장에서는 설상가상의 상황이 전개된 것이다. 굴원의 단오절을 빼앗겼다는 상실감이 채 아물기도 전에 중의학을 또 한국에 빼앗기게 되었다는 보도는 중국인들을 또다시 분노하게 만들기에 충분하였다. 2008년 유엔보건기구에서 한국 한방 경혈을 (국제)표준으로 한다는 국내 언론 보도는 한국 한의학계의 과도한 홍보로 알려졌다. 한국 침구와 경혈이 국제표준으로 인정됐다는 대한한의사협회 주장에 대해 중국 중의학계가 반박하고 나섰고, 결국 세계보건기구가 중국 중의학계의 손을 들어주었다.[47]

2008년 3월, 한국 한의학계는 허준의 『동의보감』을 유네스코 문화유산에 등재하고자 신청서를 제출하였고, 2009년 의학서적으로는 세계 최초로 유네스코 세계기록유산으로 등재되었다. 아마도 이 부분이 중국인들을 자극한 것으로 보인다. 중국인들은 한의를 중의와 동일시

한다. 중국인들의 관점에서는 '한의'라는 명칭도 인정하지 않지만, '한의'는 '중의'에서 비롯된 것으로 인식하기 때문에 '한의'라는 명칭을 사용할 수 없다는 것이다. 이러한 한의 논쟁은 또다시 중국인들에게 한국은 중국문화를 약탈하는 민족이라는 인식을 각인시켰고, 이후에는 점진적으로 다른 문화 논쟁으로 확대되었다.

예를 들면, 2007년 광저우(廣州)에서 발간된 『신콰이보(新快報)』에는 "서울대 역사학과 박정수 교수가 10여 년의 연구 결과 (한국이) 한자를 세계문화유산으로 등재하려는 움직임을 보인다"는 특집기사가 실렸다. 사실 이 뉴스는 아무런 근거 없는 가짜뉴스였다.[48] 이런 유형의 가짜뉴스가 중국에서 봇물을 이루었다. 공자, 월나라 미인 서시(西施), 명나라 시기『본초강목』의 저자 이시진(李時珍), 신해혁명을 일으킨 쑨원, 심지어 마오쩌둥, 농구선수 야오밍(姚明)까지 한국인의 후예라는 주장을 한국이 제기하였다는 가짜뉴스가 중국에서 광범위하게 유포되었다.[49] 한국인들은 한자, 중의, 혼천의 발명권도 한국에 있다고 주장한다는 뉴스도 판을 쳤다. 이러한 뉴스를 접한 중국인들은 한국인을 이해 못할 문화침략자로 인식할 수밖에 없었다. 문제는 이런 유형의 뉴스 대부분이 날조되거나 오해에서 비롯되었다는 것이다.

더욱 큰 문제는 인터넷에 난무하는 이런 가짜뉴스를 일부 학자들이 아무런 검증 없이 수용하였다는 점이다. 2014년 대학교 학술지에 실린 한 사례를 소개한다.

2001년 한국은 궁정종묘제사의 예악을 유네스코에 문화유산으로 신청하였다. 그것은 매우 짙은 중국의 제사 예의 색채를 띠고 있다.

2005년 한국의 강릉단오제 등재가 성공적으로 이루어졌다. 모든 사람이 알고 있듯이 강릉단오제는 우리나라 역사의 유구한 단오절에서 기원한 것이다. 그들은 또한 공자, 서시, 이시진 등 모두가 한국인이라고 여기고 있다. 중의(中醫), 침구(針灸), 한복(漢服), 심지어 한자도 모두 그들의 발명품이라는 것이다. 한국의 이러한 수법은 일반 대중들도 받아들일 수 없는 것이다.[50]

강릉단오제 이외에도 한국의 종묘제례악이 중국과 유사한데 한국이 유네스코에 이미 등재한 것에 대해 불편함을 숨기지 않았다. 또 한국인들이 공자, 서시, 이시진 등을 한국인의 후예라고 주장한다는 유언비어를 사실로 판단하고 대학 학술논문에서 주장하고 있는 점은 매우 심각하다. 이는 대학생들에게 잘못된 인식을 심어 줄 수 있기 때문이다. 이처럼 학계에서조차 유언비어에 미혹되어 혐한의 선봉에서 한국을 문화침략자라고 공격하고 있으니, 일반 민중들과 네티즌들은 더더욱 말할 필요도 없었다.

2021년 한중 간에 벌어진 김치와 한복 논쟁은 기시감이 있다. 이러한 단오 논쟁, 중의, 침구, 한복(漢服) 관련 논쟁의 연상 선상에서 나타난 문화 논쟁이기 때문이다. 다만, 이전에는 중국이 한국에 대해 중국문화를 강탈해 갔다고 주장한 반면, 최근 논쟁은 주체가 완전히 뒤바뀐 형태다. 즉, 한국이 중국에 대해 우리 것을 강탈해 간다고 주장하는 기현상이 벌어지고 있는 것이다.

한류 열풍 대륙에서 사라지다

2000년대 중후반 중국에서 한류 열풍이 퇴조한 것과 한중 단오 논쟁은 상관관계가 있을까? 우연이라기엔 시기상 너무 절묘하게 일치한다.

2005년 연말, 중국에서는 최초의 한드 열풍인 〈대장금〉 열풍이 대륙과 중화권 국가를 뒤덮었다. 〈대장금〉의 중국에 대한 영향력은 가히 상상력을 초월한다. 특히 〈대장금〉을 유교문화의 정수로 보는 중국 지식인들의 시각은 중국에 새로운 논쟁을 불러왔지만,[51] 분명한 점은 한드 열풍이 "우리(중국)의 유교문화를 복원하자"는 조류를 심화시켰다는 것이다.[52] 동시에 단오 논쟁은 중국에서 자연스럽게 유교문화 회복과 전통문화 보호 본능을 더욱 자극하는 한편, 반한과 혐한 기류를 조성하게 되었다. 이에 따라서 2005년 11월 강릉단오제가 유네스코에 등재된 이후, 2006년부터 중국 대륙에서는 한드 열풍이 점진적으로 사라지기 시작했다. 한류 연구자들 대부분은 이런 현상이 나타난 시기를 2004년 연말 이후라고 일치된 시각을 보인다. 예를 들면, 강내영은 중국에서 반한류가 나타나기 시작한 기점을 2004년 하반기로 보고 있다.

2004년 이후 중국 언론에 보도된 한국 드라마와 영화에 대한 항한류 보도의 주요 특징은 주로 방송연예 종사자들의 한류에 대한 비판과 내부적 자성(自省)이 주를 이루고 있다. 특히, 2005년 〈대장금〉의 폭발적인 인기를 전후로 중국 감독과 연예인들이 집중적으로 한류를 비판하고 있으며…[53]

2006년부터 한류 열풍이 사라지기 시작한 것으로 보는 시각도 있다. "중국의 언론학자 파오청취안(2006)은 한류 현상을 '일시적인 외국 문화 유행'이라 일컬으면서 '아직도 한국문화에 대한 중국인의 이해는 매우 단편적이고 피상적이며, 일부 지역과 특정 계층에만 국한된 문화 현상이다'라고 평가하였다."[54] 2008년 한 언론사가 중국 대중이 가장 싫어하는 드라마에 대한 설문조사를 실시한 결과 한류의 상징이라고 볼 수 있었던 한국 드라마 〈대장금〉이 선정되기도 하였다.[55]

오해에서 비롯된, 2004년부터 강릉단오제의 유네스코 인류무형문화유산 신청 문제로 인한 한중 양국 간에 벌어진 단오 논쟁은 중국인들의 민족주의적인 감정을 격화시키는 동기가 되었다. 한국에서는 중국에서 진행한 동북공정이 한국인의 민족주의적인 감정을 부채질하기 시작하였고, 2006년 이후 중국 정부는 사실상 한국 드라마의 수입을 금지시켰다.[56]

이와 같이 한류를 연구하는 학자들의 일치된 견해는 한드 열풍에 대한 중국인들의 집단적인 대항 의지가 언론을 통해 표출되기 시작한 것이 2004년 단오 논쟁 이후라는 것이다. 언론의 시각도 유사하다. 2005년 중국의 유명 배우 장궈리(張國立)는 "우리들의 텔레비전 방송국과 언론매체가 하루 종일 한국 드라마만 방영한다면 이것이 매국노와 어떤 차이점이 있는가?"[57]라며 노골적으로 한국 드라마에 반감을 드러냈다. 중화권의 큰형으로 불리는 청룽(成龍)도 한국 언론이 자기를 홀대하는 것에 비해, 중국 언론들은 한국의 2류 연예인들을 극진하게 대

우한다며 반한류의 정서를 숨김없이 드러냈다.[58]

이같은 반대 여론은 중국 정부의 외국문화 수입 규제 움직임으로 이어졌다. 2006년 중국 국가광전총국(國家廣電總局)은 CCTV에 연간 수입하는 한국 드라마를 4편으로 제한했고, 중국문화부는 해외음반 수입을 비롯해 실내체육관 공연까지 규제하며 한국 가수들의 발을 묶었다.[59]

사실상 2006년 이후 중국 정부는 한국 드라마 수입을 대폭 줄였다. 중국 국내에서는 새로운 한국 드라마를 시청할 수 없게 되었고, 한류 열기는 자연스럽게 퇴조할 수밖에 없었다. 이처럼 한중 간 단오 논쟁은 중국인들의 민족주의와 전통문화 회복을 강화하였고, 중국대륙에서 한류 열풍의 퇴조에 상당한 영향을 미쳤다. 동시에 한드 열풍은 중국인들로 하여금 잃어버린 유교적 가치관 수용의 필요성을 자각하게 하였다. 전통적인 가치관 실전에 대한 반성과 자각, 이후 양국 간에 벌어지는 문화 논쟁은 중국의 한국에 대한 단오절 오해의 후유증에서부터 비롯된 것이라 해도 과언이 아니다.

전통명절보호법안 제정과 중국 단오절 등재 성공

한중 간 단오 논쟁은 중국 내의 중화민족주의와 유교 열풍을 견인하게 만들었다.[60] 이에 대해 중국 학자들도 견해를 같이한다. 중앙민주대학 샤샤오리 교수는 "(강릉단오제 유네스코의 등재 등) 두 사건은 중국 대중의 민족주의 의식을 촉발시켰으며, 인터넷 기술의 발전은 때마침 이러한 민족주의 정서를 분출하는 데 매우 유효한 플랫폼으로 중국 민중들 혐한의 주된 전쟁터가 되었다"[61]고 분석하였다. 주의 깊게 볼 부분은 결국 이 논쟁은 1949년 10월 중화인민공화국 건국 이후 처음으로 중국에서 전통명절보호법안을 제정하는 데 촉진제 역할을 하였다는 것이다. 한중 단오 논쟁이 중국에 가져다 준 가장 큰 선물인 셈이다.

1949년 중국인민정치협상회의 전체회의에서 음력 1월 1일을 '춘절'로 결정하고 3일 동안 공휴일로 지정했다.[62] 하지만 문화대혁명 시기인 1967년 사상, 문화, 풍속, 습관 등 방면에서 '4개의 구습 타파(破四舊)'라는 명목 아래, '혁명화 된 춘절'을 위해서 중화민족의 전통 명절인 설날 공휴일 제도를 폐지하였다. 1년 중 가장 중요한 명절인 '춘절'조차 '혁명화된 춘절'로 사라졌으니, 다른 명절은 말할 필요도 없었을 것이다. 중국에서 '춘절'이라 불리는 설날이 다시 회복된 것은 1980년이다. 덩샤오핑 집권 이후 중국은 춘절 휴가 제도를 전면적으로 회복하였다.[63]

하지만 추석, 단오절, 청명절 등의 전통 명절은 거의 쇠지 않았고, 공휴일도 아니었다. 당연히 중국 국민들은 설날 이외의 전통 명절에 관한 내용은 점차 망각할 수밖에 없었다. 2004년에 시작된 한중 간 단오 논쟁은 잊어버린 중국 전통 명절을 새롭게 인식시켜 주었고, 중국 전통문화라는 측면에서 명절의 의미도 새롭게 되새기는 계기가 되었다.

전통문화의 함축적 의미를 깊이 파헤치고 시대와 함께하면서 전통 명절을 풍성하게 할 필요가 있다. 한국의 등재 성공은 실제로 우리에

문화대혁명 시기 춘절 공휴일 폐지 소식을 라디오로 듣고 있는 사람들[64]

문화대혁명 시기 '혁명화된 춘절' 설명회[65]

게 좋은 깨달음을 가져다주었다. … 우리나라의 전통민속도 시대에 발맞추어 나가야 한다.[66]

2006년 5월 말, 중국의 문화부장(文化部長, 장관)인 쑨자정(孫家正)이 중국의 전통문화를 보호하는 시책을 발표하였다. 이어서 2006년 6월 23일 중국공산당 중앙선전부는 민족정신을 널리 고양하고 중화민족의 우수한 문화와 전통을 전승하기 위해「민족문화의 우수한 전통을 알리기 위한 전통 명절 운용에 관한 의견」을 교육부(敎育部)와 민정부(民政府), 문화부(文化部) 및 중앙문명사무실(中央文明辦公室) 공동 명의로 다음과 같이 발표하였다.

전통 명절의 문화적인 의미를 강조하고, 중요한 경축 활동을 세심하게 잘 조직해야 하며, 특히 설날과 청명절, 단오절, 중추절과 중양절 등 가장 중요하면서도 대표성을 가진 명절들의 경축 활동 행사를 잘 조직해야 한다. 전통 명절의 발전적인 작용을 선전함에 있어 신문과 언론매체를 충분히 잘 활용해야 한다. 민족명절에 대한 여론 선전을 확실하게 강화하고, 전통 명절을 존중하고 좋아하고 참여하는 분위기를 적극적으로 만들어야 한다. 전통 명절에 대한 연구와 보호를 전개하여 민족의 명절을 끊임없이 전승하고 발전시켜야 한다.[67]

전통 명절 경축 행사의 중요성에 대한 강조와 더불어 전통 명절을 존중하고 계승 발전시키는 동시에 적극적인 참여 분위기를 조성함에 있어서 여론과 선전 활동을 강화하는 등 신문과 언론을 잘 활용해야 한다고 강조하였다. 실종되었던 전통문화를 복원하기 위해 당과 정부 차원에서 최선의 노력을 기울이고 있음을 알 수 있다. 또한 매년 6월 둘째 주 토요일을 '문화유산의 날'로 정하고, 전통 명절을 무형문화유산 보호명단에 포함시키겠다고 발표하였다. 그 일환으로 2006년 6월 10일 처음으로 관련 행사를 벌이기로 하는 한편, 춘절, 청명절, 단오절, 중추절 등과 같은 유명 전통 명절이 포함된 518개 항목의 제1차 국가무형문화재 리스트를 확정했다.[68]

원래 공산당 집권(1949년) 이후 전통 명절 중에서 중국인들의 귀소본능이 가장 강했던 춘절만을 유일하게 남겨 두었다. 중추절과 단오절, 청명절 등의 전통 명절은 소외되었다. 하지만 한중 단오 논쟁 이후 2008년부터 전통문화유산 회복운동의 일환으로 중추절뿐만 아니라, 청명절, 단오절 등 전통적인 명절을 모두 법정 공휴일로 지정하였다.[69] 이 법안을 발의한 사람은 런민대학 총장이자 전국인민대표자대회 위원인 지바오청(紀寶成)이다.

사실 지바오청 위원은 2004년 이전부터 법안을 준비하였다. 하지만 2004년 이 법안을 제출했을 때 냉대를 받았다고 한다. 『신화망(新華網)』은 지바오청의 말을 인용하여 공휴일 제정 과정을 다음과 같이 설명하였다.

2004년도에 이 안을 제출했을 때 국무원의 관련 부서에서 나에게 준 대답은 매우 완곡했으며 단지 한마디로 "종합적으로 사회경제발전의 수요와 사회발전을 감당할 수 있는 능력을 고려해야 한다"고만 대답했다.(중략) 그러나 2005년에 내가 다시 건의하였을 때 대답은 사뭇 달랐다. "이 건의는 우수한 전통문화를 선양하며, 따뜻하고 조화로운 사회환경의 구축에 적극적인 의의를 가지고 있다"며 긍정적인 답변을 제시하였다. 2006년도의 대답에 나는 더욱 적극적인 것을 느꼈고, "그들은 국무원의 지도자 동지들에게 보고하였고, 관련 부서에서 지금 이것을 적극적으로 연구하고 있다"고 말했다.[70]

전통 명절의 공휴일 지정에 대해 2004년에는 국무원에서 소극적인 대답을 하였지만, 강릉단오제 관련해서 뜨거운 논쟁을 거친 이후인 2005년도에 중국 당국의 태도가 급변하였다는 것이다. 동시에 "이 건의가 우수한 전통문화를 선양하며, 따뜻하고 조화로운 사회환경의 구축에 적극적인 의의가 있는 것"이라며 긍정적인 대답을 주었다는 것이다.

중요한 점은 판단 기준이었는데, 2004년에는 "사회경제발전의 수요"라는 측면에서 고려했다면, 2005년에는 "우수한 전통문화 선양"으로 비끼었음을 알 수 있다. 한중 간 단오 논쟁이 중국 전통 명절문화의 지정과 보호에 직접적인 영향을 주었음을 알 수 있는 대목이다. 더욱 흥미로운 점은 이 법안을 인터넷 투표로 처리했다는 것이다. 이는 젊은 층의 참여를 독려하여 전통 명절문화에 대한 관심을 유도하려는 것으로 보인다. 아울러 서구적인 종교문화 가치관이 유입되어 사회주의 이념이 희석되는 것을 차단하기 위한 방안으로 추정할 수 있다.

결국 이 법안은 2006년부터 인터넷에서 몇 차례 설문조사를 진행한 뒤, 2007년 11월 9~15일까지 인터넷에서 최종적으로 투표를 진행하였다. 총 1,499,337명이 투표하였고, 그중에서 찬성 62.11%이며, 반대 29.47%, '상관없다' 8.42%로 나타났다.[71] 이로써 중국은 2008년에 이르

2018년 허난성 처우청 〈단오습속과 굴원문화〉 학술회의에 참가한 필자

러 단오절, 중추절, 청명절 등 전통 명절을 공휴일로 제정하였다.

이처럼 한중 단오 논쟁을 통해 중국은 전통문화명절보호법안을 새롭게 제정하였고, 중국 단오절의 세계 유네스코 무형문화재 등재를 적극 추진하였다. 굴원의 고향에 전승되어 온 후베이성 쯔구이현(秭歸縣)의 "굴원 고향 단오습속"을 비롯해 후베이성 황스시(黃石市), 후난성 미뤄시(汨羅市), 장쑤성 쑤저우시(蘇州市) 등 네 지역의 단오문화를 묶어서 등재 신청[72]하였다. 강릉단오제 등재 이후 약 4년 만인 2009년 9월 30일 중국 단오절도 유네스코 등재에 성공했다. 이에 대해 중국 언론은 강릉단오제의 유네스코 등재가 유관부서의 반성을 불러일으키고 전통문화에 대한 국민들의 보호의식 제고에 도움을 주었다고 판단하며, "이번 한국의 유네스코 신청은 외부로부터 우리의 신경을 자극하였다"[73]고 고백하였다. 즉, 한국과의 단오 논쟁이 중국 건국 이후 처음으로 전통 명절문화 보호에 관한 법률을 제정하는 데 도움이 되었고, 국민들의 전통문화유산 보호의식 제고와 전통 명절문화를 보호하고 보존하도록 하는 데 적극적인 역할을 하였다는 것이다.

서구적 문화 종교관의 중국 유입 차단

중국의 오해로 비롯된 한중 간 단오 논쟁을 어떻게 봐야 할까? 단도직입적으로 말한다면, 서구적 평등한 가치관의 중국 유입을 차단하고 젊은 층의 사회주의 이념이 희석이 되는 것을 막기 위한 중국 당국의 의도와 밀접한 관련이 있다고 할 수 있다. 특히, K-POP 열풍 속에 중국 어린 학생들이 한국의 태극기를 들고 열광하는 모습은 중국 당국으로서는 용인하기 힘들었을 것이다. 또한 단오 논쟁 이후 한국문화의 영향력 확산에 대해 중국 내부에서 우려하는 목소리가 나왔다는 점도 눈여겨볼 대목이다. 이러한 서구문화와 외래문화에 대한 인식은 단오 논쟁을 증폭시키는 작용을 한 것으로 보인다.

단오 논쟁에 있어서 눈여겨 볼 부분은 시기의 문제로 한중 양국 수교 이후 한중 우호관계가 최고조에 달하고, 1997년 〈사랑이 뭐길래〉 열풍 이후, 특히 젊은이들이 K-POP에 열광하기 시작했을 때 일어났다는 점이다. 이듬해인 1998년 방송된 〈별은 내 가슴에〉 주인공 안재욱이 원조 한류스타로 등극하며 콘서트 공연 행사장마다 5~6만여 명의 팬들을 끌고 다녔다.[74] 당시 필자가 아는 대부분의 중국인들이 안재

욱의 중국 이름인 '안자이쉬'를 모르는 사람이 없을 정도였다. 먼저 드라마 열풍이 있었고, 이를 바탕으로 K-POP 열풍이 이어졌다. 당시 열풍 현상을 대중문화평론가인 최규성은 다음과 같이 설명한다.

현지에서 발매한 음반으로 엄청난 인기몰이를 한 H.O.T는 2000년 2월 중국 문화부 초청으로 베이징 공런(工人)체육관에서 공연을 열었다. 무려 1만 2천 명의 관객이 몰려들었다. 놀랍게도 공연장에는 태극기를 들고 입장하는 중국 여학생들도 있었다. H.O.T와 함께 클론, N.R.G, 베이비복스, 태사자 등도 중국 팬들의 마음을 달궜다.[75]

한국 드라마의 개방은 중국인들에게 전통문화를 인식하게 되는 계기가 되었고, 따라서 중국 당국은 한국문화에 대해 비교적 호감을 가지고 문화수용의 문턱을 낮추었다. 중국 젊은 층이 좋아할 만한 콘텐츠가 부족했고, 아이돌 문화가 생소했던 당시 중국의 방송환경에서 같은 동양인 아이돌그룹의 공연은 중국 젊은 층의 폭발적인 관심을 끌었다. 당시 중국 학생들이 K-POP을 얼마나 좋아했는지 SM대표 이수만은 이렇게 기억하고 있다.

2000년 2월에 처음으로 H.O.T가 중국 베이징의 공런체육관에서 단독 콘서트를 열었을 때, 이미 필자는 한류 열풍이 결코 거품만은 아님을 체감할 수 있었다. 당시 H.O.T의 베이징 콘서트를 보러 온 중국의 청소년들은 하나같이 한국어로 H.O.T 노래를 따라 불렀다. 그리고 그들은 가방에 태극기와 H.O.T 사진을 함께 달고 다녔다. 놀라운 사실이었다. 우리나라 청소년도 아닌 중국 청소년들의 가방에 달려 있는 태극기 배지를 보는 순간의 감동이란! 당시 중국에서 느꼈던 한국문화 열풍과 가능성은 중국 언론에서 '한류'라는 신조어로 표현했으며, 그것은 지금까지 이어지고 있다.[76]

어린 학생들이 "가방에 태극기와 H.O.T 사진을 함께 달고 다녔다"는 사실은 중국 당국으로서는 적지 않은 충격이었을 것이다. 중국 정부는 초기에는 일회성으로 생각했으나, 한류 열풍이 드라마, 음반, 콘서트, 게임 등으로 확대되자 열기를 조정할 필요성을 느꼈을 것이다. 그렇다고 많은 인민들이 한국드라마를 좋아하는 상황에서 갑자기 수입을 금지하는 것은 명분과 실리 면에서 실행이 쉽지 않았던 것으로 보인다. 아마도 2000여 년의 역사를 가진 단오절 문화를 이웃 나라에서 강탈해 갔다는 주장은 일거양득의 효과를 얻을 수 있다고 생각했을 것이다. 앞서 살펴보았지만, 중국 당국의 입장에선 젊은 층이 서양 명절을 중시하는 것에 우려하는 시각이 있었고, 이를 어느 정도 컨트롤할 필요가 있었다. 공산당원으로 가입할 때 반드시 무신론자이며, 공산당만을 믿어야만 한다는 전제조건이 있는 것을 보면 중국 당국의 서구적인 가치관과 종교에 대한 인식을 알 수 있다.

"우리의 굴원을 지키고, 전통문화를 수호하자"는 논리는 자연스럽게 인민과 학생들의 민족주의 감정을 고양시켰고, 서양 명절을 멀리하는 데에도 도움이 되었을 것이다. 2018년 BBC는 "중국 여러 지역에서 크리스마스 금지령을 다시 공포하며, 서양 명절 논란은 관방의 종교에 대한 우려를 나타낸다"[77]고 보도하였다. 이는 외국의 문화를 배척하고 자국의 전통 명절문화를 보급하고자 한 단오 논쟁의 연장선상에 있다고 할 수 있다.

2014년 2~7월까지 중국의 '예루살렘'으로 불리는 저장성 원저우(溫州)와 항저우(杭州) 등지에서는 기독교인들의 극렬한 반대가 있었지만 저장성 당국은 교회의 십자가 수백 개를 철거하였고, 극렬한 반항이 있을 경우 교회도 철거하였다는 『아주주간』의 보도가 있었다. 그리고 『뉴욕 타임즈』 보도에 따르면 시진핑 정부 이후 저장성에서만 교회의 십자가가 1,200~1,700개 철거되었다고 한다. 2018년 3월 중국에서는 온라인 소매 플랫폼에서 성경을 판매하는 것도 금지했다고 한다.[78]

공산당 간부의 이념교육을 담당하는 베이징의 중앙당교(中央黨校)는 2016년 말 베이징대 유학원과 공동 학술회의를 개최하였다. '유학과 사회주의'라는, 서로 부조화를 이룰 것 같은 매우 흥미로운 주제였다. 이러한 일련의 행보는 중국 정부 당국이 서구적인 가치관을 배척하고 전통의 유교적인 가치관을 바탕으로 하는 중화중심주의를 경세이념으로 삼겠다는 의지를 분명히 한 것으로 보인다.

『런민일보』, 단오 논쟁의 선봉에 서다

흥미로운 점은 단오 논쟁을 촉발시킨 2004년 5월 6일 자 『런민일보』의 「스스로의 전통 명절을 냉대하지 말자」 기사가 보도되기 약 20여 일 전인 4월 17일 이미 『신화망』에서 유사한 제목과 내용으로 보도한 적이 있다는 것이다. "문화부 관원이 우리 국민들 스스로가 전통 명절을 냉대하지 말아야 함을 깨우쳤다"라는 보도였다. 이 기사는 세 가지 방면에서 『런민일보』 기사와 동일하다. 첫째, 기사의 취재원이 저우허핑 중국 문화부 차관이라는 점이다. 둘째, 취재한 장소, 출발점도 동일하게 "중국 민족민속문화 보호 프로젝트의 시범 작업에 대한 교류회의"이다. 셋째, 기사의 핵심 내용은 동일하게 "스스로의 전통 명절을 냉대하지 말자"는 것이었다. 하지만 두 기사에 대한 반응은 천양지차였다. 그 이유는 보도 방식의 차이였다.

4월 17일 자 『신화망』의 보도는 주제에 대한 직접적인 보도 방식이었다. "서방 선진국가들의 가치관과 생활방식이 현재 중국의 민간 문화 생태에 깊숙이 충격을 주고 있어, 중국의 젊은이들이 서양 명절을 지나치게 중시하고 있다. 따라서 중국 젊은이들이 스스로의 전통 명절을 홀대해서는 안 된다"면서 독자에게 직접적으로 호소하였다.[79]

5월 6일 자 『런민일보』의 보도도 유사한 주제였지만, 보도화법이 완전히 달랐다. 먼저 외부를 자극함으로써 독자들의 호기심을 자극하는 방법을 사용하였다. "이웃 나라가 우리의 전통 명절문화인 단오절 문화를 강탈하려고 하는 것 같다. 우리 단오문화가 이웃나라에 의해 유네스코 단오문화유산으로 등재된다면 우리는 조상을 대할 면목이 없다. 따라서 우리들은 조상들이 창조한 우리의 역사 문화유산에 대해 반드시 경외심을 가져야 하며, 특히 젊은 층들이 스스로의 전통 명절을 냉대하지 말고, 우리의 전통 명절을 반드시 수호해야 한다"는 내용이었다. 화살을 외부로 돌림으로써 내부에 자극을 주어 응집력을 강화하는 방식을 사용한 것이다. 자국 문화유산의 중요성을 각인시켜 젊은 층의 사회주의 이념 이탈을 막으려는 교육지책이자, 유관부서(언론)의 전략적인 방법이라 판단된다.

앞서 언급하였지만, 중국 언론들이 단오 논쟁을 부추긴 정황도 보인다. 샤샤오리(夏曉莉)도 이러한 언론의 폐해를 지적하였다.

> 수많은 학자들은 인터넷 위주의 새로운 매체가 중국 민중의 혐한 정서에 영향을 주고 있음을 보았다. 예들 들면, 강릉단오제 유네스코 등재 사건에 대해 매체들은 인터넷 플랫폼에서 보도할 때 '단오' 두 글자에만 집중해서 보도하였고, '단오' 두 글자 뒤의 (한중의 차이인) (단오)'제(祭)'와 (단오)'절(節)'의 차이에 대해서는 강조하지 않았다. 단지 표면적인 문자상의 유사함만 보고 문화의 내면의 차이를 탐구하지 않았다.[80]

한국과 중국의 단오의 차이가 명백함에도 불구하고 대부분의 언론들이 단오라는 두 글자에만 매달려서 한국이 강탈해 갔다고 보도했다는 것이다. 더욱 이해하지 못할 상황은 저우허핑 부부장에게 편지를 보냈다고 언급된 동북의 모대학 교수는 우빙안(烏丙安)인데, 5월 6일 자 『런민일보』 보도 뒤, 약 5일이 지난 후 본인이 직접 중국 언론의 보도가 과장되고 잘못되었음을 지적하였다. 5월 11일 『베이징위러신보(北京娛樂信報)』의 보도 내용을 보자.

> 우빙안 교수는 본 신문에 몇 가지 사항을 해명하도록 위탁했다. 게다가 그는 (한국)무형문화유산 유네스코 신청에 있어 (중국 것을) 빼앗아 등재한다는 주장은 존재하지 않고, 더욱 (중국 단오절에 대한) 보위전(保衛戰)

을 해야 한다는 그러한 과격한 말도 하지 않았음을 재삼 강조했다.[81]

우빙안 교수가 문화부 부부장에게 연락한 의도는 한국은 1967년부터 이미 강릉단오제를 무형문화유산으로 등록해서 보호하고 있는데, 중국은 2500년 역사를 가진 중국의 단오절 등 민속명절을 보호항목으로 지정하고 있지 않았기 때문이라고 했다.[82] 따라서 유관부서에서 민간 문화를 중시하고 무형문화유산을 보호할 것을 호소하기 위함이라는 해명이었다. 심지어 그는 설사 다른 나라에서 등재 신청하더라도 중국도 나중에 신청할 수 있다고 분명히 밝혔다.[83]

이 보도가 사실이라면, 5월 6일 자 『런민일보』의 보도는 거의 오보에 가깝다. 그 뒤 중국 언론의 보도 행태와 특히 2005년 유네스코 등재 이후 중국 언론의 한국에 대한 비난은 앞에서 언급한 그대로다. 이처럼 한국에 대한 오해가 불식되지 않고 오히려 더욱 확대된 것은 여러 가지 이유가 있겠지만, 중국 정부가 자국의 전통 명절과 문화를 자국민에게 전파하기 위한 수단으로 단오 논쟁을 적극 활용했기 때문이다.

한 가지 더 부연 설명할 점은 중국의 전통 명절의 폐지와 재지정에 가장 중요한 역할을 한 것이 『런민일보』였다는 것이다. 예를 들면, '혁명화된 춘절'을 만들어 춘절을 폐지한 것은 1967년 "57개 혁명 조반파 조직은 연합하여 구풍속을 파괴하고, 춘절에 쉬지 않을 것을 공포하며, 대중의 권력투쟁을 전개한다"[84]라는 제안서를 『런민일보』에 게재하면서부터다. 마찬가지로 1980년 중국 정부가 춘절 명절의 공휴일 제도를 전면적으로 회복했을 때도 『런민일보』와 관련 있다. 『런민일보』가 농민이 보내온 "왜 춘절에 쉬지 못하는가?", "농민들로 하여금 안정된 설을 쉬게 하자"라는 편지의 내용을 1979년 1월 17일에 보도한 것을 신호로 중국 정부는 춘절 휴가제도를 회복하였다.[85]

이로부터 25년 뒤에 전개된 한중 단오 논쟁도 『런민일보』 류위친 기자가 저우허핑 부부장의 "유구한 역사를 지닌 단오절은 중국의 전통 명절이다. 만약 외국의 유네스코 무형문화유산 신청이 성공하게 되면 우리들은 얼마나 창피하겠는가? 우리는 무슨 면목으로 조상을 대할 수 있을 것인가?"라는 주장을 인용 게재함으로써 전개되었던 것이다. 이런 사실을 종합해 보면, 분명한 점은 한중 단오 논쟁이 우연히 발생한 것만은 아님이 분명해 보인다.

음수사원(飮水思源)의 중화 중심적 사고

송나라 시기 주희의 『논어집주』에 보면 다음과 같은 구절이 있다.

옛 사람들은 음식을 먹을 때 모든 종류의 음식을 조금씩 들어내어 그릇 사이에 놓고서 먼저 처음 음식을 만든 사람에게 제사를 지냈는데, 이는 근본을 잊지 않는다는 것이다. 제(齊)는 엄숙하고 공경하는 모습이다. 공자께서 비록 하찮은 물건이라고 해도 반드시 제사하셨고, 그 제사는 반드시 공경하셨으니 성인의 정성이다. 이 구절은 공자께서 음식을 드시는 예절을 기록한 것이다.[86]

위 문장의 의미는 음식을 먹을 때 반드시 그것을 있게 해준 사람을 잊어서는 안 된다는 것이다. 이 문장은 『논어』의 「향당편」에 나오는 "비록 거친 밥이나 나물국이라 해도 반드시 고수레를 하셨으며, 엄숙히 하셨다(雖疏食菜羹, 瓜(必)齊, 必齊如也)"라는 문장에 주희가 주를 단 것이다.

유사한 용어로 비교적 많이 알려진 음수사원이 있다. 중국 남북조 시기 유명한 문학가인 유신(庾信)이 남긴 것으로 "물을 마실 때 우물을 판 사람의 은혜를 생각한다"[87]는 뜻이다. 근본을 잊지 말아야 함을 일컫는 것으로 주자가 강조한 것과 유사한 의미다. 사실 이 말의 의미는 중국 주류문화인 유가문화의 전통적인 가치관 "부모는 사람의 근본이다(父母者, 人之本也)"[88]라는 의미와 긴밀히 연결되어 있다. 현재의 나 자신을 있게 한 은혜를 잊어서는 안 된다는 의미로 활용되고 있다.

중국이 사회주의 국가로 변모한 이후에도 이 관념은 여전히 환영을 받았다. 현재는 마오쩌둥을 기념하는 홍색 혁명 구호로 자리 잡았다. 1930년대 마오쩌둥은 장시성에서 농민들과 함께 우물을 파서 지역 인민들이 편리하게 사용할 수 있도록 했다. 이후 마을 사람들은 "물을 마실 때면 우물을 판 사람을 잊지 않고, 언제나 마오 주석을 그리워한다(吃水不忘挖井人 時刻想念毛主席)"라는 내용의 비석을 세웠다.[89] 현재 이곳은 홍색 혁명의 중요한 교육장소가 되었다.

2016년 9월 5일 시진핑 주석이 한국을 국빈 방문하여 박근혜 전 대통령과 회담하면서 음수사원을 언급한 적이 있다. 비록 김구 선생의 아들 김신 장군의 "음수사원 한중우의(飮水思源 韓中友誼)"라는 말을 빌어서 표현하였지만[90] 당시 대부분의 언론 보도는 시 주석이 박 대통령에게 중국이 한국의 독립운동을 도운 사실을 강조하면서 '중국의 은혜'를 언급한 것으로 판단하였다. 이러한 근본의 중요성을 강조하는 인식이 중국에서 광범위하게 활용되다 보니 심지어 중국을 '음수사원의 나라'라고 정의하는 언론 보도가 있을 정도다.[91] 그만큼 중국에는 '음수사원'이라는 문화 인식이 깊게 뿌리내리고 있다고 할 수 있다.

중국인들의 관점에서 유교문화는 중국에서 발생하였기에 모든 유교문화는 중국 것이며, 단오절 문화도 중국에서 기원하였기에 그 근원과 소유권이 중국에 있다고 간주하고 있다. 바로 '음수사원'이라는 근본을 중시하는 문화인식은 "동양문화의 근본은 중국에 있다"라는 인식과 상호 연결된다. 본말(本末)이 전도되어 말(末: 한국 강릉단오제)이 본(本: 중국 단오절)보다 먼저 등재된 것을 용납할 수 없다는 것이다.

> 한국이 신청한 단오제는 아주 깊이 중국인의 자존심을 아프게 찔렀다. 중국에서 시작된 전통문화가 왜 국내보다 해외에서 더 잘 보호받는 느낌인가? 이런 현상을 어떤 사람은 중국 전통문화의 비애라고 직언한다.[92]

> 한국의 강릉단오제가 세계무형문화유산으로 등재되었다. 비록 중국 단오절을 빼앗아 간 것은 아니지만, 우리로서는 감정적으로 받아들이기 힘든 일이다.[93]

많은 중국인들, 학자를 포함해서 정치가들은 모두 중국이 계승하고 있던 2천여 년의 단오절이 한국의 세계문화유산이 된 것에 감정적으

허난성 시골마을까지 팽배한 중국인들의 문화 인식
"5천 년의 응집, 중화문명을 드날리자"라고 쓰여 있다.

로 받아들일 수가 없었다. 인터넷에서는 더욱 욕설로 가득 찼고, 한국의 유네스코 신청은 중국문화유산을 갈취한 것이라 여겼다.[94]

한중 단오문화가 상이하다는 것을 인식하고 있지만 한국이 중국보다 먼저 유네스코에 신청하고 등재된 사실을 용인할 수 없다는 것이 네티즌과 일부 중국학자들의 시각이다. 앞서 언급한 음수사원의 문화인식에 기반한 중화중심주의 시각이다. 2005년 한류 열풍을 분석한 한 중국학자 역시 이런 견해를 유지하고 있다.

〈대장금〉을 보면 마치 유교전통문화의 정수를 진열한 박물관을 참관하는 듯한 느낌이 든다. … 안타깝게도 〈대장금〉같이 우수한 드라마가 중국에서 중국인에 의해 제작된 것이 아니라, 갑오전쟁 이전 줄곧 중국을 천자의 나라로 받들면서 중원의 조정을 향하여 조공을 바치던 인접국에서 제작되었다는 것이다.[95]

자국이 전통문화를 실전한 것에 대한 안타까움을 표현한 것이지만 이웃국가의 전통문화에 대한 존중은 보이지 않는다.

중국이 단오 논쟁을 통해 얻고자 한 것은

문화에는 유동성과 변이성이라는 특징이 있다. 예를 들면, 인도 변방에서 온 불교가 그러하다. 인도 불교가 중국 토착의 도가 사유와 결합하면서 중국화된 불교라 불리는 '선종'으로 탄생하였다. 그렇다고 해서 인도에서 중국 선종을 인도의 문화라고 주장하지 않으며, 이를 인정하는 중국인도 없을 것이다. 그러기에 문화는 언제나 움직이고 변모한다. 하나의 문화가 출발하여 두 개의 문화를 만들고, 두 개의 문화는 다시 여러 갈래로 꽃을 피운다. 그러기에 문화에는 다양성과 역동성이 있다. 그런데 단오 논쟁에서 보인 중국 언론과 일부 지식인들의 관점은 문화의 변용성과 다양성을 인정하지 않는다. 단순하게 중국에서 출발한 문화는 모두 중국 것이며, 불변하고 획일적인 것으로만 바라보고 있다.

2000년을 전후하여 중국 대륙에서 거세게 몰아치는 유교 복고라는 열풍 속에서 한중 단오 논쟁이 촉발되었다. 엄밀하게 말하면, 한중 간

굴원 동상 앞에서 예를 표하는 여성
허난성 처우청에서는 굴원묘를 복원하고 동상을 세웠다.

단오 논쟁은 표면적으론 한국과 중국 간 문화쟁탈 형식을 취했지만, 사실은 중국 내부의 결속 강화, 서구적인 가치관 배척, 중국 전통문화 부흥을 위한 고육지책이었다. 1989년 톈안먼 사태 이후 서양의 자유주의 가치관을 배격하고, 중국 전통문화로 무장하려는 열풍이 1990년대 후반부터 유교 부흥이라는 거시적인 흐름으로 이어진 것이다. 특히, 미래 세대인 중국 청소년층들의 서구화를 차단하고, 중국적 정체성 확립을 위해 단오 논쟁을 이어 간 것이다.

문화대혁명 전후 '혁명화된 춘절'을 위해 전통 명절을 폐지할 때, 또한 그것을 복원할 때와 동일한 방식으로 단오 논쟁도『런민일보』가 앞장서고 다른 여론이 따라갔다. 결국, 이 논쟁은 중화인민공화국 성립 이후 처음으로 자국 전통 명절문화 보호시책을 새롭게 수립하는 동력이 되었고, 중국 내 중화중심 민족주의를 고양하는 데 성공하였다. 동시에 한중 간 새로운 문화쟁탈 논쟁으로 확대되면서 한중 간 갈등도 격화되었다.

"반드시 문화적 근원에 대해 감사해야 한다"라는 중국인들의 '음수사원'식 전통 문화인식도 한중 간 갈등에 일정 정도 작용하였다. 결국 단오 논쟁은 대내적으로 자국 전통 명절문화 보호시책을 강화하면서 유교 열풍을 가속화시켰다. 대외적으로는 한국과 문화쟁탈 논쟁 확대를 통해 서구적 가치관을 배격하면서 유교적 틀 안에서 국제질서를 확립하고자 하였다. 왜냐하면 고대의 유교는 개인의 사회생활에 있어 인간관계의 원리를 규범한 것이지만, 국제적인 틀에서 보면 '존왕양이(尊王攘夷)'의 개념과 더불어 국가와 국가 간의 수직적 관계를 정의하는 중요한 이데올로기였기 때문이다.

4장

중국의 한류 수용과 저항 태도

윤경우

culture
traditions artifacts
food

language

values

society identity
symbols

identity
values custom

traditions
music
culture art identity

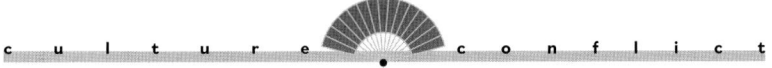

한류의 발원지, 중국

'한류(韓流)'란 용어의 발원지인 중국은 한류가 처음 시작된 곳일 뿐 아니라 한류의 열풍(熱風)이 가장 폭발적으로 불었던 지역이다. 또한 그에 대한 역풍(逆風)으로 '항(抗)한류' 또는 '반(反)한류'가 처음 발생하고 가장 강하게 분출된 곳이기도 하다. 다시 말해 중국은 한국 대중문

2000년 2월 H.O.T. 베이징 콘서트 성공
중국에서 한류를 현실화시킨 첫 사례로, 중국 언론은 '한류'라는 명칭을 처음 사용하여 공연의 열기를 보도하였다.
(출처: H.O.T.資料館)

화를 가장 사랑하고 있으며 한류 팬들을 가장 많이 보유한 한류의 가장 큰 시장일 뿐만 아니라 반한류 정서도 매우 강하게 나타나는 곳이기도 하다.

중국에서 한류가 본격적으로 확산한 지가 어언 20여 년이 지났고, 그동안 우여곡절이 많았다. 왜 이런 일이 발생했는가를 파악하기 위해서는 중국의 외래문화에 대한 수용 태도를 체계적으로 분석하여 제대로 이해해야 한다. 중국은 시기별로 정도와 범위의 차이를 보이지만 전반적으로 외래문화를 주체적으로 해석하고 선별적으로 수용하는 모습을 보여 왔다. 중국의 한류 수용 태도를 파악하기 위해서는 전통과 연속성을 가지고 끊임없이 재구성되고 있는 현대 중국 사회의 내부적인 특성을 이해해야 한다. 다시 말해, 중국 사회의 내적 요소가 한류의 생성, 열풍, 역풍, 소강상태, 재점화 등의 현상에 어떤 영향을, 어떻게 주어 왔는지를 파악하는 데 중요한 변인이 된다는 것이다.

따라서 외래문화 수용과 관련된 문화이론을 통해 접근하여 중국의 한류 수용과 저항 태도를 분석하고자 한다. 중국이 한류를 어떤 조건에서 어떻게 접촉하고, 어떻게 해석하며, 무엇을 받아들이고, 무엇을 거부하는지 등과 같은 구체적인 수용 과정 및 그 결과를 확인하기 위한 접근방법과 이론적 틀로 문화접변 모델과 수용이론을 상호보완적으로 종합·절충하여 활용하고자 한다. 이러한 접근방식은 중국의 한류 수용 또는 거부의 정도와 범위가 왜 시기적으로 차이가 나는지 해답을 제공해 줄 수 있다. 더 나아가 그 해답은 중국에서 한류의 지속적인 확산 방안을 모색하는 데 중요한 자료가 될 수 있다.

이론적 접근방법과 분석의 틀

'문화접변(acculturation) 모델'과 '수용(reception)이론'에 따르면, 외래 문화가 다른 문화권으로 전파되는 과정에서 문화 간의 어느 정도 갈등이나 충돌은 불가피하다. 그 과정에서 대개 수용자는 전파되는 문화를 아무런 여과 없이 무조건 받아들이지 않고 일정한 조건 속에서 자신의 문화적 역량과 주체성을 발휘하여 적합하다고 판단되는 외래문화의 요소를 선택적으로 받아들인다. '수용이론(reception theory)'에 따르면, 〈그림 1〉의 우측과 같이 서로 다른 두 문화 체계가 접촉하여 문화 간에 발생하는 상호작용은 일반적으로 '선택적 수용, 저항, 그리고

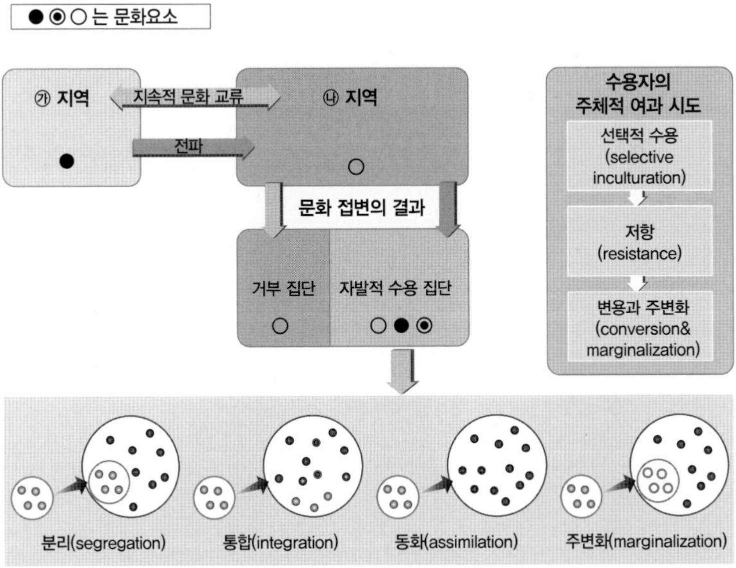

〈그림 1〉 외래문화 수용과정

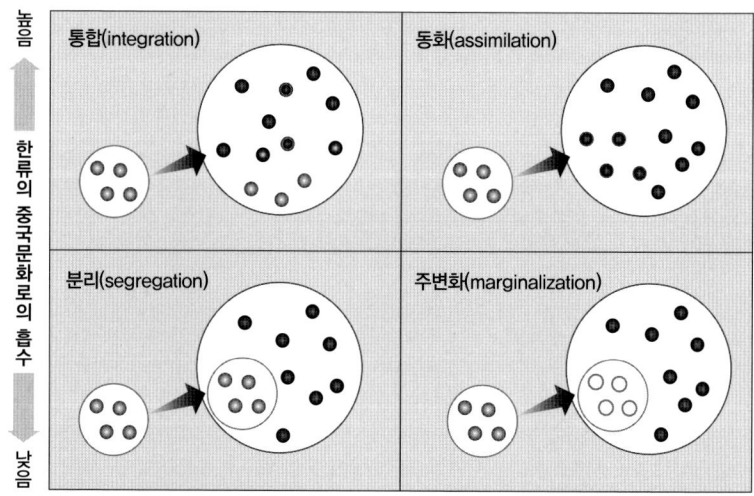

〈그림 2〉 중국의 한류 수용

변용 및 주변화'의 과정을 거친다.[1] 그 결과는 '베리의 문화접변 모델(Berry's model of acculturation)'에 따라 〈그림 1〉의 하단과 같이 변용의 과정을 거쳐 '통합(integration)', '동화(assimilation)', '분리(segregation)', '주변화(marginalization)'로 나타난다.[2] 이 4가지가 혼재한 유형도 가능하다.

수용자가 나름대로 경험과 내면화된 문화 체계를 통해 주체적으로 해석하여 외래문화 수용 여부를 결정한다고 보는 관점은 중국에서 한류 수용과 저항 태도를 분석하는 데 유용한 접근방법과 이론적 틀이 될 수 있다. 구체적으로 중국 사회의 내부적인 특성에 대한 이해를 통해 한류가 수용자의 의식 속에 저항 없이 침투하는지, 아니면 수용자가 한류를 어떻게 주체적인 해석과 선택적 능력을 발휘해 수용하며 창조적으로 변용하는지 또는 어떻게 저항하거나 거부하는지를 파악하는 데

도움이 된다.³

〈그림 2〉는 한류가 중국의 기존 문화와 접변을 통해 '한국문화의 정체성 및 특징 유지 여부'와 '한류의 중국문화로의 흡수 여부'에 따라 서로의 문화적 정체성을 어떻게 통합, 동화, 분리, 주변화로 위치하게 되는지 또는 어떻게 4가지 유형이 혼재한 형태로 귀결되는지를 분석하는 데 매우 적절한 수단이다. 중국이 어떤 경우에 여러 나라 문화상품 가운데 유독 한류를 선호하며 열광했으며, 어떤 경우에 한류 또는 한류의 어떤 부분에 대해 저항하거나 거부했는지를 이해할 수 있기 때문이다.

중국의 외래문화 수용 전통

전통적으로 중국은 자국 문화 우월주의에 바탕을 둔 중화주의(中華主義)와 주변국과 이민족을 모두 야만으로 간주하는 화이사상(華夷思想)을 가지고 있다. 중국인은 스스로 '중화(中華)'라 부르면서 민족의 우월성을 과시해 왔다.⁴ 이러한 인식은 단지 중국인에 의해서만이 아니라, 책봉조공(冊封朝貢)의 의무를 다하는 주변국에 의해서도 지지받았다.⁵ 하지만 선민의식을 가진 중국인에게 아편전쟁에서의 패배로 인한 서구열강의 반(半)식민지로 전락은 너무나 큰 충격이었다. 단순히 군사력의 열등 문제에 그치는 것이 아니라, 반(半)문명적 국가로 취급받게 되었기 때문이었다.

서구의 발달한 과학기술 문명의 위력을 실감하고 세계 중심 국가로서의 위신 추락을 경험한 당시 중국의 개혁주의자들은 중국이 서구의 선진적인 근대 문명에 대해 어떻게 대응할지를 놓고 심각하게 고민할 수밖에 없었다. 이들은 주로 전반서화(全盤西化)와 중체서용(中體西用)의 두 방식을 놓고 치열한 논쟁을 전개했다. 전반서화는 서구의 선진적인 문명을 전면적으로 수용하자는 논리다. 중체서용은 '중국의 정신문명인 몸통(中體)으로 서구의 물질문명을 이용(西用)한다', 즉 중국의 기존 학문, 사상, 제도 등을 유지하면서 그 바탕 위에 서구적 도구를 가져다 쓴다는 의미다. 서구의 선진적인 물질문명 가운데 중국이 필요로 하는 것만 취사선택해 받아들이고 가능한 유구한 역사적 전통을 가진 중국의 정신문명을 유지해야 한다는 논리다. 다시 말해 중국의 전통적인 정신 체제를 고수한 채 부국강병을 위해 서구의 과학기술만 실용적으로 수용하고 흡수하자는 절충주의다. 이후 현재에 이르기까지 중국의 서구 물질문명의 수용 정도와 범위는 시기마다 차이가 있지만, 전반적으로 중체서용의 기소가 지배적이다.

중체서용은 19세기 후반 청(淸) 말기에 전개된 양무운동(洋務運動)의 구호(slogan)가 됐으며, 이러한 기조는 1919년 5·4운동 이전까지 계속됐다. 중체서용의 논리는 서구 문명 및 문화의 요소 가운데 중국에 시급하게 필요한 부분만 선택적으로 수용하여 자기 문화를 보호하고 유지하려는 의도를 포함하고 있다. 5·4운동 즈음에는 거듭되는 근대화의 실패와 반식민지로의 전락을 경험하면서 개혁주의자들은 중국 전통의 일소와 사회를 꿈꾸기도 했다. 하지만 5·4운동 시기에 루쉰(魯迅)이 서구의 발달한 물질문명을 받아들이는 데는 기본적으로 동의하지만 무분별한 서구 문명 모방에 반대하는 나래주의(拿來主義)를 강력하게 주장하기 시작했다. 이후 전반서화의 전반적인 흐름에 제동이 걸렸으며 중체서용론이 중국 지식인 사회에서 지배적인 위치를 차지하게 됐다.[6]

중체서용은 선진적인 서구의 근대 문명을 수용할 수밖에 없는 상황에서 나름대로 저항의 수단을 모색하다가 주체적으로 서구 문명 요소의 수용·흡수 한도를 설정하고 시도한 서구 문명의 중국식 변용이라고 할 수 있다. 이 과정에서 중화 우월주의 전통에 따른 중국인 특유의 자존심이 외래의 선진 문명에 대한 여과장치로 기능하게 된 것이다. 마르크스·레닌주의도 예외는 아니었다. 사실 서체(西體)인 사회주의 이론은 중국적인 것의 전면 부정과 철저한 서구화, 즉 마르크스·레닌주의를 골간으로 하는 서체서용(西體西用)을 요구한다. 하지만 중국은 서구의 사회주의 이념을 도입·수용하여 혁명을 추구하는 과정과 혁명에 성공한 이후에도 적어도 관념상으로는 '중국식' 또는 '중국적 특색을 가진' 사회주의에 큰 의미를 두었다.

마오주의(Maoism, 毛澤東思想)는 '중국식으로 지역화(localization)된 마르크스·레닌주의'라고 할 수 있다. 마오주의는 서체(西體)인 마르크스·레닌주의를 이념의 지침으로 삼으면서 그것을 중국의 실정에 맞게 정착시키려고 중용(中用)한 서체중용(西體中用)의 혁명 방식을 말한다. 사실 마오주의는 본질적인 성격으로 보면 산업발전 수준이 낮은 농업 국가에 적용할 수 있도록 보편적인 마르크스·레닌주의가 지역화된 한 유형일 뿐이다. 하지만 그것은 내면에 중화 우월주의 향수를 간직한 중국인에게 중요하지 않다. 중국의 특수성을 강조하고 구호로 내세워야만 심적인 부담이 적어지기 때문이다. 중국인의 외래 물질문명에 대한 저항의 근원은 내면에 자리하고 있는 중화주의와 화이사상이다. 다른 말로 하면, 지나간 시대의 영광을 그리워하는 향수(nostalgia)와 선진적인 외래 문물을 비굴하게 받아들이지 않겠다는 자존심(自尊心)이나 아편전쟁 이후 경험한 굴욕(屈辱)에 따른 피해의식(complex)에 바탕을 두고 있다. 중국인들이 유독 '중국특색(中國特色)'이란 말을 좋아하는 이유이기도 하다.

개혁개방 이후 중국의 문화수용 태도

중국이 공산혁명에 성공한 후 30년이 지났음에도 여전히 경제적 낙후를 극복하지 못하자, 1978년 덩샤오핑(鄧小平)은 서구의 생산방식과 생산력을 끌어들여 중국의 독자적인 길을 걷는 노선을 주창하며 개혁개방 정책을 추진하기 시작했다. 1989년 톈안먼(天安門) 사태 이후에는 중국 경제체제의 중심과 방향 설정을 위해 사회주의와 자본주의 가운데 기준을 어디에 맞출지를 두고 '성사성자(姓社姓資)' 공방이 전개되기도 했다. 결국 중국은 덩샤오핑 주도로 사체사용(社體社用) 논리에 따라 사회주의 틀(體) 안에서 자본주의적 요소(用)를 선별적으로 수혈하며 시장경제 영역을 점진적으로 확대해 가는 접근방법을 선택했다.[7]

개혁개방 이후 중국이 서구의 자본주의 시장경제를 수용하는 방식으로 채택한 '조롱경제(鳥籠經濟)', '중국 특색의 사회주의', '사회주의 시장경제'는 본질적으론 서구의 혼합경제(mixed economy)가 중국에서 지역화를 거쳐 변용된 하나의 유형일 뿐이다.[8] 엄밀히 보면 사회주의나 시장경제도 모두 중국의 것이 아니며, 국가 주도의 경제성장 모델도 중국의 창의적 산물이 아니다. 과거 한국의 독재 정권들이 주장한 '한국식 민주주의'가 민주주의가 아니고 전형적인 개발도상국 독재체제의 한 유형에 불과하듯 말이다. 중요한 것은 중국인들에게는 외래 문물을 무분별하게 받아들이지 않는 것이 심리적 위안이 된다는 사실이다.

그 결과 중국은 문화 영역에서도 과도한 서구 자본주의 문화의 확산에 대한 경계심을 유지하면서 공산당의 일당 지배 체제 지속에 덜 위협적인 문화 요소를 여과 과정을 거쳐 취사선택해 수용하려는 노력을 계속하고 있다. 중국은 외래문화에 대해 주체적으로 해석하고 그 요소를 취사선택해 수용하거나 흡수하려는 욕구를 강하게 가지고 있다. 역사적인 상황에 따라 외래문화 요소를 여과하여 선별적으로 수용하거나 거부함으로써 타문화와 차이 및 경계를 끊임없이 재구성하고 있다. 이 과정에서 내적 요소로서 정치적 선택성이 매우 중요하게 작용한다. 중국은 안정적인 공산당 일당독재 체제 유지와 자국 문화 보호를 위해 '사회주의 핵심 가치관 준수'를 내세우며 문화 콘텐츠 검열을 오늘날까지 계속하고 있다. 특히 1980년대 중후반 동유럽의 민주화, 1989년 톈안먼 사건, 1990년 동독의 서독으로의 흡수통일, 1991년 소련의 해체 등 사회주의권의 붕괴를 목도(目睹)한 이후 중국 정부는 서구 사상의 과도한 영향을 막고자 외래문화 요소에 대한 여과 및 단속을 더욱 강화했다.

중국 국가지도부는 제2의 톈안먼 사태를 예방하기 위해 일시적으로 개혁개방 정책에서 상당히 후퇴하는 모습을 보였으나, 1992년 덩샤오핑의 남순강화(南巡講話)를 계기로 더 과감한 개혁개방 정책을 추진했다.[9] 이후 시장경제를 계속 확대 수용해 감에 따라 사회주의 이념에 근거한 공산당의 통치 정통성이 약화하였고, 그를 보완 또는 대체하는 수단으로 민족주의를 강화하기 시작했다. 그 결과 민족주의는 경제발전과 함께 사회주의 이념을 대신하여 공산당 일당독재 지배를 정당화하는 기능을 하게 되었다. 동시에 애국주의 선전 및 교육 운동을 통해 중국 사회 전반에 중화주의가 부활하면서 표출된 자국중심주의, 선민의식, 배타성, 국수주의 성향으로 인해 타문화에 대한 배타적 경계를 다시 강화하기 시작했다.

장쩌민(江澤民) 국가지도부는 서구문화의 침투와 확산이 사회통합을 저해하고 중국문화의 생존과 발전을 위협한다는 관점에서 외래문화의 중국 내 유입 제한을 강화했다. 문화안보관에 따라 민족문화를 주체로 한 가운데, 체제 유지에 유익한 외래문화만을 선별적으로 수용·흡수했다. 동시에 사상통제를 위해 수선율(主旋律) 드라마와 영화 등 대중 미디어를 통한 공산당 정부의 선전 활동을 강화했다.[10] 이후 드라마와 영화 제작자들은 사회통합을 주제로 하는 중국 정부의 정책 노선에 부합하는 프로그램 제작에 힘을 쏟았다. 2002년 말 장쩌민의 3개 대표론을 공산당 당헌에 삽입하며 노동자·농민 계급을 기반으로 하는 공산당이 그동안 적으로 간주한 자본가와 지식인을 품 안에 끌어들였고, 민간·사영·개인 등 비(非)공유제 분야 기업가의 공산당 입당을 공식 허용했다.[11] 이로 인한 공산당 집권 정통성의 약화 심화는 정부의 외래문화에 대한 단속(團束) 강화를 유인했다. 그 결과 국가 분열을 막고 사회를 통합하고자 중화민족의 단결력을 강조하는 '애국적인 색채'가 강한 미디어 콘텐츠의 범람을 초래했다.

장쩌민에 이어 2003년에 집권한 후진타오(胡錦濤)는 조화로운 사회를 의미하는 화해사회(和諧社會, 이하 '조화사회') 건설을 통치이념으로 삼았다. 하지만 이러한 이념을 제시했다는 것 자체가 뒤집어보면 조화롭지 않은 중국 사회를 반증하는 것이다. 중국은 개혁개방 이후 세계가 주목하는 고도성장을 구가했지만, 그 부작용으로 개인 간, 지역 간 빈부격차가 심화하고 사회적 약자 보호가 갈수록 어려워지는 상황에서 이러한 통치이념이 나왔다. 갈수록 악화하는 경제의 구조적 불균형 문제로 인한 민심의 이반을 우려한 후진타오 정부에게도 국가의 분열을 막고 사회통합을 이루기 위해 민족주의가 필요했다. 중국 정부는 체제의 안정을 위한 방편으로 애국주의 교육을 더욱 강화하고, 외부에 대한 배타적 민족주의 정서 표출을 의도적으로 자극하기까지 했다. 중국의 민족주의는 대내외적 체제 위협에 대응하여 공산당 통치의 정당성 확보와 국가의 내적 통합을 위한 목적으로 국가 주도로 등장했다. 하지만 외적 배제를 수반할 수밖에 없는 까닭에 외세에 위협적이거나 호전적으로 나타나기 쉬워 상당히 위험해질 수 있는 속성을 가지고 있다.

또한 컴퓨터 보급의 확대로 중국의 민족주의가 새로운 표현 형식으로 표출되는 계기가 됐다는 점은 주목할 만하다. 인터넷이 대중화되면서 그동안 애국주의 교육의 세례를 받은 중국 젊은이들이 온라인 수단을 통해 강력한 민족주의 세력으로 떠올랐다. 이들은 인터넷을 통해 극단적인 분노를 표출한다고 해 펀칭(憤青)이라고 부르는데, 중국이 다시 세계의 중심이 되어야 한다는 강한 반외세 정서를 보인다.[12] 상황에 따라서는 펀칭의 에너지가 중국 정부로 향하는 양날의 칼이 될 수도 있음을 잘 인지하고 있는 공산당 정부는 대내적으로 체제에 위협이 되지 않는 수준으로 사이버 민족주의를 관리·통제하고 있다. 대외적으로도 중국 민족주의의 외세에 대한 도전적·공세적·호전적 태도가 위험 수준까지는 도달하지 않도록 관리하고 있다.

후진타오 체제에서 드러난 또 다른 특징은 개혁개방 이전에는 철저하게 비판 당했던 유가(儒家) 사상이 일면 국정 이념과 비슷한 위상으로까지 부활했다는 점이다. 여기에는 '조화사회 건설'이 새로운 통치이념으로 자리 잡으면서 대내적으로 사회안정을 꾀하고, 대외적으로 팍스 시니카(Pax Sinica)의 초석을 놓으려는 후진타오 정부의 정치적 전략이 깔렸다. 후진타오가 제시한 '조화사회'도 알고 보면 사회주의 국가체제의 정체성과 공산당 통치의 정당성이 위협받는 상황에서 지속적인 체제 유지와 통치권 보장을 위해 사회주의이론과 유교 속의 '조화'를 결합한 것이다. 공산당 일당독재 체제를 유지해야 하는 국가지도부로서는 초고속 압축 경제성장의 부작용 심화로 고조된 서민들의 불만을 누그러뜨리며 체제 안정을 꾀하기 위해 현상 파괴 대신 기존 질서를 중시하는 유가사상을 소환한 것이다. 유가사상의 핵심 가치인 '조화' 개념은 정치적 유대와 체제의 단일성 그리고 국가통일을 강조하며 당면하고 있는 대내외적 문제 해결과 양안 통일에 적용하기에 안성맞춤이었다.[13] 또한 중화사상의 모태인 유학(儒學)을 외국에 전파함으로써 경제력과 군사력으로서만이 아니라 서구와 가치경쟁을 통해서도 연성권력(soft power)을 강화하여 중국 중심의 세계질서를 실현하려는 속셈도 있었다.

문화적인 측면에서는 시장경제의 확산으로 서구의 자본주의 문화가 확대 유입됨에 따라 중국인의 문화 소비 취향도 변화하게 되었다. 개혁개방 이전에 형성되었던 사회주의적 가치관이 퇴조하고 자본주의적 가치관으로 대체되면서 중국 사회에서 서구문화 소비 추구가 물질적 욕구 충족을 넘어 하나의 문화 현상으로 자리 잡았다. 특히 물질만능주의가 사회 전반에 과도할 정도로 팽배해짐에 따라 중국 지식인을 중심으로 '정신오염'에 대한 위기의식이 높아졌다. 이러한 상황에서 국가지도부는 중국 전통의 핵심인 '유학'과 '공자'를 이용할만한 충분한 가치가 있다고 판단했다. 서구문화가 공산당 일당 지배 체제에 미칠 악영향을 방지하기 위해 유가사상에 내재한 사회주의적 가치를 찾음으로써 유가를 중심으로 한 중국의 전통사상과 사회주의 가치를 결합한 새로운 정신문명 건설을 시도하기 시작했다. 외래문화가 유입되는 과정에서 정부가 적극적으로 개입하는 중국은 체제에 위협적인 요소를 걸러내고 긍정적인 외래문화 요소만을 선별적으로 받아들이는 여과 기능을 강화해나갔다. 이 과정에서 중국 정부는 유교 문화적 전통을 함유한 주변국의 문화 콘텐츠를 선호했다.

시진핑 시기 중국의 문화수용 태도

후진타오에 이어 집권한 시진핑(習近平) 정부가 보여주는 민족주의는 과거보다 훨씬 더 위험해졌다. 2013년 집권한 시진핑은 '중화민족의 위대한 부흥(中華民族偉大復興)'을 이끌겠다는 중국몽(中國夢)을 내세우며 신중국(中華人民共和國) 수립 100주년을 맞는 2019년까지 중국을 세계 최강대국으로 만들겠다는 의지를 대내외에 천명했다. 이후 세계 최강국으로 나아가는 과정에서 중국몽을 앞세워 내부 결속을 다지는 동시에 아편전쟁 이후 서구 열강에 당했던 역사적 굴욕을 상기시키며 미국을 비롯한 서구의 압력에 굴복하지 않겠다는 의지를 노골적으로 내비치고 있다. 2021년 공산당 창당 100주년 기념 축사에서 시진핑은 누구든 중국 인민을 괴롭히는 망상을 하면 "반드시 14억 명이 넘는 중국 인민이 피와 살로 쌓은 강철 만리장성 앞에서 머리를 부딪혀 깨어져 피투성이가 될 것이다"라는 매우 호전적인 발언을 하기도 했다.[14]

최근에는 온라인에서 샤오펀훙(小粉紅)의 활동이 왕성하다.[15] 1990년대 이후 출생한 세대로 장쩌민-후진타오-시진핑으로 이어지는 체제에서 강화된 애국주의 교육을 태어나면서부터 평생 받아 뼛속까지 세뇌된 사이버 민족주의 세력이다. 또한 상대적으로 넉넉한 환경에서 태어나 자기중심적인 성향이 강하다. 대학 이상 졸업자가 73%이며, 이들 가운데 석사 이상의 학위 소지자가 무려 37%를 차지할 정도로 학력 수준도 높은 편이다. 애국심으로 무장한 이들 젊은 세대는 정부가 추진하는 각종 정책과 그에 따른 변화를 뒷받침하는 주요 지지층 역할을 한다. 특히 미·중 갈등 문제에 있어 정부의 노선과 입장을 적극적으로 방어하는 역할을 한다. 국내외 인터넷을 누비며 정부 정책을 적극적으로 옹호하고, 중국에 대한 비판적 의견에 무차별 공격을 가하고 있다. 다른 나라 사람들의 사소한 표현까지도 공격적으로 해석해 민족에 대한 도전으로 여겨 무차별적으로 공격한다. 이들의 사고는 중국이 세계의 중심이며, 중화민족의 문화적 역량이 어떠한 다른 민족보다 우월하다는 극단적으로 배타적인 국수주의에 기반하고 있다.

　최근 시진핑 정부는 '공동부유(共同富裕)'를 국정 목표로 전면에 내세우고 있다. 그동안 중국은 GDP 총량 기준 세계 2위의 경제 대국으로 부상할 정도로 경제력이 급속히 커지며 양적으로 비약적인 발전을 달성했지만, 부의 불평등은 해소되지 않고 갈수록 심화되고 있다. 시진핑의 공부론(共富論)은 그동안 중국 정부가 선부론(先富論)을 이론적인 기반으로 한 경제성장 일변도 정책 실행이 초래한 사회의 양극화를 해소하기 위한 일종의 분배 정책이다. 현재 시진핑이 집권 2기 후반에 추진하고 있는 공동부유 건설은 파이를 키우는 양적 성장에서 파이를 고르게 나누는 분배를 중시하는 질적인 성장으로 정책의 초점을 바꿨다는 점에서 후진타오의 조화사회와 내용상 별 차이가 없다.[16] 단지 더 이상 부(富)의 집중·편중 현상을 방치했다가는 사회 갈등이 증폭되어 체제 위험으로 전이될 가능성이 훨씬 더 커졌기 때문에, 절박감을 느끼는 정도의 차이는 크다. 중국이 자본주의 시장경제 요소를 수용하는 방식인 사체자용(社體資用)의 체(體)와 성사(姓社)의 성(姓)인 '사(社)', 즉 사회주의(社會主義)를 자본주의보다 앞에 내세우는 사회주의 시장경제이다. 하지만 현재 중국의 심각한 소득 불평등 상황은 '사회주의' 간판을 전면에 계속 걸고 있기 민망할 정도로 사회주의 국가의 정체성과 공산당 집권 정당성이 심각한 도전에 직면해 있다. 이러한 상황에서 고질적인 경제적 불균형 구조의 개선을 통해 공산당 집권을 강화하겠다는 것이 중국 정부의 공동부유 정책이다.

　최근 중국 정부는 공동부유 실현을 위해 시장 경쟁력을 통한 소득격차 축소, 정부의 세금과 사회보장제도 등 정책 수단을 통한 재분배,

부유층과 기업의 자발적 사회 공익 활동 및 기부를 통한 분배를 강조하고 있다. 공산당 내부의 당원들에게 충성과 복종을 강조하는 한편, 빅데이터와 플랫폼을 비롯한 대형 정보기술(big tech), 사교육, 게임, 부동산, 팬덤경제(fandom economy) 등 산업 전반에 걸쳐 강력한 규제를 통해 압박을 가하며 기업에 공산당 정부에 대한 지속적인 충성을 강요하고 있다.[17] 그 결과 기업들과 거부들은 정부 정책에 호응하며 앞다투어 기부금을 내놓고 있다. 또한 정부는 기존 언론 매체는 물론 소셜미디어에 대한 단속을 강화하고 있다. 특히 SNS와 1인 미디어에 대한 단속은 훨씬 더 강화되고 있다. 중국 정부의 노선이나 정책에 대한 반대를 비롯한 부정적인 시각과 주장을 담은 내용의 전파를 철저히 통제하고 있다. 그 결과 중국 온라인 미디어 플랫폼에는 펀칭과 샤오펀홍이 경쟁적으로 게시하는 애국주의와 중화 민족주의를 표방한 글이나 작품이 넘쳐나고 있다.

그동안 정부에 의해 용인되거나 뒷받침을 받은 펀칭과 샤오펀홍이 공세적 민족주의 태도와 활동은 내적 통합의 구심력을 이루는 중요한 에너지로 작용했다. 하지만 이러한 민족주의 정서가 지나치게 만연된다면 그 반항의 에너지가 결국 공산당 정부로 향하게 되어 체제와 정권에 위협이 되는 양날의 칼이 될 수도 있다. 이러한 점을 잘 인지하고 있는 중국 정부는 최근 '시진핑 시대 중국특색 사회주의 사상'을 모든 교육기관의 교과과정 교재에 담는 작업을 추진하고 있다.[18] 이렇게 사상교육을 강화하는 목적은 향후 중국을 이끌어 갈 미래 세대의 공산당에 대한 인식을 높여 중국식 발전노선을 따르게 함으로써 공산당의 지속적인 통치 기반이 흔들리지 않도록 내부 결속을 다지면서 대내외 당면

한 압력과 장기적 도전에 대응하기 위함이다.

또한 중국 정부는 문화예술계 종사자에 대한 규제 및 대중문화 검열을 통해서도 젊은 층의 사회주의 이념 이탈 단속을 시도하고 있다. 그 배경에는 사회 전반에 대한 사상통제 강화와 공동부유를 전면에 내세운 정책 기조가 자리 잡고 있다. 일부 대중문화 현상이 공동부유 정치적 구호에 걸림돌이 되며 젊은이들에게도 해로운 영향을 미치고 있다고 인식하고, 우선 상징적으로 고소득 연예인을 표적으로 삼았다. 일탈 행동과 위법 행위를 한 일부 인기 연예인들에 대한 단속을 연예계 전반으로 확대해 나가고 있다. 연예인들의 고액 출연료나 호화생활이 빈부격차로 인한 박탈감을 가져오고, 팬덤 문화와 결합하여 청소년들에게 잘못된 가치관을 심어 줄 수 있다고 판단했기 때문이다. 이후 유명 연예인들을 중심으로 문화예술계 종사자들이 충실한 사상학습을 통해 애국심과 공산당 정부에 대한 충성심을 강조하는 역할 모델이 되기를 강요하고 있다. 시진핑 정부의 사상적·문화적 통제에 대한 집착이 강해짐에 따라, 중국에서 인기 있는 외국 유명 연예인을 추종하는 아이돌 팬클럽에 대한 단속이 갈수록 더 강화되고 있다. 그러한 대중문화 통제 여파가 외국 배우와 기획사로까지 확대할 것이란 전망도 나오고 있다. 중국의 일부 관영 매체는 오늘날 중국 팬클럽 문화의 원조가 한국이라며 중국 정책에 도전하면서 이득을 취하는 외국의 문화산업 기업은 중국의 규제에서 예외로 인정되지 않을 것이라고 경고까지 했다.[19] 그에 따라 한반도 사드 배치 사태로 촉발된 '한한령(限韓令)' 이후 중국 시장 내 한류가 다시 위축될 수 있다는 우려도 제기된다.

지금까지 살펴본 바와 같이, 중국은 개혁개방 이후 중체서용(中體西

用)과 성자(姓社)·사체자용(社體資用)의 방식으로 중화민족주의, 유교로 대표되는 중국의 전통문화, 사회주의 이론, 국가주의를 통해 서구를 비롯한 외래 선진문화와 자본주의 시장경제 요소의 유입 한도(限度)를 설정하고 여과를 통해 선별적으로 수용·흡수해 왔다. 개혁개방 이후 중국은 대체로 그러한 기조를 유지하면서 외래 문물 요소를 수용해 왔지만, 시기와 상황에 따라 그 정도와 범위는 차이가 있었다. 특히 사회적 불평등 심화로 사회주의 국가의 정체성과 공산당 집권의 정당성이 약화하여 체제와 정권에 위협이 될 수 있다는 판단이 서면 외래 요소의 수용에 대한 제한이 강화되는 경향을 보였다. 다른 말로 하면, 외래 문물의 수용방식의 기준에서 체(體)에 해당하는 중국 전통문화 보호와 사회주의 체제 유지를 위해 용(用)에 해당하는 외래문화 요소 수용과 시장경제 요소의 도입에 대한 단속이 강화되는 경향을 보였다. 대외적인 압박으로 인해 사회주의 체제와 공산당 정권에 대한 위협이 강해질 때도, 역시 비슷한 양상을 보였다. 하지만 반대로 대내외적으로 체제와 정권에 대한 위협이 약한 상황에서는 외래문화와 시장경제 유입에 관대한 특성을 보였다.

중국의 한류 수용 태도

지난 20여 년 동안 중국에서 한류의 역사는 많은 우여곡절로 점철되어 있다. 중국 사회의 내적 요소가 한류의 생성, 열풍, 역풍, 소강상태,

재(再)점화, 재(再)역풍 등의 변화 현상에 어떤 영향을 어떻게 주었는지를 파악하기 위해서는 중국에서 한류의 역사를 검토하여 분석할 필요가 있다. 먼저 한류는 한국이 주도한 전파(傳播) 현상이 아니라 중국의 자발적이며 능동적인 수용(受容) 현상이라는 전제에서 출발하고자 한다. 한류 현상은 1990년대 말 중국발 소식으로 한국에 전달되었고, 이후의 열풍이나 반작용도 모두 수용자의 태도가 주요하게 작용한 결과란 사실을 상기할 필요가 있다.

문화접변은 특정 문화의 요소를 공간적으로 이동시키는 역할을 하는 매개체, 즉 '문화 운반자(cultural carrier)'가 있어야 가능하다. TV드라마, 영화, 음악, 게임, 웹툰 등을 비롯한 문화 콘텐츠들은 중국의 한류 수용과정에서 중요한 운반자 역할을 해오고 있다. 이들 문화 운반자들은 중국에서 한류가 현지 문화와 접변하는 과정에서 어떻게 문화적 정체성을 유지하며 위치하게 되는지를 분석을 통해 파악하는데 매우 적절한 수단이다. 한류 문화 콘텐츠에 투영된 한국적 문화정체성을 어떻게 해석하고 수용했는지를 파악하면 왜 중국이 여러 나라 문화상품 가운데 유독 한국의 것들을 선호하고 열광했는지를 이해할 수 있기 때문이다.

우선 글로벌화 수준에서 거시적인 맥락으로 한류 열풍 현상을 이해할 필요가 있다. 교통·운송 수단과 통신기술의 발달로 서구문화가 빠르고 폭넓게 확산하면서 문화의 동질화가 진행됐지만, 그것이 지역 문화의 몰락으로 이어지지 않고 글로벌(global) 문화의 형식과 내용을 나름대로 소화한 새로운 형태의 지역(local) 문화가 재창조되었다.[20] 글로벌 문화는 크게 3가지 특징을 가지고 있다. 첫째, 서구의 보편적 가치인 개인주의, 시장경제, 민주정치에 대한 확고한 신념이 반영되어 있다. 둘째, 서구식 소비패턴과 대중문화를 골간으로 하며, 미국의 영향력이 지대하다. 셋째, 서구적 현대화의 경향이 있으나 각 지역의 기존 문화는 서구와 구별되는 나름대로 특수한 차이를 유지하며 각 지역 간 차이도 분명하게 존재한다. 따라서 글로벌 문화는 미국과 구미 중심의 서구적 현대화가 주를 이루면서 각 지역의 특수한 기존 문화와 결합하는 글로컬(glocal) 현상을 보인다.

한류도 서구적 현대화가 주도하는 글로벌 문화와 한국 특유의 지역적 정체성을 가진 문화가 만나 절충하는 접변 과정에서 탄생했다. 한국문화는 근현대의 서구문화 및 서구문화의 아류인 일본문화를 수용하고 동아시아 문화 및 한국의 전통문화와 절충하면서도 현대 한국의 특수성을 반영하고 있다.[21] 이러한 혼성적(混成的) 성격을 띤 한국의 대중문화에 대한 중국의 수용은 '문화적 근접성(cultural proximity)' 이론을 통해 이해할 수 있다.[22] 중국에서 한류는 압축적인 고도의 경제성장과 더불어 자국민의 문화적 소비 욕구가 달라지면서 자국의 문화 콘텐츠 부족을 한국의 문화 콘텐츠로 채우면서 확산되기 시작했다. 서구문화 소비 추구 현상이 고조되는 상황에서 현대 서구의 자본주의적 가치와 과거 중국이 주도했던 동아시아의 전통적 문화 요소를 혼합해 내면화한 한국의 대중문화 요소가 중국인의 정서에 부합했기 때문이다.

중국에서도 한류를 주도하고 있는 오늘날 한국의 대중문화가 전통적인 유교적 정서를 바탕으로 서구문화를 수용하여 만들어졌다고 평가한다.[23] 중국인들은 한국 드라마나 영화의 특징을 표현할 때 서구의 형식을 기본으로 하는 가운데 내용은 유교적 가족 공동체에서 비롯된 따뜻한 정감, 상대에 대한 배려, 화목과 공동체의 조화, 강력한 도덕성 등을 거론한다. 중국인은 서구의 구성 형식과 문화 요소를 많이 담고 있어 호기심을 자극하는 한류 콘텐츠에서 자신이 잊고 있던 중국의 전통 가치관과 유사한 요소를 발견하게 되었다. 중국이 공산화된 후 유교와 공자가 타도의 대상이 되는 바람에 현대 중국인의 일상 속에 유교적 관습이나 문화가 얼마 남아 있지 않은 상태에서 유교적 가치관을 담고 있는 한류 콘텐츠가 중국인의 향수를 자극한 것이다. 한마디로 중국인은 한류가 자신의 문화와 다르면서 닮은 문화이어서 쉽게 받아들인 것이다. 이러한 측면에서 한류는 문화적 근접성이 높고 문화할인율(cultural discount rate)은 낮다고 할 수 있다.[24]

또한 한류가 인기를 끈 것은 한류 콘텐츠에 재현된 인물들의 서구화된 현대적 삶의 궤적 속에 유교적 전통 가치를 잘 보존하고 있을 뿐 아니라 먼저 산업화를 경험한 그들의 삶의 방식이 공감할 수 있는 부분이 많기 때문이기도 하다. 한국사회의 사회적 모순과 갈등은 개혁개방 이후 계층·지역·도농 간의 사회경제적 불평등·불균형이 심화하면서 사회적 불안 및 갈등이 커지고 있는 중국사회의 모습과 닮았다. 계층 간 빈부격차로 인한 갈등, 개인의 사회적 야망과 사랑 사이에서의 방황, 전통문화와 서구문화 사이의 갈등 등은 모두 중국인들이 현재 직면하고 있거나 앞으로 직면해야 할 문제들이다.[25] 한국 콘텐츠 속에 나타나는 문화적 취향은 현실과 동떨어진 이야기가 아니라 중국의 변화하는 새로운 환경에 걸맞은 새로운 삶의 태도와 가치를 제시해 주기도 한다.

한류 작품에 나타난 한국과 중국의 문화적 차이가 중국인의 관심을 자극하기도 한다. 예컨대 중국인들은 〈사랑이 뭐길래〉(1997년), 〈별

〈사랑이 뭐길래〉 동영상 플랫폼 포스터
1997년 6월 중국에서 방영되어 최고시청률을 기록하며 한류의 효시가 된 드라마이다.
(출처: 韓劇網)

은 내 가슴에〉(1999년) 등의 드라마가 방영되자 한국의 가부장적 대가족 문화에 상당한 충격을 받고 한국문화에 관심이 커졌다. 중국은 공산화 이후 남녀평등 구현 노력으로 여성의 권리 신장과 사회 진출 확대가 실현됐고, 개혁개방 이후에는 여성의 수입이 남성보다 많은 경우도 흔해졌고, 남성의 가사노동 비율이 높아졌기 때문이다. 중국 남성들은 한국 드라마나 영화를 보면서 순정적이고 여성스러운 한국 여성들을 동경하게 됐다. 또한 가족 간의 애틋한 사랑과 가족의 행복을 우선시하는 한국 드라마는 문화대혁명을 거치면서 매우 심각한 가족 해체 현상을 경험한 중국인들에게 내재한 가정 회귀 본능을 자극하기도 했다.[26] 2000년대 들어서는 이와 정반대되는 여성상을 표현한 작품들이 열풍을 일으켰다. 영화 〈엽기적인 그녀〉(2002년)는 그전까지 중국에 소개된

아시아나항공 여객기
한자로 '대장금'이라 쓰고 주연 이영애의 사진으로 장식되었다.(출처: 연합뉴스, 2007년 1월 4일)

한국인의 성별 이미지와 정반대되는 신세대 캐릭터로 중국에서 열풍을 일으켰다. 주연 배우 '전지현 따라하기' 붐이 일었고, 치열한 경쟁 속에서 '엽기녀 선발대회'가 열리기까지 했다. 2016년에 방영된 〈엽기적인 그녀2〉도 폭넓은 인기를 누렸다. 여성의 개인적 성취 및 사회적 성공과 주변의 갈등을 다룬 드라마 〈대장금〉(2005년)도 폭발적인 인기를 끌었다. 시대와 공간을 초월해 자신들이 현재 경험하고 있는 현실이었기 때문이다.

중국은 WTO에 가입한 2001년을 전후로 외래문화에 대해 매우 개방적인 태도를 보였고, 그에 따라 중국인들이 글로벌인(人)으로의 변신을 도모하던 시기였다. 중국에서 불던 글로벌화 열풍은 문화적 영역에까지 영향을 미쳐 중국인들이 주변국의 문화와 그 정서에 대해 열린 마음을 갖게 된 것이다. 초기 한류의 확산에는 한국의 대중문화를 쉽게 접할 수 있다는 지리적 요건도 장점으로 크게 작용했다. 개혁개방 초기 중국은 외부의 충격을 최소화하기 위해 '점(點)-선(線)-면(面)식 개방 전략'을 실행했는데, 먼저 발달한 동부 연해 지역의 도시들은 한국과 지리적으로 매우 인접해 있다.[27] 시장경제 발전에 따른 가치관의 변화와 서구식 소비생활의 확산으로 주민들은 서구 지향적 대중문화 소비 욕구가 강해졌다. 때문에 이 지역 주민들의 정서와 기호에 맞게 동아시아의 전통문화와 서구 문화가 결합해 한국 대중문화가 재구성되었고 이는 한류 열풍으로 표출되었다.

중국은 외래문화 상품을 수용하면서 발생하는 모순을 아편전쟁 이후 서구열강의 반식민지로 전락한 굴욕의 역사와 사회주의 이데올로기로 축적된 반제국주의(anti-orientalism), 반오리엔탈리즘(anti-orientalism), 옥시덴탈리즘(occidentalism)의 시각으로 바라보는 성향이 강하다.[28] WTO 가입 후 서구적 가치관을 표준으로 삼는 글로벌 문화의 유입이 대량 확대됨에 따라, 서구의 문화 제국주의 및 퇴폐적 소비주의에 대한 경계심 또한 커졌다. 특히 서구와 일본의 문화상품이 담고 있는 이데올로기적 특성에 대한 우려가 커졌다. 서구 대중문화의 최신 흐름을 수혈하고 싶어도 정서적 거부감과 경쟁 심리가 작용하여 쉽사리 받아들이기가 쉽지 않았다. 특히 일본에 대해서는 더욱 그렇다. 그렇다고 중국인들의 서구 선진문화에 대한 문화적 소비 욕구가 사라진 것은 아니었다. 서구와 일본의 대중문화를 직접적이고 노골적으로 받아들이기에는 마음이 편치 않았지만, 내심으론 거대한 문화자본에 의해 생산되는 서구와 일본의 문화상품을 동경하는 마음도 있었다.

그 대안으로써 서구와 일본의 대중문화를 주체적으로 여과하여 수용하는 한국의 문화 콘텐츠를 받아들이기가 더 편했다. 또한 전통문화 공유로 형성된 중국인의 한국 대중문화에 대한 정서적 공감대가 한류 진출 초기에 쉽게 중국에서 호소력을 가지는 데 공헌했다. 지나치게 서구화되어 있고 자극적인 일본문화보다 서구 및 일본문화의 장점을 자기만의 방식으로 소화해 독특한 색깔을 가진 한국문화가 중국인의 정서에 적합했다. 다시 말해, 서구문화와 일본문화의 장점과 한국의 독특한 스타일이 어우러진 한류가 신선하면서도 낯설지 않아 중국인의 기호에 맞았다. 또한 글로벌 자본주의 시장경제 체제에 합류한 후 시장개방 확대와 함께 경쟁력이 약한 자국의 문화산업을 보호하려는 욕구도 커졌다. 서구와 일본이 문화적으로 한국보다 상대적으로 앞섰다는 인식이 중국인의 한국 대중문화에 대한 경계심을 완화하는 데 작용하여 서구 대중문화에 대한 소비 욕구가 한류에 대한 폭발적인 열광으로 표출되었다.

기성세대보다 서구문화에 대해 더 개방적인 중국의 젊은이들에게 큰 인기를 끌고 있는 K-POP이 대표적인 예다. 모든 대중음악은 기본적으로 일종의 문화 혼종화(cultural hybridization) 현상을 보인다. 팝은 원래 영미권의 대중음악이다. J-POP은 서구의 소프트 팝(soft pop)의 영향을 받아 일본문화와 융합해 탄생한 음악이다. K-POP은 특성상 한국의 지역성과 완벽히 분리될 수 없다. 글로벌화한 영미 팝 음악 지형의 보편적 특징을 공유하면서 동시에 독자적인 음악 스타일을 창조해냈다. 영미 팝과 그 아류인 일본 팝을 적절하게 차용하여 춤추기 좋은 리듬, 경쾌하고 리듬감 있는 댄스, 단순하고 명쾌한 리듬과 비트감, 따라 부르기 쉬운 멜로디, 영어가 많이 사용된 랩이나 가사, 소재와 내용의 참신성, 가수의 외모·의상과 춤·퍼포먼스, 뮤직비디오의 영상미, 이질적 한국문화 등을 특징으로 하는 K-POP의 역동적이고 감각적인 콘텐츠들이 인기 요인이 되어 중국 젊은이들을 사로잡았다. 최근 중국 정부의 견제에도 BTS의 중국 내 인기가 여전한 이유다.

개혁개방 이후에 태어나 기성세대와 전혀 다른 성장 배경과 가치관을 가져 소황제(小皇帝) 세대로 불리는 중국의 젊은이들은 이미 최신 서구적 감각의 문화상품을 왕성한 소비를 갈망하는 특수한 계층이다. 하지만 중국은 서구와 문화시장에서 경쟁할 수 있는 경쟁력을 갖추지 못해 서구적 문화를 추구하는 그들의 소비 욕구를 충족시켜 줄 대중문화가 중국에 부족했다. 과거의 껄끄러운 역사는 서구문화와 일본문화에 대해 중국인들에게 거부감을 주었고, 정부와 지배층은 서구와 일본의 문화 콘텐츠에 내포될 수 있는 이데올로기적 특성에 대해 경계하고 있었으며 서구 및 일본 문화상품의 선전성과 폭력성에 대한 우려도 컸다. 또한 그동안 서구문화와 중국문화의 가교역할을 하고 있던 홍콩과 타이완의 대중문화 콘텐츠에 대해 중국 신세대들이 식상해하고 있던 시기에, 그 공백을 한국 대중문화가 파고든 결과가 중국에서 한류의 선풍적인 인기로 나타났다. 중국의 젊은 세대들은 자신들이 동경하는 서구의 개인주의적 가치관과 자유분방하고 화려하며 세련된 생활방식을 그대로 받아들이지 않고 한국식으로 걸러내어 독특한 제작 및 관리 시스템을 통해 나름대로 실정에 맞게 가공한 한류 대중문화상품에 열광했다. 중국 공산당 정부도 서구나 일본의 문화 콘텐츠보다 상대적으로 안전하다고 인식했기 때문에 한류 문화의 유행을 허용 또는 방관했다.

요약하면, 중국인들과 중국 정부는 서구와 일본의 문화와 나름대로 차별성을 보이고, 중국과 문화적 근접성이 높으면서도 문화적 할인율이 낮고 중국문화와 달리 이국성을 보이며 호기심을 자극하는 한류를 중국문화산업 시장의 부족한 콘텐츠를 메워주는 대안으로써 선호하였다는 것이다. 일면 한류는 중국 대중문화와의 일정한 문화적 타협을 통해 이들 중국 소비자의 문화적 욕구를 충족시켜줌으로써 현대성의 지배적 요소들을 사회적으로 안전하게 만드는 기제로 활용되고 있다.[29] 한류의 틀과 구성 내용은 동아시아 전통과 현대의 대중문화가 여러 방향과 수준에서 교차하면서 서구문화 요소와 잘 결합하여 발전한 것이지, 독립적으로 고안해 낸 것이 아니다. 서구와 동아시아 문화가 항상 접촉하는 가운데 서로 구별되면서 잘 혼합된 한류의 성공은 중국이 닮고 싶은 모습이다.[30] 중국은 WTO 가입과 더불어 서구의 선진 문화상품이 급속·대량으로 확대 유입될 것에 대항하기 위해 문화산업을 적극적으로 육성하기 시작했다. 실제로 중국의 문화시장은 급속히 확대되며 괄목할 만한 성장을 하고 있다. 이러한 상황에서 서구의 장점을 수용·흡수하면서도 자국의 전통적 특성을 효과적으로 표현하고 있는 한류는 풍부한 문화자산을 가진 중국이 글로벌 시대에 자국의 문화 내용과 산업을 어떻게 발전시킬 수 있는지에 대한 해답을 주고 있다.

중국의 한류 저항 태도

중국의 한류에 대한 선택적 수용 의지와 저항은 비록 부분적이었지만 중국 진출 초기부터 있었다.[31] K-POP 아이돌 그룹에 중국의 10대 청소년들이 열광하던 초기에 중국 사회에서는 주로 경직된 사회주의 체제에서 성장한 기성세대들 사이에서 자신들과 성장 배경이 다른 청소년들이 지나치게 자본주의 문화에 경도되는 현상에 대한 우려와 경계심, 불쾌감 등과 같은 여러 가지 감정이 표출되었다.[32] 하지만 비슷한 시기에 연달아 방영된 한국 드라마 및 영화가 자신들의 문화 전통과 유사하며 한국 대중문화가 서구 자본주의 문화보다 덜 위험하다는 인정을 받으면서 계속 인기몰이를 하자, 한류에 대한 초기 부정적 인식이 불식되고 나이와 성별을 초월하여 전국적인 사랑을 받게 되었다.

이러한 중국인들의 한류에 대한 순수한 동경과 열망이 부러움과 질투심이 뒤섞인 복잡한 양상으로 전환되는 결정적 계기는 2005년 가을 한국 드라마 〈대장금〉이 방영되어 초유의 폭발적인 인기를 누리게 되면서부터다. 이후 동시다발적으로 한국 드라마는 선풍적인 인기를 끌면서 물밀듯이 수입되었다. 한국 드라마는 한때 중국에서 방송되는 외화의 80%를 장악하기도 했다. 밤 10시 이후에만 방영을 허용하는 중국방송문화법에 따라 심야에만 방송했음에도 불구하고 평균 시청률이 12%에 이를 정도로 인기가 높았고, 각종 매체는 한류 일색으로 채워졌다.[33]

이렇게 한류의 열기가 폭발적으로 고조되자 먼저 중화권 연예계 종사자들을 중심으로 한류에 대한 본격적인 저항이 일기 시작했다. 이전에도 중국의 일부 평론가들 사이에서 한류에 대한 부정적인 평가가 있었지만 주로 내적인 측면에서 드라마의 느린 사건 전개, 가족이나 애정 관계 위주의 편향된 소재 등과 외적인 측면에서 지속적인 수입 가격 상승, 한국에서 중국 드라마의 열세 등에 초점이 맞춰졌었다.[34] 하지만 그런 문제들로 인해 한류가 곧 소멸할 것이니 크게 경계할 것이 못 된다고 위안하며 크게 반감을 드러내거나 집단으로 저항하지는 않았다. 그런데 〈대장금〉과 더불어 한국 드라마들이 잇달아 폭발적인 인기몰이를 하며 독주하자 불안감이 커진 중국 본토, 홍콩, 마카오, 타이완 등 중화권 유명 연예인들이 앞장서 반발했다. 이유는 중국 국내 시장뿐만 아니라 중화권 시장 전반이 한류에 의해 크게 잠식당하자 위기감을 느꼈기 때문이다.

당시 중국인들이 보는 항(抗)한류의 원인을 조사한 보고자료를 보면, 중국인들의 34.5%가 한류가 널리 확산하며 중국문화 발전을 저해한다는 점을 들었고, 다음으로 15.0%가 한국이 한류를 통해 이득만 챙긴다는 점을 꼽았다.[35] 항(抗)한류가 발생한 가장 주요한 배경으로 한국 대중문화의 중국문화 잠식 또는 지배에 대한 경계심, 한류의 중국에서 일방적 독주와 중국 문화 콘텐츠의 한국에서 열세, 자국 문화수호와 문화산업 보호가 자리하고 있다.[36] 중화권의 방송 및 연예계 관계자의 한류에 대한 경계심 내지는 시기심의 발로(發露)로 형성된 항한류 분위기가 중화권 전체로 빠르게 확산했다. 그들은 의도적으로 자신들의 시장을 보호하기 위해 한류에 대한 격한 감정적 비난을 하며 중국산 드라마 및 영화에 대한 지지 요구와 더불어 국산품 애용을 장려했고, 중국 정부에 한류를 규제하라고 압력을 가하기 시작했다.[37] 문제는 이들의 주장에 중국 정부가 공식적·비공식적 제도적 규제로 적극적으로 호응했다는 점이다.

원래 중국 정부는 자국산이나 외국산이든 상관없이 문화 콘텐츠에 대한 공식적인 통제를 강하게 유지하는데, 특히 외래문화 콘텐츠에 대해 매우 까다로운 규제를 가한다. 중국의 문화정책은 자국 문화산업의 발전뿐 아니라 문화 콘텐츠 및 활동에 대한 정치적 통제의 유지라는 목표에 따라 수립되고 있다. 정치적으로는 서구의 자본주의 사상과 문화 확산으로 사회주의 이념이 훼손되고 공산당의 집권 정당성이 약화하는 것을 막으며 자국의 고유한 문화와 문화적 정체성을 보호하고, 경제적으로는 글로벌 경쟁체계 속에서 자국 문화산업의 국제적 경쟁력을 확보할 때까지 보호·육성하는 것을 목적으로 한다.

2001년 WTO 가입 이후 문화시장의 개방이 확대됨에 따라 위협을 느낀 중국 정부는 문화 콘텐츠에 대한 엄격한 규제를 적용하여 보완·강화했다. 중국에서 방영되는 외국 드라마 및 영화는 반드시 국무원(國務院) 직속 기구인 국가광파전영전시총국(國家廣播電影電視總局, 이하 '광전총국')의 심사 및 비준을 받게 되어 있다. 2004년 광전총국은 「TV드라마 심사관리 규정(電視劇審査管理規定)」을 발표하고 〈표 1〉과 같이 TV드라마에서 열 개의 내용이 포함된 콘텐츠를 방영하는 것을 금지했다. 광전총국이 외국 프로그램의 방영 시간과 비율도 정하도록 규정했다. 각 방송사가 수입한 외국 콘텐츠는 50부작 이내로 제한하고, 각 채널에서 외국산 드라마의 일일 방송 시간도 전체 프로그램 방영 시간의 25%를 초과하지 못하도록 하며, 19~22시까지 황금시간대(prime time)에는 어떤 외국 드라마도 방영하지 못하도록 규정했다. 이후로 외국 드라마는

22시 이후에 방영되고 있다. 당시 후진타오 주석이 공산당원들에게 서구의 문화적 파급력을 경계해야 한다고 발표한 후 한 달 만에 내린 지침이다. 사회주의 문화를 보호하고 자본주의 문화의 과도한 침투와 범람을 막는다는 명목 아래 외국 콘텐츠에 대한 규제를 공식화한 것이다. 중국 정부의 해외 콘텐츠 규제 기조는 2014년 집권한 시진핑 체제에서도 지속되고 있다.

〈표 1〉 TV드라마 작품에서 금지되는 내용

① 중국 헌법에 기록된 기본원칙을 위배하는 내용
② 사회주의 정신문명 건설에 반하는 내용
③ 중국의 국가통일과 주권 그리고 영토 완전성에 위해를 가하는 내용
④ 중국의 국가기밀을 누설하고, 국가안전을 위협하며, 국가 명예를 훼손하고, 이권을 침해하는 내용
⑤ 중국 각 민족 간의 복수심과 민족적 차별을 선동하고, 민족 간의 단결을 방해하며, 중국 민족의 미풍양속과 생활습관을 해치는 내용
⑥ 사이비 종교와 미신을 전파하는 내용
⑦ 중국의 사회질서를 해치고, 사회안정을 파괴하는 내용
⑧ 외설·도박·폭력을 선양하고, 범죄를 부추기는 내용
⑨ 타인을 모욕·비방하고, 중국 민족의 우수한 문화와 전통을 해치는 내용
⑩ 기타 중국 법률·법규·규정을 위배하는 내용

2005년 〈대장금〉 방영을 기점으로 한류가 최고 절정에 달하자 광전총국은 2006년 초부터 한국 드라마의 수입과 방송 규제를 대폭 강화했다.[38] 「TV드라마 촬영제작 등록고시 관리 잠정 판법(電視劇拍攝制作備案公示管理暫行辦法)」을 발표하면서 기존 규정들을 개정했다. 주제별·장르별 심사를 훨씬 강화하면서, 광전총국 산하 국제합작사를 통해 질적 수준이 떨어지는 드라마를 색출하고, 보다 수준 높은 드라마를 방영한

다는 명목 아래 외국 방송 영상물에 대한 심사를 더욱 까다롭게 강화했다.[39] 더 나아가 2010년 광전총국은 「TV드라마 내용 관리 규정(電視劇 內容管理規定)」을 통해 드라마 내용 규제를 위한 추가적인 지침으로 여섯 가지 금지령을 선포했다. 구체적인 규정 내용은 〈표 2〉와 같다.

〈표 2〉 TV드라마 작품 내에서 삭제 또는 수정해야 할 추가 지침

① 혁명역사극은 영웅과 악역이 분명해야 한다.
② 가족사의 갈등을 과도하게 묘사한 드라마는 금지한다.
③ 사극은 역사 진실을 왜곡하거나 가볍게 다뤄서는 안 된다.
④ 비즈니스 관련 드라마는 사회주의 가치관에 부합해야 한다.
⑤ 외국 드라마 리메이크를 금지한다.
⑥ 인터넷 소설과 게임을 드라마로 제작하는 것을 금지한다.

〈표 3〉 영화 작품 내에서 삭제 또는 수정해야 할 내용

① 중화 문명과 중국 역사 등 역사적 사실을 심각하게 왜곡한 경우, 다른 국가의 문명과 풍속을 존중하지 않는 경우, 영웅이나 주요 역사 인물의 이미지에 크게 타격을 입힌 경우
② 악의적으로 인민군대, 무장경찰, 공안과 사법기관의 이미지에 큰 타격을 입힌 경우
③ 음란하고 저속한 저급 내용이 뒤섞여 있고, 음란·강간·매음·매춘·성행위·변태·동성애 등 줄거리, 남녀 성기 등 기타 음부 노출, 음란하고 저속한 대사·노래·배경음악·음향효과
④ 폭력·공포·유령·요괴 등의 내용, 선악·진실·거짓의 가치가 전도되거나 정의와 비(非)정의의 기본 성질이 뒤섞인 내용, 위법한 범죄가 기세를 떨치는 장면을 표현하거나 범죄행위 과정을 구체적으로 묘사한 것, 특수 정찰 수단을 폭로하는 것, 자극적이고 잔인한 살인·피비린내·폭력·마약 흡입·도박 등 줄거리, 포로 학대·범인이나 피의자를 고문 협박하는 줄거리, 과도하게 놀라게 하거나 공포스러운 화면·대사·배경음악·음향효과
⑤ 소극적이고 퇴폐적인 인생관·세계관·가치관을 선양하고 민족의 우매하고 낙후한 면 또는 사회의 어두운 면을 과장하는 것

⑥ 종교 극단주의를 선동해 각 종교·종파 간 분규를 도발하거나 신앙이 있는 군중과 신앙이 없는 군중 간 충돌을 조장하고 군중 정서를 해치는 것
⑦ 생태환경 파괴행위를 선양하거나 동물을 학대하고 국가가 보호류로 지정한 동물을 죽이거나 식용으로 하는 것
⑧ 과도한 폭음과 흡연 등 누습(陋習, 낡은 관습)을 표현한 것
⑨ 기타 관련 법률·법규·규정을 위배한 경우

2008년 광전총국은 각 지방의 방송영화TV국(廣播電影電視局)에 영화에서 금지되는 내용을 규정하는「광전총국이 영화심사 기준을 거듭 설명하기 위한 통지(廣電總局關于重申電影審查標準的通知)」를 하달했는데, 영화에서 금지되는 내용은 〈표 1〉의 TV드라마에서 금지되는 내용과 같다. 이 밖에도 해당 통지문은 〈표 3〉에 명시한 것과 같은 장면이 포함되었을 경우 삭제하거나 수정해야 한다고 규정하고 있다. 중국 정부는 〈표 1〉, 〈표 2〉, 〈표 3〉에 상세하게 소개한 바와 같이 사회적으로 부적절하다고 판단되는 행위가 포함된 콘텐츠의 방영을 제재하고 있다.[40] 역사를 각색한 퓨전 사극 드라마도 시청자들이 잘못된 역사 인식을 가질 수 있다는 이유로 자주 규제 물망에 오른다.[41] 이처럼 중국 정부는 미풍양속을 해치거나 중국의 정책 기조에 반하는 내용을 다루는 영상 콘텐츠에 대해 검열을 철저히 하고 있다. 특히 중국공산당의 이익에 반하는 미디어 요소는 근절하겠다는 의지를 보여주고 있다.

중국은 외국 영화의 수입을 제한하는 규정을 두고, 중국 내 해외 영화의 개봉 수를 일정 수준으로 철저히 제한하고 있다. '중국식 스크린 쿼터제'라고 할 수 있다. 〈대장금〉의 폭발적 인기의 여파로 매년 수입하는 해외 영화 가운데 미국 영화, 유럽 영화, 기타 국가 영화를 각각

1/3의 비율로 수입을 결정하기 시작했다. 이후 한국 영화의 중국 방영은 현저하게 감소했다. 외국 영화가 중국으로 수입되는 방법은 분장제(扮帳制)와 매단제(買斷制) 2가지 방식이 있다. 분장영화(扮帳片)는 수출한 측에 상영 수익의 일정 비율을 배분하는 방식으로 중국에 수입되는 영화가 중국산 영화와 마찬가지로 제작사가 박스오피스(票房) 수익을 제작, 배급, 상영 주체가 일정 비율에 따라 나누어 갖는 방식을 취한다. 분장영화의 연간 수입 한도는 2012년 20편에서 34편으로 확대했고, 2016년에 다시 39편으로 확대했다. 매단영화(買斷片)는 연 30편까지만 수입이 가능하다. 현재 중국에서 상영되는 외국 영화는 전체 상영 영화의 약 10%에 불과하다.

중국 정부의 규제는 온라인 동영상 플랫폼에도 적용된다. Netflix, Amazon, Prime Video 등 글로벌 플랫폼의 진출을 불허하고 있다. 2015년 1월 광전총국은 「인터넷 해외 드라마 관련 정보 신고 등록 사업실시에 관한 통지(境外視聽節目引進 傳播管理規定)」을 발표하고, 모든 해외 콘텐츠는 스트리밍(streaming) 전에 사전 검열을 받아야 하며, 해외 드라마의 방영량이 각 플랫폼 전체 사이트의 30%를 넘지 못하도록 제한하는 '한외령(限外令)'을 시행했다. 같은 해 4월 1월부터 등록되지 않은 해외 드라마의 방영을 금지했고, 그 이전에 동영상 플랫폼에 게재한 허가 받지 않은 모든 콘텐츠를 삭제하라고 시정명령을 내리기도 했다. IQIYI, Youku, Sohu Video, Bilibili, Tencent 등 자국 동영상 플랫폼을 통해 해외 영상 콘텐츠가 활발하게 유통되자 해외 영상 콘텐츠의 국내 영향력을 축소하려는 움직임이었다. 2016년 2월 광전총국은 공업신식화부(工業信息化部)와 공동으로 자국 동영상 플랫폼의 해외 콘텐츠의 온라인 배포를 규제하는 내용이 추가된 「온라인 출판 서비스 관리 규정 (網絡出版服務管理規定)」을 공표했다. 같은 해 3월 시행된 해당 규제는 외국 국적 기업이 제작한 영화, 드라마, 애니메이션, 다큐멘터리, 오디오 파일, 게임, 문서, 지도 등 콘텐츠를 직접 온라인에 배포하는 것을 금지함으로써 글로벌 미디어 기업의 중국 내 플랫폼 진출을 허용하지 않았다. 단, 외국기업이 중국기업과 제휴하여 중국 정부의 심사와 승인을 받은 콘텐츠의 중국 플랫폼을 통한 유통을 허용했다. 하지만 이 경우도 영화, 드라마, 애니메이션, 다큐멘터리를 제외한 기타 해외 프로그램은 그대로 방송해서는 안 되고, 반드시 중국 정부가 규정에 벗어나지 않도록 새롭게 편집해서 방송하도록 제한했다.

2018년 광전총국이 분리·개편되어 방송 콘텐츠 검열을 총괄·담당하게 된 국가광파전시총국(國家廣播電視總局)은 2018년 9월 더욱 강화된 외국산 콘텐츠 규제 방침인 「해외 비디오·오디오 프로그램의 도입 및 방송 관리 규정(境外視聽節目引進·傳播管理規定)」 초안을 발표하고, TV·라디오 방송사를 비롯하여 온라인 동영상 플랫폼 기업까지 공식적으로 규제 대상에 포함했다.[42] 어떤 개인이나 단체도 해외 시사 뉴스 프로그램의 수입 및 유포를 불허하는 규정을 신설했다. 국가 존엄·명예·이익, 사회안정, 민족감정 등에 해를 끼치는 활동을 하는 국외 조직이 참여해 제작한 프로그램의 수입 및 유통을 금지하는 조항도 포함됐다. 온라인 동영상 기업도 기존 TV·라디오 방송사와 마찬가지로 영상 콘텐츠를 방영하려면 정부의 사전 심의를 받아야 하고, 황금시간대인 19시부터 22시 사이에는 정부의 비준을 특별히 받은 콘텐츠를 제외하고는 해외 프로그램의 방영이 전면 금지됐다. 영화, 드라마, 애니메이션,

다큐멘터리 등 각 장르 해외 프로그램의 방영 시간도 일일 전체 방영 시간의 25%를 초과하지 못하도록 제한했다. 또한 공공이익 필요 등 특수 상황에서는 해외 프로그램의 방송을 중단하고 다른 프로그램으로 대체할 수 있다는 규정도 신설했다. 국가광파전시총국에 따르면, 이러한 규제강화는 중국 사회의 안정을 위한 조치로 공산당이 지향하는 가치에 어긋나 사회적 혼란을 일으키거나 자국의 국가이익에 악영향을 줄 수 있는 어떠한 해외의 비판적 뉴스 프로그램도 원천적으로 차단하겠다는 의지를 표출한 것이다.

지금까지 TV드라마, 영화, 온라인 동영상 등을 중심으로 검토한 바와 같이 중국은 문화 콘텐츠에 대해 자국산뿐 아니라 외국산에 대해서도 공식적으로는 동일한 규제를 적용하고 있다. 특히 사회주의 이념을 훼손하거나 민족 간 갈등을 부추길 수 있는 내용은 철저히 금지하고 있다. 중국 사회의 안정을 해칠 수 있는 내용이 포함된 문화 콘텐츠 상품에 대해 무차별적으로 엄격한 규제를 가하고 있다. 서구의 민주주의 가치관이 유입되어 공산당 집권을 위협할 수도 있다는 경계심으로, 즉 사회주의 국가체제 유지와 공산당 정권의 권력 강화를 위해 외국산 문화 콘텐츠에 대한 규제를 더욱 강화하고 있다.

외국산 수입 문화상품의 내용에 대해서는 공식적·제도적 규제뿐 아니라 비공식적·비제도적 규제까지 동원하고 있다. 특히 한국문화 콘텐츠 상품의 경우, 자국 문화시장 잠식을 경계하여 상품의 수입 과정에서 반드시 거쳐야 하는 사전 심의를 고의로 까다롭게 하거나 지나치게 시간을 끌면서 방송 또는 개봉의 시의성을 상실시키기도 했다. 이러한 현상은 온라인에서 한국 드라마와 영화 등 영상물이 난무하면서 더욱 악화됐다. 때로는 한국 드라마의 수입이 결정된 이후에도 관련 부처의 행정적인 방해로 방송을 하지 못한 사례까지 있었다. 또한 양적으로 수입을 통제하는 쿼터 범위 내에서 이미 수입된 한국 드라마나 영화가 중국의 수많은 TV 채널을 통해 일부 콘텐츠만 계속 반복 방송하도록 함으로써 시청자가 한국 콘텐츠 전반에 대해 질리도록 만드는 효과도 거두고 있다. 또한 중국 정부는 한류 연예인이나 문화상품에 대한 관영 언론 매체의 악의적 비난과 왜곡 보도, 온라인 매체를 통한 네티즌의 악의적인 민족주의 편견에 입각한 비난 및 사실무근의 조작 내용 유포를 묵인함으로써 한류에 대한 부정적 인식이 확산하도록 방치하기도 한다.

2016년 한국 정부가 사드(THAAD, 고고도 미사일 방어체계) 배치를 결정하자 즉각 반발하며 일련의 보복 조치를 단행했고, 점차 수위를 높여가는 모습을 보였다. 중국 정부의 이러한 보복 조치는 다른 국가에 대해 제재할 때와 다르게 한국에 대해서만은 문화 영역, 즉 '한한령(限韓 令)'으로 불리는 한류 콘텐츠에 대한 제재에 집중되었다. 중국 연예계로 진출한 한국 연예인들이 가장 먼저 표적이 되었으며, 한류 연예인과 콘텐츠에 대해 다양한 비공식적·비제도적 규제가 동원됐다.[43] 그 이유는 여전히 중국에서 한류 열풍이 거세기 때문이다. 중국 정부가 그동안 줄곧 추진해 온 기존 대외문화정책의 일환이기도 하다. 과거에도 한류 콘텐츠가 큰 인기를 얻을 때마다 강화된 규제조치를 통해 중국 내 유입을 강경하게 제한해 왔다. 반면에 자국산 콘텐츠 육성을 위해서는 질적인 경쟁력 향상을 위해 적극적으로 지원하고 있다. 한국의 사드 배치 결정은 중국의 자국 문화산업 보호 및 발전을 위한 과정에 있어서 단지 '방아쇠'에 불과하다.[44]

우환의식(憂患意識)에서 발원한 초조함

시진핑의 연임 여부를 포함해 향후 5년 중국을 이끌 국가지도부 구성을 결정하는 당 대회를 앞둔 최근 1~2년 동안 중국 국가지도부는 사회주의 체제의 정당성을 강조하고 공산당 일당 지배 체제를 공고히 하기 위해 개인, 사회, 기업 등에 대한 각종 규제와 단속을 쏟아내고 있다. 개인이나 사회, 기업 모두가 사회주의 체제 내에 존재하고 공산당 정부의 통제를 벗어날 수 없음을 경고하는 것이며, 그러한 규제와 단속은 갈수록 더 강화될 것이다. 최근 시진핑 정부는 '다 함께 잘 살자'라는 뜻의 '공동부유(共同富裕)'를 구호로 내걸고, 정풍운동을 벌이고 있다. 문화적인 측면에서 보면, 문화예술계에 사회주의와 자국중심주의 문화를 불어넣자는 것이다.

이와 관련하여 2021년 9월 초 중국 정부는 두 가지 상징적인 조치의 실행을 통해 팬덤 문화를 본격적으로 정화(淨化)하겠다고 대내외에 천명하고 나섰다. 인터넷 감독기관인 국가인터넷정보판공실(國家互聯網信息辦公室)은 아이돌 팬클럽을 단속해 15만 건 이상의 글·사진·영상을 삭제하고, 4천여 개의 계정을 폐쇄하거나 일시 정지시켰다.[45] BTS 구성원 지민의 중국 팬들이 그의 사진을 뒤덮은 전세 비행기를 그의 생일에 띄우는 퍼포먼스가 있고 난 직후에 즉각적으로 내린 조치들이다. 중국의 방송 감독기관인 국가광파전시총국은 한 달 동안 인터넷 예능 프로그램에 대해 대대적인 단속에 나서 감독·정리 작업을 벌였다. 아이돌이 주인공인 오디션 프로그램이 표적이었다. 그동안 팬클럽을 중심

제주항공 전세 비행기
BTS 지민 생일축하 사진과 문구로 장식되었다.(출처: 观察者网, 2021년 9월 5일)

으로 아이돌을 숭배하는 청소년을 포함한 젊은이들은 자신이 좋아하는 연예인을 다양한 방법으로 후원하고 활발하게 마케팅 활동을 전개해 왔다. 중국 정부는 이들이 특정 연예인의 인기를 끌어 올리기 위해 불법적이거나 부도덕인 방법도 불사(不辭)하고 있으며, 자신과 뜻을 달리하는 상대를 온라인상에서 무차별 공격하며 사회 전반에 악영향을 미치고 있다며 '팬덤 문화'에 대한 정화운동을 본격적으로 실행에 옮겼다.

외국 인기 연예인, 그 가운데 특히 한국 아이돌을 추종하는 자국 팬클럽이 정화조치의 핵심 대상이었다. 중국 관영매체는 자국의 잘못된 연예인 팬클럽 문화가 한국 아이돌을 좋아하는 중국 팬클럽 문화에서 기인한다고 한국 탓을 하며 정풍운동에 들어갔다고 전했다. 한국 연예인들이 무질서한 팬덤을 일으키는 근본적인 원인이란 인식은 한국 연예산업에 추가 타격이 될 가능성이 크다. 그 이면에는 한국 아이돌을 추종하는 중국의 팬클럽이 온라인 공간에서 화제를 독점하여 중국 정부가 정책 노선 선전을 효과적으로 추진할 수 없을 것이라는 우려가 자리하고 있다. 이러한 태도는 그동안 중국에 대한 비판적 의견에 무차별적인 공격을 해 온 극단적으로 배타적인 사이버 민족주의 세력인 샤오펀훙에 대해 보여줬던 중국 정부의 관대한 태도와 괴리가 있다. 아마도 애국심으로 무장한 이들은 중국 정부의 대내외 정책을 지지하는 중요한 축으로 간주하기 때문일 것이다. 숭배하는 대상이 연예계의 '아이돌'인지 아니면 중국이란 '국가'인지만 다를 뿐 타인에 대해 극단적으로 배타적인 행태를 보이기는 마찬가지다.

중국이 극도의 배타적 행태를 보이는 내면에는 크게 세 가지 모순된 의식이 자리하고 있다. 하나는 과거 오랜 세월 동아시아 지역에서 정치·문화적 패권을 누려온 전통적 중화사상에서 발로한 '우월의식(優越意識)'이고, 다른 하나는 아편전쟁 이후 서구열강의 반식민지로 전락한 굴욕의 경험에서 비롯된 외부세력에 대한 '피해의식(被害意識, complex)'이다. 거기에다 중화민족의 부흥을 향해 21세기 강국의 꿈을 키워가는 과정에서 생겨난 조급하고 초조한 마음이 한데 섞여 있다. 이러한 강박관념과 불안한 욕구로 인해 중국인들은 자국에 대한 외부의 태도에 대해 정서적으로 민감하게 반응하는 경향이 있다. 중국의 젊은 국수주의자들은 체제와 정권에 위협이 되지 않는 범위에서 민족주의적 표현을 통해 국가적 사안에 대해 언급할 수 있는 자유를 얻었지만, 국가와 네티즌들 간의 이 같은 암묵적 타협은 바로 사회주의 시장경제가 지닌 체제의 이중성에서 비롯된 것이다. 이것이 중국의 사이버 공간에서 확산하고 있는 민족주의의 대표적인 성격이며 특징이기도 하다.[46] 중국의 젊은이들이 사이버상에서 표출하는 반한(反韓) 민족주의적 정서도 같은 맥락으로 이해할 수 있다.

중국 정부는 여전히 외국의 문화상품 수입에 공식적·비공식적으로 제도적·비제도적 제한을 가하고 있다. 특히 한국의 문화 콘텐츠가 중국 내에서 열풍을 일으킬 때면 어김없이 '자국 문화산업 보호'를 이유로 새로운 규제정책을 등장시켜 한국 콘텐츠의 진입에 제동을 걸고 있다. 중국의 대외문화정책은 사실 딜레마에 봉착해 있다. 외국 문화의 자국 내 확산에 대해서는 규제하면서 동시에 자국 문화의 해외 확산은 적극적으로 지원해야 하기 때문이다. 이러한 중국 정부의 공세적 대외문화정책은 국제사회에서 또 다른 '전랑외교(戰狼外交)'로 인식될 소지가 있다.[47]

2017년 사드 사태 이후 중국 당국의 암묵적인 한류 금지령인 한한령은 중국의 국가 이미지 개선 차원에서 보면 최악의 결과를 초래했다. 중국을 협력 상대가 아니라 경쟁 상대 혹은 위협적인 상대로 간주하는 한국인이 많아짐에 따라, 미래의 한중 관계에 부정적인 영향을 미쳤기 때문이다.[48] 2021년 9월 동아시아연구원(EAI)이 일본 겐론 NPO와 공동으로 발표한 여론조사 결과에 따르면, 한국인의 중국에 대한 호감도(10.7%)는 북한을 제외하고 역대 최하위를 기록했던 대일본 호감도(20.5%)보다 낮아졌다.[49] 2022년 1월 서울대 아시아연구소의 20개국을 대상으로 한 〈2021 한국인의 아시아 인식〉 여론조사 결과에 따르면, 중국은 한국인들이 가장 신뢰할 수 있는 국가를 묻는 설문에 최하위인 6.8% 응답률을 기록하며 가장 불신하는 국가로 꼽겼고, 일본으로 13.3%를 기록하며 중국 다음으로 불신하는 국가로 꼽혔다. 한국이 가장 협력해야 할 국가를 묻는 설문에 대한 응답률은 중국이 6.9%, 북한이 6.5%, 일본이 1.1%로 중국은 북한보다는 높지만 최하위권에 머물렀다. 올해는 한·중 수교 30주년을 맞는 해이지만, 양국의 반중·반한 감정이 거세지며 상대를 혐오하는 분위기마저 감지되고 있다. 양국 모두에게 바람직하지 않은 분위기가 단기적으로 끝나지 않고 계속되면 양국의 미래에 큰 부담으로 작용할 것이다. 수교 30주년을 계기로 양국은 불필요한 문화적 감정 충돌을 지양하고 민간 차원의 교류를 보다 적극적으로 추진해 상호 인식과 이해의 폭을 넓혀 나가야 한다.

5장

시진핑 정부의 문화정책과 한중 문화충돌

김인희

culture
traditions artifacts
food

language

values

society identity
symbols

identity

values custom

traditions
music
culture art identity

공산당을 반대하면 문화허무주의자

시진핑(習近平) 정부 들어 한국에 대한 문화 공격이 단순한 문화 소유권 논쟁을 넘어 이데올로기적 성격을 띤 '속국론'으로 확장된 것은 시진핑 정부의 문화정책과 무관하지 않다. 시진핑 정부는 중국공산당에 반대하는 세력을 역사허무주의자 혹은 문화허무주의자라 비판하고 있다. 이 두 용어가 처음 등장한 것은 톈안먼(天安門) 사건 직후다. 중국공산당은 톈안먼 사건을 주도한 이들을 역사허무주의자 혹은 문화허무주의자라고 하였다. 이들은 중국의 역사와 문화를 부정하고 막무가내로 서구화를 추구하는 민족의 반역자라는 것이다.

역사허무주의는 중국의 고대사와 근대사, 공산당사를 부정하는 것을 말하는데, 특히 공산당이 인민을 이끌고 투쟁해 온 역사를 부정하는 것을 말한다. 문화허무주의는 중국 전통문화를 부정하고 서양화를 통해 문화 부흥을 이루자는 주장을 말한다.[1] 문화허무주의가 비판한 주 대상은 1980년대 중국 사회를 휩쓴 전반서화론자(全般西化論者)들로 이들의 주장은 톈안먼 사건이 발발하는 주요 원인이 되었다. 전반서화론자들은 중국문명은 이미 생명을 다하였으니 서양의 과학문명으로 대체해야 한다고 주장하였다. 이들은 단순히 전통문화를 비판하는 데 머물지 않고, 마오쩌둥(毛澤東)과 공산당의 정책도 비판하였다. 톈안먼 사건이 끝난 후 중국 정부는 톈안먼의 주역들을 역사허무주의자, 문화허무주의자라 비판하였다. 중국에서 이들 두 허무주의자는 민주화 요구 세력이며 반공산당 세력을 의미한다.

 톈안먼 사건 이후 중국 사회에 팽배한 허무주의를 비판하고 공산당 중심으로 권력을 집중시키기 위해 다양한 방법이 시도되었다. 가장 대표적인 것이 애국주의 교육이다. 애국주의 교육에는 역사와 문화가 동원되었다. 역사허무주의 비판을 위해 다양한 역사 관련 프로젝트가 시행되었다. 익히 알려진 하상주단대공정, 중화문명탐원공정이 대표적이며 한국과 관련 있는 것으로는 동북공정이 있다. 문화허무주의 비판을 위해서는 전통문화를 문화재로 지정하여 보호하고 학교 교육을 강화하였다. 학교 교육에서는 한국과 기원 논쟁이 첨예했던 단오, 중추절 같은 명절이 특히 강조되었다.

 그동안 중국에서 전개된 허무주의 비판 사업은 주로 역사 방면에서 진행된 측면이 있다. 역사허무주의와 관련된 각종 역사 프로젝트가 국가 차원에서 대대적으로 이루어졌다면, 문화 관련 프로젝트는 상대적으로 조용한 상태에서 진행되었다. 그런데 시진핑 정부 이후 문화허무주의에 대한 비판이 증가하고 있고, 관련 대책도 다양하게 등장하고 있다.

 이는 시진핑 정부가 문화허무주의가 체제에 위험이 된다고 생각하기 때문이다. 연구에 의하면 "문화허무주의는 개혁개방 이후 네 차례 고조기가 있었는데 마지막은 2010년 이후로, 더욱 은밀하게 사회주의 선진문화의 논조를 직접 부정하는 외에 학술연구와 영상문학 작품 중

'정곡을 찌르는 방식으로 암암리에 비난하고(高級黑)', '당의 신념과 정치적 주장을 의도적으로 비속화하거나 단순화(低級紅)'하는 현상이 출현하였다"[2]고 한다. 시 주석도 문화허무주의의 목적을 간파하고 2012년 18대 당 대회 이후 "중국공산당은 역사허무주의자나 문화허무주의자가 아니며 조상을 잊지 말고 자신을 비하하지 말아야 한다"[3]라고 반복해서 강조하였다.

최근에는 문화허무주의 개념에도 변화가 생겼다. 기존에는 주로 전통문화를 부정하고 서구화를 추구하는 것을 말하였으나 최근에는 전통문화도 포함하지만 주로 공산당문화를 부정하는 것으로 바뀌었다. 한 연구자는 "문화허무주의는 전통문화를 부정하고 서구화하자는 것으로, 특히 중국공산당이 창조한 혁명문화를 근본적으로 부정하고, 혁명문화의 가치를 영원히 부정하는 것을 말한다"[4]라고 하였다.

문화허무주의를 비판하는 이들은 "문화허무주의자들이 정치적 의도를 갖고 있다"[5]고 한다. 즉, "문화허무주의는 혁명역사와 혁명문화에 대한 멸시와 경멸로 가득 차 있으며, 마르크스주의의 지도적 지위와 사회주의로 나아가는 중국의 역사적 필연성을 근본적으로 부정하고 중국공산당의 지도력을 부정한다. 잘못된 사조가 난무하게 되면 주류 이데올로기를 해체하고 4개 자신(四个自信)을 흔들어 국가의 이데올로기 안전과 문화 안보를 위협하는 심각한 결과를 초래할 수 있다"[6]고 경고한다.

반공산당 세력인 문화허무주의를 문화적으로 통제하기 위해 제시된 정책이 문화자신(文化自信)과 문화강국(文化强國)이다. 2013년 8월 시진핑 주석은 전국선전사상공작회의(全國宣傳思想工作會議)에서 "문화자신을 가지고 중화민족이 특히 우위를 점하고 있는 풍부한 문화 소프트파워를 이용해 문화강국을 건설하고, 중국 이야기를 잘 풀어내어 중국의 목소리를 전 세계에 전파해야 한다"[7]고 하였다. 위의 시진핑 주석의 발언을 보면 문화정책의 목적은 중국문화에 대한 자신감을 가지고 문화강국을 건설하는 것임을 알 수 있다. 그러나 다음 단락에서 살펴볼 문화자신과 문화강국의 의미를 보면 주요 목적이 문화를 통해 반체제 인사들을 억압하기 위한 것임을 알 수 있다.

중국몽의 실현과 문화자신

중국 학계에서는 문화허무주의를 극복하기 위한 구체적인 방안을 제시하였다. 하나는 우수한 전통문화를 확대 발전시켜 사회주의 정신문명을 건설하는 것이다.[8] 두 번째는 혁명문화를 이용해 문화허무주의를 극복하자는 것이다. 중국 학계는 "혁명문화에 축적된 역사기억은 문화허무주의를 배격하는 강력한 무기로, 혁명문화를 계승하고 학습하여 문화허무주의와 싸우는 것은 신세대 공산당원들의 책임"이라고 하였다.[9] 세 번째는 마르크스주의와 전통문화를 결합한 방식이다. 이 이론에 의하면 "사회주의 핵심가치관은 중화 우수 전통문화의 계승이며 승화"[10]로, 중국 사회주의의 근원은 중국 전통문화에 있다고 한다.

앞의 두 방식이 전통문화와 혁명문화를 각각 이용한다면 세 번째 방식은 양자를 결합한 방식이다. 현재 가장 주목받는 것은 세 번째 방식이다. 시 주석 또한 마르크스주의와 전통문화를 결합한 방식을 선호한다. 2021년 푸젠성(福建省) 시찰 중 가진 연설에서 "마르크스주의와 중화의 우수한 전통문화를 유기적으로 결합하여 중국 특색 사회주의의 길을 확고히 가야 한다"[11]고 강조하였다. "시 주석은 문화자신론, 문화다원론, 중국 특색 사회주의 문화발전론을 통해 문화허무주의, 즉 민족문화 허무론과 서구문화 중심론, 문화서구화 발전론의 오류를 직접 지적하였다."[12]

지금 중국에서는 마르크스주의와 유교를 결합하여 중국 특색 사회주의 문화를 발명(?)하려는 노력이 활발하게 진행되고 있다. 예를 들어 "공자의 정치사상에 보이는 풍부한 지혜는 공산당의 국가 경영에 중요한 문화적 기초다"[13], "인애(仁愛), 민본중시(重民本), 신용을 지키다(守誠信), 정의숭상(崇定義), 화합융합(尚和合), 대동추구(求大同) 등은 전승과 승화를 통해 사회주의 핵심가치관으로 계승되어 왔다"[14]와 같은 주장이 있다. 많은 논문과 신문 사설에서 관련 기사를 쏟아내고 있지만 중국공산당의 사상이 유교문화나 중국 전통문화에서 기원하였는지 설득력 있게 설명하지 못하고 있다. 시 주석도 "중국 특색 사회주의 문화는 중화민족 5천 년 문명 역사가 잉태하고 키운 중화 우수 전통문화에서 근원하였다"[15]고 한다. 중국 사회주의는 외부에서 들어온 것이 아니라 중국 전통문화에 뿌리를 두고 있다는 것이다.

문화강국은 2011년 17대 6중전회에서, 문화자신은 2012년 18대 당대회에서 시 주석이 처음 제안하였다. 2016년 공산당 성립 95주년 기념 강연에서는 문화자신에 대한 자신의 견해를 구체적으로 밝혔다. "중국 특색 사회주의 노선자신(道路自信), 이론자신, 제도자신, 문화자신에 대한 자신을 가져야 하며, 4개 자신(四个自信) 중 가장 중요한 것은 문화자신"이라고 하였다. 그리고 "문화자신은 5천여 년 문명발전 중 잉태된 '중화 우수 전통문화'와 당과 인민의 위대한 투쟁 중 잉태된 혁명문화, 사회주의 선진문화의 축적으로 중화민족의 독특한 정신을 대표한다."[16]라고 하였다. 따라서 문화자신은 전통문화, 공산당의 혁명문화, 현대 사회주의 문화를 포괄하는 개념임을 알 수 있다. 2016년 강연으로 '문화자신'은 중국 특색 사회주의 발전을 이끄는 정신적 표지로 확정되었으며, 당의 주요 문건에 첨가되었다.

결국, "문화자신은 본질적으로 중국 특색 사회주의 문화에 대한 자신을 말한다."[17] 시 주석도 "고도의 중국 특색 사회주의 문화에 대한 '문화자신'을 확고히 하고, 중국 특색 사회주의 문화 발전의 길을 견지하여 문화강국을 건설할 때만이 중화민족의 위대한 부흥을 실현할 수 있다"고 강조한다.

시 주석은 "중국문화에 대한 문화자신을 갖고 중국몽을 이루자"고 독려하고 있다. 중국몽은 시 주석이 2012년 처음 제안한 것으로 신중국 성립 100주년이 되는 2050년경까지 현대화된 사회주의 강국을 이루어 세계의 숲에 우뚝 서는 것을 목표로 한다. 공산당은 중국몽이 이루어진 국가는 반드시 사회주의 국가이어야 하며, 이러한 내용을 애국주의 교육에서 철저히 교육할 것을 요구하고 있다.

야만과 문명의 기준, 문화

중국 정부가 문화로 자국 내 반체제 인사를 억압하기 위한 문화통치를 실시하는 것은 독특한 중국의 '문화관념'과 관련이 있다. 중국인들은 고대 자신들만이 문화를 창조할 수 있었으며, 문화를 소유하고 있었다고 생각한다. 중국인들의 문화에 대한 자신감은 역사에 대한 자신감을 초월한다. 시 주석도 4대 문명 중 중국이 유일하게 고대문명을 계승하고 있는 국가임을 여러 차례 강조하였다.

중국어에서 "문화가 없다(没有文化)"는 말은 "학력이 낮다", "무식하다", "교양이 없다"는 뜻이다. 한국에서 "문화가 없다"는 말은 특정 커뮤니티가 자신들의 특성을 가지고 있지 못하다는 의미로 쓰인다. 특정 집단이 교양이 없다거나 무식하다는 의미는 아니다.

'문화'라는 말은 영국 인류학자 타일러(E. B. Taylor)가 1871년『원시문화(Primitive Culture)』에서 사용하면서 시작되었다. 현재 문화는 주로 세 가지 의미를 가지고 있는 것으로 보인다.[18] 첫 번째는 상층의 예술로서의 문화로 지적이고 예술적인 활동과 그 산물인 영화, 미술, 연극 등을 가리킨다. 두 번째는 한 개인 또는 집단의 사회적, 정신적, 미학적 발전을 가리키며 진보라는 의미를 담고 있다. 세 번째는 서민들의 삶의 형태로서의 문화로 한 민족이나 집단의 활동, 신앙, 관습 등 전체적인 삶의 양식을 말한다. 중국의 문화개념은 첫 번째와 유사하다.

고대 중국에서 '문화'는 정신활동 영역을 강조하며 매우 철학적이고 함축적인 의미를 가지고 있었다. '문(文)' 자는 '문화지식'이란 의미가 있었다. 공자는 "젊은이는 부모에게 효도하고, 밖에 나가면 스승을 공경하고, 말을 조심하고 믿음이 있어야 하며 모든 사람과 우애롭게 지내고 어진 사람과 가까이 지내야 한다. 그리고 여력이 있으면 문(文)을 배워야 한다"[19]라고 하였다. 공자는 또 다른 문장에서 "군자는 폭넓게 문(文)을 학습하고, 예(禮)로써 자신을 절제한다면 정도를 벗어나지 않을 것이다"[20]라고 하였다. 위 두 문장의 문(文)은 고전 전적을 의미할 뿐만 아니라 시(詩), 서(書), 예(禮), 악(樂) 등의 문화지식을 포괄하는 개념이다.

문(文)은 당시 문화지식의 총합이라 할 수 있는 예악문화로 표현되었다. 공자는 "문왕은 이미 사망하였으니 문(文)은 내가 계승하고 있지 않는가"[21]라고 하였다. 즉, "주나라 문왕은 이미 사망하였으니, 예악문화를 계승하고 있는 이는 공자 자신밖에 없다"라는 뜻이다.

서주 시기 예악문화는 예절과 음악을 포괄하는 말로, 사람들이 따라아 할 사회길시 군직이며 행위규범이었다. 고대 제왕은 예악으로 국가를 통치하였으며, 정치·윤리·사회교육 분야에서 실행하였다. 고대 중국에서 예악문화는 종법등급사회를 수호하는 명분이었으며 화하문명을 상징하는 의례질서였다.

문(文)은 문화지식과 예악문화를 의미하기 때문에 야만과 대비되는 선진, 문명의 의미를 갖게 되었는데 이는 공자의 말을 통해서 알 수 있다. 공자는 "군자는 '질(質)'이 있으면 되지 문(文)이 무슨 필요가 있는가?"[22]라고 하였다. 그리고 "질(質)이 문(文)보다 많으면 저속하고 야만적이며, 문(文)이 질(質)보다 많으면 허황된다. 문(文)과 질(質)이 비슷한 연후에 군자가 될 수 있다"[23]라고 하였다. 이 문장에서 문(文)과 질(質)

은 서로 상대적인 개념으로 사용되었다. 질(質)은 선천적으로 타고난 소박함을 말함과 동시에 조야(粗野), 저속(粗鄙), 야만이라는 의미다. 이에 반하여 문(文)은 후천적인 노력으로 획득한 지식이나 재능을 말한다. 문(文)은 소박함, 조야, 저속, 야만과 대비되는 선진, 문명이라는 의미를 가지고 있었다.

고대 중국 철학에서 문(文)은 미(美)와 선(善)의 의미가 있었는데, 이로부터 문덕(文德)이란 말이 파생되었다. 문(文)이 문덕의 의미로 사용된 것은 단양공(单襄公)의 일화에 대한 위소(韋昭)의 주를 통해 알 수 있다. 단양공은 병이 위중하게 되었을 때 아들 경공(頃公)에게 주(周) 공자(公子)의 품행은 문(文)이 있어 진(晉)나라의 왕이 될 것이니 잘 대접하라고 하였다. 위소는 위 문장의 문(文)에 대한 주에서 "'문'은 덕 전체를 종합한 것이다"[24]라고 하여 문(文)이 문덕을 의미한다고 하였다. 이어서 문덕(文德)의 예로 "경(敬), 충(忠), 신(信), 인(仁), 의(義), 지(智), 용(勇), 교(敎), 효(孝), 혜(惠), 양(讓)"을 언급하였다.[25] 따라서 문(文)은 유가에서 중시하는 모든 도덕가치를 포괄하는 개념임을 알 수 있다.

고대 중국에서 문화는 최고의 문화지식이며, 의례와 예술의 총합이며, 군자가 갖춰야 할 덕성을 포괄하는 개념으로 상층 엘리트들의 전유물이었다. 따라서 문화는 통치의 주요 수단일 뿐만 아니라 사회, 예술, 도덕 등을 총괄하는 규범이기도 했다.

대외적으로 화하(華夏)와 이적(夷狄)을 구분하는 기준은 혈통이 아니라 문화였다. 공자는 "주례(周禮)를 따르면 화하이고, 주례를 따르지 않으면 이적이다"[26]라고 하였다. 주례는 주나라의 예악문화를 말한다. 즉, 예악문화의 유무로 화하와 이적을 구분했다는 것이다. 이 문장은 화하와 이적을 구분하는 기준이 문화임을 분명하게 보여 준다.

화하와 이적을 구분하는 기준이 예악문화이기 때문에 이적도 예악문화를 학습하면 화하가 될 수 있었다. 공자는 "이적이 중국으로 들어오면 중국이 되고, 중국이 이적으로 들어가면 이적이 된다"[27]고 하였다. 이 문장의 뜻은 이적이라 해도 예악문화를 배우면 화하가 될 수 있고, 화하라도 예악문화를 잃어버리면 이적이 된다는 뜻이다. 결국 공자가 예악문화의 유무에 따라 화하와 이적을 구분하였다는 것은, 중국문화에 대한 동질화 정도가 화하와 이적을 구분하는 기준이었음을 말한다. 실제로 거란, 금나라, 원나라, 청나라는 중국을 점령한 후에 예악문화를 수용하는 방식으로 한족 피지배층의 지지를 얻어내고자 하였고 상당한 효과를 거두었다. 청나라의 경우 무려 268년간(1644~1912) 중국을 통치하였다.

예악문화의 유무는 문명과 야만을 구분하는 척도였다. 예악문화를 따르는 화하는 선신문명에 속하였다. 예악문화를 따르지 않는 사방의 이적은 금수와 같은 존재로 야만에 속하였다. 고대 중국인의 관념에서 문명은 오직 중국문명으로 중국 이외의 다른 국가는 야만에 속하였다. 이와 같은 "화하는 귀하고, 이적은 천하다"는 사고방식은 현재까지도 중국인이 다른 민족을 규정하는 중요한 관념으로 작용하고 있다. 이적은 예악문화가 없어 낙후하고 야만적이라는 생각으로부터 다른 종족을 의심하고 적대시하는 이하지방(夷夏之防) 관념이 생산되었다. 그들은 "우리와 동족이 아니라면 마음이 반드시 다를 것이다"[28]라고 강조하였다.

문화로 교화하다

문(文)이 야만과 차별되는 문명을 의미하였다면, 화(化)가 결합된 '문화(文化)'는 "문(文)으로 교화한다"는 의미다.

처음에 화(化)는 두 물건이 서로 접하여 한쪽 혹은 양쪽이 형태와 성질이 바뀌는 상태인 '변화'라는 의미를 가지고 있었다. 변화라는 의미에 "가르쳐서 행하게 하는 것"[29]이란 의미가 더해져 "세상에 덕을 베풀고 무력을 쓰지 않고 풍부한 지식으로 세상을 교화한다"[30]는 의미가 되었다. 교육이 단순히 "가르친다"는 의미의 소극적인 의미라면, 교화는 교육을 통해 내적으로 감화되어 "의식이 변화하여 행동으로 실천하도록 하는" 적극적인 방법을 의미한다.

중국 고문헌에서 문(文)과 '화(化)'가 한 문장에 처음 등장한 것은 『주역·분괘·상전』의 "인류의 문(文)을 관찰하여 천하를 화(化)해야 한다"[31]이다. 이 문장의 의미는 천하를 통치하려는 자는 "문화를 이용하여 천하를 교화해야 한다"는 뜻이다. 즉, "문화로 야만을 교화한다"는 뜻이다. 이로부터 "문화로써 교화한다(以文敎化)" 또는 "문화로 다스리고 교화한다(文治敎化)"는 말이 나왔다. "선진적인 문화로 야만을 교화하는 것"은 중국사회에서 중요한 통치 수단이었다.

문(文)과 화(化)가 연접하여 처음 사용된 것은 유향(劉向)의 『설원·지무』다. "성인은 천하를 다스릴 때 먼저 문덕(文德)으로 천하를 교화한 후에 효과가 없으면 무력(武力)으로 정복해야 한다. 무력으로 천하를 정복하면 사람들은 복종하지 않으니 먼저 문(文)으로 화(化)하여도 변하지 않는다면 무력으로 벌을 내려야 한다."³² 이 문장의 '문화(文化)'는 "문덕으로 교화하여 야만의 상태를 벗어나 문명화되도록 하는 것"을 말한다.

고대 중국에서는 무력을 사용하기 전에 문덕으로 교화하였는데 이를 문치(文治)라고 한다. 문치는 무력을 사용하여 굴복시키는 것과 상대적인 개념이다. 고대 중국 정치인들은 "성인은 천하를 다스릴 때 먼저 문덕으로 교화한 후에 무력을 사용해야 한다"³³고 생각했다. 즉, 먼저 문덕으로 다스렸으나 통하지 않을 경우 그 후에 무력을 사용해야 한다는 것이다.

이와 같이 고대 중국 통치에서 문화로 교화하는 것은 중요한 방법이었다. "교육이 공식화, 규범화된 것에 비해 교화는 더욱 융통성이 있으며 수단도 매우 다양하여 서적에 머물러 있지 않고 장소에 한정되지 않으며 일상생활 속에서 진행되어 생활의 가장 섬세한 부분에 이르게 된다. 교화의 내용은 교육에 비해 더욱 풍부하고, 교육은 사람들의 지식을 쌓고 학습 능력을 높이는 데 치중하지만 교화는 사람들의 전면적인 발전에 치중하며 민간의 풍속이나 습속과 밀접하게 관련되어 있다."³⁴ 교육이 지식을 제공하는 소극적인 단계에 머문다면 교화는 문화를 통해 의식의 변화를 이끌어 내는 적극적인 행위를 말한다.

국내 통치뿐만 아니라 이적에 대한 통치도 문화로 교화하는 방식을 선호하였다. "순임금은 우임금이 무력으로 삼묘(三苗)를 제압하는 것을 반대하고 3년간 문치를 실시하였더니 삼묘가 복종하였다"³⁵고 한다. 문화적으로 볼 때 천하질서의 완성은 이적을 중국 예악문화로 동질화하는 것이다. "덕으로 천하를 교화한다(德化天下)", "화하로 이적을 변화시킨다(用夏變夷)"는 화하의 문화로 이적을 교화하여 화하문화로 동화시킨다는 의미를 담고 있다. 공자는 "먼 곳의 사람들이 복속되지 않으면 인(仁), 의(義), 예(禮), 악(樂)으로 그들을 이끌어야 한다"[36]라고 하였다. 즉, 이적들을 예악문명으로 개조하면 정치적으로 통합된 공동체인 천하질서를 건립할 수 있다고 생각하였다.

고대 예악문화를 통한 문화동질화는 화하문화 우월론의 외적 표현으로 중화제국이 지리, 정치적으로 계속적으로 외부로 확장하여 천하질서를 형성하기 위한 것이었다. 따라서 예악문화로 교화한다는 것은 정치이상을 실현하는 과정이며 동시에 정치의 중요한 내용이기도 하였다.

이데올로기 투쟁 도구, 문화

중국에서 문화 논쟁은 단순히 문화의 옳고 그름에 대한 판단이 아니다. 중국에서 문화운동은 사회변혁운동이면서 이데올로기 투쟁이다. 이데올로기는 관념적인 주의나 주장, 강령, 신조 등을 의미하지만 중요한 것은 현실에 대한 객관적인 설명이나 해설에 머무르지 않는다는 사실이다. 이데올로기에는 이를 믿고 따르는 주체가 일정한 관념을 갖고 행동을 취하도록 만드는 힘이 있다. 일반적으로 이데올로기는 사회 모든 현상을 설명해 주고 그 방향성을 제시해 주는 진리가 아니라, 특정 집단이나 계층의 관점만을 드러낸 부분적 진리의 체계라 일컬어진다.[37]

중국에서 문화는 중국사회의 변혁을 요구하는 사회운동이 일어날 때마다 핵심 주제가 되었다. 1919년 5·4운동, 1966~1976년까지 계속된 문화대혁명, 1980년대 전반서화론은 모두 문화를 키워드로 중국사회를 개혁하자고 주장하였다. 이들 문화운동은 모두 서구의 사상과 문화로 중국 전통사상과 문화를 비판하고 개조하자고 주장하였다는 점에서 공통점이 있다. 다만, 다른 문화운동이 서구의 자본주의, 민주주의, 과학문명의 수용을 주장한 데 반하여, 문화대혁명은 사회주의 문화로 중국을 개혁하자고 주장하였다는 점에서 차이가 있다. "중국에서는 5·4시대 이후 혁명투쟁의 첨예화와 마르크시즘-레닌이즘의 중국화에 따라 사회비판은 점차 정치투쟁의 무기로 빠져버렸고, 문화비판도 이데올로기 투쟁으로 바뀌었다."38

현재까지도 중국에서 문화운동은 단순한 문화 논쟁이 아니라 이데올로기 투쟁이며, 정치투쟁의 성격이 강하다. 시진핑 주석은 문화가 대중을 동원하는 데 중요한 수단으로 잘 사용될 수 있다고 생각한다. 시진핑 주석은 "사람의 마음은 가장 큰 정치이며, 공감대는 사람들이 분발하게 하는 동력"39이라고 하였는데, 문화는 사람의 마음을 움직이는 데 가장 효과적인 방법이라는 뜻이다.

현재 중국에서 문화는 중국인의 자부심을 표상하며, 중국이 세계 패권 경쟁에서 승리할 보증수표로 인식되고 있다. 시진핑 주석은 "문화는 한 국가, 한 민족의 영혼"40이라고 한다. 심지어는 "자신의 문화를 배반하거나 포기한 민족은 역사적 비극을 맞이하였으며, 문화는 국가의 흥망, 문화 안전, 민족정신 독립과 관련 있다"41고 한다. 문화는 이제 중국과 중국인의 안전과 흥망성쇠를 가늠할 관건이 되었다.

앞에서 살펴본 바와 같이 시진핑 정부의 문화자신과 문화강국론은 표면적으로는 중화문화의 문화적 역량을 강화하는 것이지만, 실질적인 목적은 다른 데 있다. 국내적으로는 중국 전통문화를 통해 서양 자본주의, 민주주의 문화를 배격하고 공산당의 통치를 합리화하기 위한 수단이고, 국외적으로는 중국 중심의 세계질서를 구축하는 수단이다.

2017년 초 중공중앙과 국문원은 「중화 우수 전통문화 전승과 발전 프로젝트에 대한 의견(關于實施中華優秀傳統文化傳承發展工程的意見)」을 공표하고 전통문화 붐을 일으키고 있다. 2019년에는 중국 건국 70주년 기념을 앞두고 중국 내 모든 학교에서 량치차오(梁啓超)와 원이둬(聞一多)가 각기 청나라 말기와 중화민국 시기의 반봉건, 반식민지 사회 시대에 지은 「소년, 중국을 말하다(小年中國說)」와 「나는 중국인이다(我是中國人)」를 암송하게 하였다. 중국 대중오락 스타들도 인터넷과 자신의 소셜네트워크 등에 이 문장들을 외워서 낭송하는 동영상을 앞다퉈 올렸다. 또한 '나와 조국'이라는 주제로 강도 높은 애국주의 사상 교육을 실시하였으며, '국기와 국가, 애국가'에 대한 존중 교육도 집중적으로 하였다.[42] 원이둬의 「나는 중국인이다」의 마지막 문장은 다음과 같다.

> 위대한 민족! 위대한 민족!
> 나는 동방문화의 비조,
> 나의 생명은 세계의 생명
> 나는 중국인이다. 나는 중국인이다.

문화대혁명이 사회주의 문화대혁명이었다면, 지금은 중화주의 문화대혁명이 일어나고 있다.

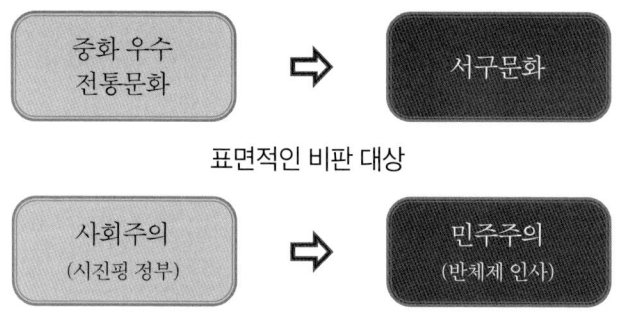

공산당의 주장을 대변하는 논자들은 문화허무주의자들이 "전통문화를 부정하는 이유는 문화적으로 자본주의 길을 가기 위한 여론을 조성하여 중국 특색 사회주의 문화를 해체하고 문화자신에 손상을 입혀 당의 지도를 약화시켜 사회주의 현대화를 실패하게 하기 위해서"[43]라고 한다. 이러한 주장은 논리적 비약을 통하여 교묘하게 반공산당 세력을 비판하고 있다. 중국 특색 사회주의 문화가 전통문화에 뿌리를 두고 있음을 강조함으로써 중국공산당을 비판하는 것은 결국 중국 전통문화를 비판하는 것이며, 더 나아가서는 중국이라는 국가를 부정하는 것이라고 강조한다.

전통문화가 문화허무주의를 비판하는 강력한 사상적 무기로 사용되려면 다음과 같은 것이 전제되어야 한다.

첫째, 중국 사회주의와 전통문화는 동일체다.
둘째, 서구문화와 민주주의는 동일체다.

이와 같은 논리가 성립되면 전통문화로 서구문화를 비판한다. 서구문화에는 민주주의도 포함되기 때문에 자연스럽게 비판의 대상이 된다. 따라서 사회주의 이데올로기로 민주주의를 비판하지 않아도 사람들은 민주주의에 대해 비판적인 인식을 갖게 된다. 표면적으로는 전통문화로 서구문화를 비판하는 것이지만, 본질적으로는 공산당의 사회주의로 민주주의를 비판하는 것이다. 이와 같은 논리적 비약이 과연 대중에게 받아들여질 수 있을까 생각되지만, 애국의 깃발을 들면 이 또한 불가능한 일은 아니다.

'민주(皿煮)'라는 이름의 고리를 쓰고 있는 러시아를 상징하는 곰

「그해, 그 토끼는 무슨 일이 있었을까(那年那兔那些事兒)」 애니메이션의 한 장면. 소련이 민주주의를 해서 가난해졌음을 선전하는 내용이다. 중국에서는 민주(民主)라는 말을 사용하는 것에 민감하기 때문에 발음이 같은 '민주(皿煮)'라는 말로 대신하였다. 민주(皿煮)는 "그릇에 끓이는 요리법"을 의미한다.

중국 정부가 마르크스주의와 전통문화를 결합한 새로운 문화이론을 창조(?)하려는 이유는 이미 역할을 다한 사회주의 이데올로기를 대신하여 민족주의를 이용해 중국 사회를 통치하기 위해서다. 따라서 중국 사회주의가 구소련에서 들어온 외국 이론이 아니라 중국 전통문화에 기반을 두고 있음을 증명하는 작업을 활발히 진행하고 있다. 전통문화를 이용하여 '중국식 사회주의 문화'라는 이론 모델을 창출하여 인민이 거부감 없이 수용하도록 하기 위해서다. 그러나 두 문화의 결합에 있어서도 반드시 마르크스주의가 전통문화를 이끌도록 하여, 핵심은 사회주의 의식을 강화하는 것임을 알 수 있다. 이와 같은 과정을 통해 형성된 '중국식 사회주의 문화 이론'은 전통문화라는 이름으로 학생들에게 교육되고 있다.

중국공산당은 위와 같은 논리를 이용하면 사회주의 이데올로기를 전면에 내세우지 않으면서 전통문화를 이용해 민주화 세력을 제어할 수 있다고 생각한다. 따라서 현재 중국에서 진행되고 있는 문화운동은 사회주의와 민주주의 간의 이데올로기 투쟁이라 할 수 있다.

인류운명공동체 실현과 전파공정

청나라 말 서양의 강력한 충격 아래 중국의 천하질서는 와해되었고, 중국은 '천하'의 중심에서 '세계'의 변방국가가 되었다. 그러나 천하주의가 포괄하고 있는 관념, 원칙, 규범, 제도는 중국인의 정신과 생활을 떠난 일이 없다. "세계질서에 대한 가설적 이론인 신천하주의와 외교적 제안인 인류운명공동체 구상은 고대 천하주의 전통의 유산으로, 천하주의는 현재도 영향을 미치고 있다."[44]

천하주의는 고대 중국 유가 엘리트들이 내정외교(內政外交)를 처리하는 정치 강령이며 이데올로기였다. 천하주의는 정치 이론과 사상의 입장에서 천하관이라 하고, 정치제도로서는 천하질서라 하는데 그것은 일종의 상상으로 만들어진 비현실적인 정치제도였다.[45] 천하주의는 지리, 정치, 문화의 각도에서 중국과 그 주변의 민족들을 구분하였다.

서한 초기 한 무제는 대일통제국의 내정과 외교의 필요에 따라 계통적이고 시대 정치의 필요에 맞는 천하관을 제기하였다. "한나라 시기 유가가 구상한 오복제는 천하를 왕기(王畿), 전(甸), 후(侯), 병(賓), 요(要), 복(服)으로 나누고 왕기는 안, 오복은 밖으로 하여 전자는 중심이고 후자는 밖을 둘러싸고 있다"⁴⁶고 하였다. 한나라 이후 유가는 오복제를 대외관계에 운용하여 기미(羈縻)와 조공(朝貢) 두 제도로 발전시켜 중국과 이적의 관계를 규범하고 처리하였다. 천하질서는 등급제를 바탕으로 중심과 변경이라는 구조를 이상화한 질서로, 이로부터 화이지변(華夷之辯) 관념이 형성되었다.

중국의 부상과 세계 정치지형 변화 속에서 중국 학자들은 세계와의 관계, 국제질서의 새로운 구축에 중국이 어떤 역할을 할 것인지 모색하였고, 그 과정에 등장한 것이 신천하주의다. 이들의 주장에 의하면 인류는 지금의 민족국가 패러다임으로는 문명충돌로 인한 인류의 비극을 피할 수 없으며, 중국의 천하주의 사유는 편협한 민족주의 사유를 극복하고 세계 정치질서를 중건하는 데 중요한 정신적 자원이 될 수 있다고 한다.

대표적인 학자로는 천하체계(天下體系)를 주장한 자오팅양(趙汀陽)과 신천하주의(新天下主義)를 주장한 쉬지린(許紀霖)이 있다. 이들은 모두 중국 고대 천하주의를 사상의 근원으로 삼아 천하와 세계를 세계정치의 단위로 생각하고, 평등, 이성, 무외(無外)의 원칙으로 세계인들이 이익을 공유하고 평화로운 공존을 실현하고, 근현대 서구 주도의 민족국가에 기초한 국제체제를 넘어 비극적인 무정부 상태, 약육강식과 곤경에서 벗어나야 한다고 주장하였다. 자오팅양은 "천하관념이 가지고 있는 겸용과 보편주의는 세계의 충돌을 막을 수 있는 제4종의 문화다"[47]라고 하였다.

쉬지린은 천하주의는 무력이 아닌 화하문명으로 천하를 지배하였다며, 중국의 전통과 경험에서 보편가치를 뽑아내고, 세계문명 속의 보편가치를 중국에 맞게 바꾸는 신천하주의를 추구해야 한다고 주장한다. 그는 "탈중심화, 탈등급화, 평등한 공유를 핵심으로, 보편문명의 기초 위에서 일종의 새로운 보편성, 이른바 '나눔의 보편성'"[48]을 강조한다.

시진핑은 2012년 18대 당 대회에서 처음으로 인류운명공동체 개념을 제기하였다. 2021년 7월 1일 개최된 중국공산당 성립 100주년 기념대회에서 인류운명공동체 건설을 반드시 지속적으로 추진할 것임을 천명하고 "중국은 항상 세계평화의 건설자, 세계 발전의 공헌자, 국제질서의 수호자였으며, 중국공산당은 시대 변화에 따른 인류의 아름다운 미래 건설을 위한 사명을 다하기 위해 인류운명공동체 건설을 추진할 것이다"[49]라고 하였다.

인류운명공동체 구상은 중국 대외관계의 기본적인 방향으로 중국공산당이 건립하려는 국제질서의 최고 강령이다. 인류운명공동체 구상은 고대 천하주의 관념의 주요 요소인 화이부동(和而不同), 협화만방(協和萬邦), 천하일가(天下一家), 천하대동(天下大同)을 계승하고 있어, 신천하주의와 맥을 같이 한다. 따라서 연구자들은 "인류운명공동체론은 천하주의와 중국 중심론이 기이하게 결합된 것으로 중국문화로 서양문화를 변화시키겠다(以夏變夷)는 것"[50]이라고 한다.

중국 내에서 이데올로기 투쟁의 도구로 사용되는 '문화'가 대외적인 관계에 적용된 것이 전파공정이다. 공정은 프로젝트라는 뜻으로 중국 문화를 세계에 전파하겠다는 뜻이다. "중국 이야기를 잘하고, 중국 목소리를 잘 전파하고, 중국 특색을 잘 설명하고, 중국 이미지를 잘 드러내려면 경쟁력을 갖춘 문화콘텐츠를 국제사회에 전파해야 하는데, 핵심은 중국 전통문화다."[51] 2020년 10월 베이징에서 열린 19대 5중전회에서는 좀 더 구체적인 방법과 목적이 제시되었다. "국제적인 영향력을 가진 문화예술인, 이론가, 사상가를 배출하고, 국제사회에 중국풍의 문화, 예술, 철학, 사회과학 학파를 형성하고, 중국 특색의 학술체계를 세계에 보급하여 중국의 지혜와 중국의 계획이 국제적으로 영향력을 발휘하도록 할 것이며, 중화 우수 전통문화를 널리 알릴 것이다."[52]

전통시대에는 예악문화로 동일화하는 방식으로 천하질서를 완성하고자 하였다면, 현재는 중국 특색 사회주의 문화를 전파하는 방식으로 인류운명공동체를 형성하려 하고 있다. 중국 전통문화를 대외에 전파하는 구체적인 방법으로는 공자학원 설립, 중국문화 축제와 전시, 유물 전시, 도서 전시, 해외 공연 등 각종 행사를 개최하는 것이 제시되었으며, 내외국인을 대상으로 중국 전통문화 콘텐츠 제작 지원도 하고 있다.

전파공정에는 외국인들을 적극 활용하고 있다. 유명 외국 인플루언서들이나 베이징대 유학생들을 지원하여 중국문화를 선전하도록 하였다. 예를 들어 독일인 틸만 레스체(Tilman Lesche)의 「독일인이 중국의 새해를 보내다. 사자춤을 추고, 춘련을 걸고, 소의 해에 소가 남북을 관통한다!(德國人過中國年, 舞獅貼春聯, 牛年要牛貫南北!)」, 러시아인인 마카로바 사비나(Makarova Sabina)의 「외국인은 베이징에서 춘절 맞이 용품으로 무엇을 살까?(外國人在北京置辦年貨買什么?)」 등을 지원하였다.

페어뱅크(Jonh K. Fairbank)는 '중국적 세계질서(Chinese World Order)'에 대한 이해 없이 현대 중국을 설명하기 어렵다고 한다. 중국적 세계질서의 핵심은 '위계성(hierarchy)'으로, 유교의 이념적 원리에 근거해 중국의 '천자'를 정점으로 각국이 위계적으로 배열되어 있다는 것이다. "중국이라는 '큰 테두리'는 바깥 세계를 처리할 때 늘 자기를 중심으로 친소원근의 관계에 따라 그것의 층차를 가려 나누는데, 이러한 층차는 늘 일종의 등급 서열로 변한다. 사실 바깥 세계를 동질의 공간으로 여겨 처리하지 못하는 이러한 상태는 줄곧 지금까지 연속되었다."[53]

중국은 그들이 예전에 했던 것처럼 중국문화를 해외에 전파하는 방식으로 새로운 천하질서를 구축하려 하고 있다.

시진핑 시기 한중 문화충돌 원인은?

다른 나라에 비하여 유독 중국이 한국에 대해 문화로 공격하는 것은 한중의 갈등이 단오 논쟁으로부터 시작되었다는 것과 무관하지 않다. 중국의 애국자들은 1990년대 중반 이후 세계 여러 나라를 공격하였는데, 유독 한국에 대해서만 문화로 공격하였다. 2004년 한국에서 강릉단오제를 유네스코 문화유산으로 신청한다는 사실이 알려지면서 중국 애국자들은 한국을 '문화도둑'이라 맹렬하게 비난하였다. 당시 중국에서는 한국 단오제에서도 초나라의 애국시인 굴원을 제사하는 것으로 오인해 한국이 유네스코 문화에 등재하면 조상을 빼앗기는 것으로 생각했다.

　일부 지식인들이 한국과 중국의 단오문화는 '다르다'라고 하였으나, 애국주의 함성 속에 먼지가 되어 사라졌다. 이후 중국 애국자들은 유사한 문제가 발생하면 사사건건 한국문화가 중국에서 기원하였음을 주장하였다. 중국 애국자들이 한국문화 공격에 몰두하는 것은 단오 논쟁의 충격이 매우 컸으며, 이로 인해 한국은 문화도둑이라는 인식이 각인되었기 때문이다.

　그리고 또 다른 원인은 중국인들의 왜곡된 문화관을 들 수 있다. 중국인들은 고대 중국만이 선진적인 문화를 가지고 있었으며, 다른 나라는 중국문화의 교화를 통해 야만에서 벗어날 수 있었다고 생각하였다. 따라서 문화를 발명할 능력이 결여된 한국의 모든 문화는 중국에서 전파된 것이라고 생각한다. 최근 중국에서 보도된「한복은 몇 명의 스승이 있는가?」[54]라는 기사에서는 명나라를 비롯한 중국 복식이 한국 복식의 스승이라고 한다. 중국 복식이 한국 복식의 '스승'이라면 자연스럽게 한국은 '제자'가 된다. 한국은 중국의 선진적인 문화의 수혜자일 뿐이라는 전통적 문화관의 연속이다.

　그렇다면 시진핑 정부 들어 한국에 대한 문화 공격이 격화된 이유는 어떠한 관련이 있을까? 시진핑 정부의 문화정책과는 어떠한 관련이 있는가?

　시진핑 정부는 문화자신과 문화강국 정책을 실시하고 있다. 문화자신이 국내 통치용이라면, 문화강국은 대외 정책용이다. 문화자신은 '중국 특색 사회주의 문화'에 대한 자신을 말한다. 문화자신은 중국문화에 대한 자신감을 가지고 중국몽을 실현하자는 것이지만, 핵심은 사회주의 이데올로기에 대한 자신감을 가지라는 것이다. '중국 특색 사회주의 문화'는 중화 우수 전통문화, 공산당의 혁명문화, 선진적인 사회주의 문화를 포괄하는 개념이다. 중국 정부는 전통문화와 공산당의 두 혁명문화와 사회주의 문화를 유기적으로 결합한 형태의 '중국 특색 사회주의 문화'를 발명해 내기 위해 최선을 다하고 있다. 이처럼 사회주의 이념에 전통문화를 덧씌우려는 이유는 소명을 다한 사회주의 이데올로기에 전통문화의 외피를 씌워 통치 이데올로기로 사용하기 위해서다.

중국 교육부는 문화통치를 구체화할 지침을 내렸다. 2021년 2월 「중화 우수 전통문화의 초중고등학교 교재 진입 지침(中華優秀傳統文化進中小學課程教材指南)」과 「혁명전통의 초중고등학교 교재 진입 지침(革命傳統進中小學課程教材指南)」을 통해 전통문화와 혁명전통을 초중고등학교 교과서에 얼마나, 어떻게 첨가할 것인가에 대한 지침을 내렸다. 전통문화 교육 목표는 중화문화의 저력을 깊이 배양하고, 민족적 자긍심을 증진하고, 문화자신을 확고히 하여 당당한 중국인을 양성하는 것이다. 혁명전통 교육은 중국공산당의 영도적 지위, 이상적 신념, 인민 입장 대변, 공산당의 사상노선, 혁명투쟁 정신, 애국정신, 우수한 품격 등 7개 방면의 내용을 교재에 첨가하여 학생들이 공산당의 말을 따르도록 사상적 기반을 확고히 하는 것이다.

전통문화 교육의 핵심은 중국 전통문화에 대한 자신감을 배양하는 것이고, 혁명문화 교육의 핵심은 공산당에 대한 충성심을 배양하는 것이다. 두 교육은 모두 애국주의를 통치의 주요 수단으로 활용하겠다는 목적을 가지고 있다. 중국에서 문화는 고대로부터 통치의 수단이었으며, 근현대에는 이데올로기 투쟁의 도구였다. 시진핑 정부 또한 문화를 반체제 인사를 억압하는 수단으로 활용하고 있다.

문화강국은 중국문화를 전 세계에 전파하여 중국에 우호적인 여론을 형성하는 것을 목적으로 한다. 정치적으로는 미국 중심의 세계질서를 중국 중심의 세계질서로 재편하는 것이다. 시진핑 주석은 '인류운명공동체'라는 말로 이를 구체화하였다.

미중 패권 경쟁이 격화되면서 중국 애국자들의 활동을 더욱 분주하게 하였다. 최근 문화충돌의 원인이 미중 패권 전쟁과 관련 있음은 2016년 사드 한반도 배치를 기점으로 첨예화되었다는 점을 통해서도 알 수 있다. 중국 애국자들은 사드 한반도 배치가 중국 핵심 이익에 손해를 입혔다고 생각했다. 이때부터 한국문화와 한국 연예인에 대한 공격이 다시 시작되었다.

한중 문화충돌은 크게 두 단계로 구분할 수 있다. 첫 번째 단계는 2000년대 중반부터 2010년까지로 문화도둑, 문화침략자 단계다. 한국이 중국문화를 빼앗았고, 한국이 중국문화를 침략하고 있다는 것이다. 그러나 최근에는 한국을 문화속국이라 하고 있다.

중국 애국자들이 갑자기 한국을 중국의 문화속국이라고 주장하는 이유는 한국이 역사적으로 중국과 번속관계에 있었음을 주장하기 위해서다. 위에서 언급한 「한복은 몇 명의 스승이 있는가?」라는 기사에 따르면 조선 왕실이 명나라에서 하사한 옷을 입은 것은 명나라와 군신관계에 있었기 때문이라고 한다. "역사를 존중하는 사람은 중화제국이 동아시아 세계에서 통치적인 지위에 있었음을 부인할 수 없다. 송나라 때부터 '옷을 내리는 것[賜服]'은 일종의 제도가 되었으며, 명나라에 이르러 외국 군신에게 옷을 내리는 것은 종번체제 하의 중요한 외교활동이 되었다. 명나라는 조선에 200여 년간 군신의 복식을 하사하였기 때문에 조선 국왕의 옷은 명나라 복식과 매우 유사하며 심지어는 명나라가 하사한 옷을 입고 있다." 조선 왕실에서 명나라가 하사한 관복을 입은 것은 종번관계를 인정한 것이므로 한국은 중국의 속국에 해당한다는 것이다.

만약, "조선 왕실의 관복은 명나라가 하사한 것이다"라고 한다면 이는 팩트에 기반한 문화적 해석이다. 그러나 "명나라가 하사한 관복을 입었으니 속국이다"라고 한다면 이는 이데올로기적 목적을 가진 행위로 볼 수 있다. "이데올로기는 문화와 동일하지 않다. 문화는 가치와 상징적 실천의 문제이지만, 이데올로기는 그 가치와 상징적 실천이 언제든 정치적 권력을 유지하는 일에 휘말리는 점을 나타낸다. 문화는 더 광범위하고 이데올로기적으로 순수할 수 있다."[55]

기존의 문화충돌이 무의식적 오독에 속한다면 현재의 문화충돌은 한국이 역사적으로 중국의 종속적 관계에 있었음을 주장하려는 의식적 오독에 해당한다. 목적은 시진핑이 트럼프에게 했다는 말처럼 "한국은 전통적으로 중국의 일부였으니" 다른 맘 먹지 말라는 것이다. "무의식적 오독은 주로 전달자와 수용자의 문화적 차이에 따른 것으로 자기 문화 중심으로 상대방을 긍정하기도 하고 부정하기도 한다. 의식적 오독은 체계적이고, 이성적인 것으로 종종 정치, 이데올로기와 연결되거나 혹은 실제적인 필요에 의해 출현하며 선입견에 사로잡히게 한다."[56]

2016년 이후 한국에 대한 문화공격이 증가한 직접적인 원인으로 중국 한류 팬이 애국주의 대열에 투항한 것을 빼놓을 수 없다. 그동안 한류 팬은 중국에서 매국노라는 비난을 들어왔는데, 사드 사건 이후 입지가 좁아지자 애국주의 대열에 투항하였다. 한류 팬들은 한국에 대해 잘 알고 있기 때문에 한국에 대한 공격도 내용이 구체화되고 수량도 증가하게 되었다. 그리고 중국 정부가 2016년 이후 전문대 학생 이상 학력을 가진 이들을 대상으로 조직한 인터넷 댓글 부대인 '청년 인터넷 문명지원자'의 활동도 한국문화에 대한 공격이 증가하는 원인이 되었다.

중국의 문화정책은 전통문화와 혁명문화를 활용하여 애국주의를 강화하고 국내적으로는 통치를 안정화하고, 국제적으로는 영향력을 확대하는 것을 목적으로 하고 있다. 중국 정부의 문화정책은 배타적이고 패권적인 자문화 우월주의를 양성하였다. 그리고 문화를 통치의 수단 또는 이데올로기 투쟁의 도구로 보는 중국의 독특한 문화관은 한국에 대한 문화공격이 증가하는 원인이 되었다.

끝으로 한국 언론에서 종종 사용하고 있는 '문화공정'이란 용어는 적당하지 않다는 점을 지적하고 싶다. 언론에서는 동북공정에 빗대어 문화공정이란 용어를 종종 사용하고 있다. 동북공정은 중국 정부 차원에서 한국 고대사를 겨냥한 역사정책이다. 그러나 현재 진행되고 있는 한국문화에 대한 공격은 중국 정부 차원에서 기획된 것이 아니다. 문화공정이란 용어는 쉽게 동북공정을 연상시켜 현재 한중 간의 문화충돌의 본질을 제대로 파악하지 못하게 할 위험이 있다.

6장

중국 중추절의 신라 기원설과 '문화발명권'

신종원

culture
traditions
artifacts
food

language

values

society
identity
symbols

identity
values custom

traditions
music
culture art identity

서로 다른 달(月)

『수서』를 비롯하여 중국 역사책에는 신라의 8월 보름 풍속으로 활쏘기 등이 소개되어 있다. 당나라 때는 여기에다 잔치를 베푸는 내용을 더하였다. 일본승 엔닌(圓仁)이 불교진리를 구하려 당나라에 순례 갔을 때 신라인들이 적산(赤山) 법화원(法華院)에서 8월 15일 명절 쇠는 것을 보고 '신라에만 있는 풍습'이라 했다. 현대에 와서도 중국과 일본의 학자들은 선인들의 견문록을 재확인하는 연구가 있는가 하면, 한국 추석(秋夕)이 중국에서 기원한 것이라는 연구가 나오기도 한다. 중국에서 중추절의 기원에 대한 논의가 증폭된 계기는 2005년 한국의 단오절이 '유네스코 세계인류무형문화유산'에 선정되면서부터다. 중국 학자들은 한국이 북한 등과 연합하여 추석을 유네스코 문화유산에 등재할 수 있으니, 그 기원에 대해서 경각심을 가지고 대처하지 않으면 자신들의 승리를 낙관할 수 없다고 절박하게 호소했다. 중국은 국가 차원에서 중추절에 무게를 실어 주고 있다. 중국 국무원(國務院)은 2006년 5월 20일 중추절을 「국가급 무형문화유산」에 등록하고, 2008년에는 「전국 명절과 기념일 휴가 방안」을 통과시켜 중추절을 법정 공휴일로 지정했다.

'명절'이란 일반적으로 다음 요건이 충족되어야 한다. 첫째, 해마다 일정한 날짜가 정해져 있다. 둘째, 신분을 막론하고 남녀노소 모두가 참여한다. 셋째, 그 내용 중에는 승패를 겨루는 경기(game)가 있다. 넷째, 이날에 즐겨 먹는 음식이 있다. 다섯째, 이날을 부르는(가리키는) 고유한 이름이 있다.

　이렇게 볼 때, 지금까지의 추석 연구자들은 추석 명절의 어느 한두 면만 보았거나 강조한 면이 없지 않다. 8월 보름이라는 날짜가 같으므로 이웃나라 중추절의 내용도 같을 것으로 짐작하기 쉽다. 하지만 가을, 더없이 좋은 날에 보름달을 보고 즐기는 공통분모 위에 펼쳐지는 놀이나 의례는 나라나 민족, 지역마다 차이가 있어 마침내는 개별 역사와 문화에 논의가 닿는다.

　이 글에서 필자는 고대 한국-신라- 추석에 대한 사료를 읽어 가면서 추석 명절의 전통과 정통성을 살펴보고 그에 대한 오해를 바로잡으려 한다.

신라의 추석 풍속

　추석을 '한-가위'라고 하는데 '가위'는 '가배'가 변한 말이다. 17세기 문헌에는 '가외'라고 나온다.[1] 그 뜻은 한 달의 '가운데', 즉 보름이라는 설과[2] '값·갚다'에서 온 말이라는 주장이[3] 있다. 가배가 처음 등장하는 사료를 보겠다.

　　왕이 육부(六部)를 모두 정하고 이를 둘로 나누어 왕녀 두 사람으로

하여금 각기 육부의 여자들을 거느리고 편을 짜게 했다. 가을 7월 16일부터 매일 일찍 큰 부(部)의 뜰에 모여 삼베를 짜고 밤 10시에 파했다. 8월 15일에 이르러 그 공의 많고 적음을 가려 진 편에서는 술과 음식을 내어 이긴 편에 사례했다. 그러고는 노래하고 춤추며 온갖 놀이를 즐겼으니 이를 가배(嘉俳)라 불렀다. 이때 진 편의 여인 하나가 일어나 춤추며 읊조리기를 "회소(會蘇) 회소"라 했는데 그 소리가 애처롭고도 우아했다. 후세 사람들이 그 소리로 노래를 만들어 회소곡(會蘇曲)이라 이름 지었다.[4]

유리왕 9년(기원 32)에 신라 왕경의 6부를 둘로 나누어 7월 보름부터 한 달간 길쌈 내기를 하여 그 많고 적음에 따라 승패를 가른다. 진 편에서는 술과 음식을 낸 다음 '회소곡'이라는 노래를 부르고 춤춘 것이 가배의 유래다. 실은 이 가배 기사에 앞서 신라 6부 각각에 성(李·崔·孫·鄭·裵·薛)을 내리고 17관등(官等)을 정했다[5]는 기사가 나온다. 이들 성씨는 본래 당나라의 명문대가가 칭한 것으로서 신라가 648년 나당동맹을 맺은 이후에 적극 수용된 문화다.[6] 17관등은 법흥왕 7년(520)에 완비되었으니[7] 신라 여섯 성씨 기사 또한 그대로 믿기 어렵다. 그렇다면 가배 놀이의 기원에 대해서도 사료를 그대로 받아들이기는 어렵다.

신라 왕경의 사회조직과 관료계급에 대해 자세히 쓴 다음에 나라 다스림에서 6부나 17관등에 비견되는 가배란 어떤 의례나 풍속에 그치는 것이 아니라 정치행위의 주요한 일면이기도 했다. 가배 행사는 1회성이 아니라 6부나 17관등 같이 나라가 존속하는 한 유지되는 의례다. 차이라면 6부나 17관등은 비교적 긴 시간에 걸쳐서 완성된 제도인 데

광주 신창동 유적(기원전 2세기~1세기) 여인이 베 짜는 모습

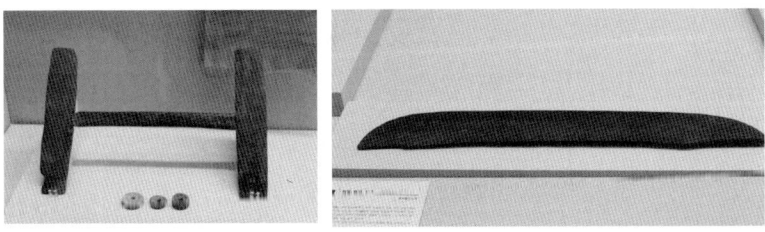

실감개와 바디

실감개는 천을 짤 때 실을 감아두는 도구이고 바디는 직조를 할 때 사용하는 도구. 신창동에서 발견된 바디는 우리나라에서 상태가 가장 좋으며 날줄과의 마찰로 1미리미터 간격이 마찰흔이 남아 있다.
(국립 광주박물관 소장, 2013년 김인희 촬영)

반해 가배는 그 내용이나 구성으로 볼 때 규정이나 제도에 따라 정해진 행사는 아니다. 풍속 면에서 본다면 오히려 신라 개국 이전부터 내려온 명절이 사회가 변화·발전함에 따라 형식과 내용 면에서 충실해졌다고 본다. 이미 기원전 1세기 전후의 전남 광주시 신창동 유적에서는 베틀의 바디 세트가 출토된 바 있다. 길쌈 내기는 근대에 이르러서도 '공동적마(共同績麻)'라고 이름 붙여 경북 대구나 충남 대덕지방에서 조사되었다.[8] '한산모시'로 유명한 '저산팔읍 길쌈놀이'는 문화재로 지정되어 지금도 이어지고 있다.[9] 팔읍 길쌈이 음력 7월에서 8월 중순까지 일정한 장소에 모여 공동작업을 하는 모습에서 신라 가배의 모습을 짐작하게 된다.

고대사회에서 시간을 재는 천문시계는(chronometer) 태양이 아니라 달이다. 달 모양은 나날이 달라지며 달거리, 임신과 함께 연계되어 달의 변화는 곧 여성의 변화이자 '시간의 흐름'으로 인식되었다. 달이 알려 주는 일정 기간에 옷감 짜는 행위는 무엇인가. 옷감을 짜거나 실 잣는 일은 모두 여성 활동으로서 운명을 다스리는 여신(女神)의 활동에 비견된다. 이쯤 되면 가윗날 길쌈 짜기하는 경기(놀이)가 실은 신화시대까지 그 연원이 닿음을 알게 된다.[10] 신라 아달라왕(154~184) 때 세오녀가 짠 비난으로 제사를 지냈더니 해와 달이 본래 모습을 찾았다는 『삼국유사』,「연오랑 세오녀」 이야기에서도 여성과 옷감의 관계나 직물의 주술성을 볼 수 있다.

축제든 의례든 간에 보름날을 택함은 그 클라이막스에 달을 완상(玩賞)하면서 달빛의 조명을 받아 무엇을 하고자 함이다. 왕을 비롯하여 귀족 자제들도 예외가 없다.

[김]유신이 일찍이 추석날 밤에 자제들을 거느리고 대문 밖에 서 있는데 문득 서쪽에서 오는 사람이 있었다. [김]유신은 고구려 첩자임을 알아차리고는 불러서 그로 하여금 앞으로 오게 하여 "자네 나라에 무슨 일이 있느냐?"라고 말하였다. 그 사람은 고개를 숙이고 감히 대답

하지 못하였다. [김]유신은 "두려워할 것 없다. 다만 사실대로 이야기하거라"라고 말하였으나 여전히 말이 없었다. [김]유신이 그에게 "우리 국왕께서는 위로는 하늘의 뜻을 어기지 않으시고 아래로는 사람들의 마음을 잃지 않으셔서 백성들은 흔쾌히 모두 자신이 맡은 일을 즐기고 있다. 지금 자네가 그것을 보았으니 돌아가서 자네 나라 사람들에게 알리거라"라고 말하였다. 드디어 그를 위로하여 보내니, 고구려인들이 이를 듣고 "신라는 비록 작은 나라지만 [김]유신이 재상으로 있으니 가볍게 여길 수 없구나"라고 말하였다.[11]

달밤에 구경꾼이 붐빌 때는 날치기나 불량배가 활개 치기 마련인데 하물며 첩자들에게는 더없이 좋은 기회다. 수많은 구경꾼 속에서 첩자를 알아내는 김유신의 비범한 능력에다 너그러이 타일러 보내는 아량 역시 전설 풍의 「김유신 열전」다운 이야기다. 신라 추석은 야바위꾼들에게도 좋은 날이다.

무엇보다 추석날은 왕 자신이 거동하여 만백성과 즐긴다.

[김유신의] 직계 손자 김윤중은 성덕대왕 때 벼슬하여 대아찬이 되었고 여러 번 은혜와 보살핌을 받자 왕의 친척들이 자못 그를 질투하였다. 때마침 한가윗날 왕이 월성(月城)의 언덕 위에 올라 주변 경치를 바라보며 시종관(侍從官)들과 함께 술자리를 벌여 놓고 즐기다가 [김]윤중을 불러오라고 명하였다. [이때] 간하는 사람이 있어 "지금 종실(宗室)과 인척들 가운데 어찌 좋은 사람이 없어 유독 먼 신하를 부르시옵니까? [그것이] 어찌 이른바 친한 이를 친히 하는 것이겠사옵니까?"라

고 말하였다. 왕이 "지금 과인이 경들과 함께 평안하고 무사한 것은 [김]윤중의 할아버지 덕분이오. 만약 공의 말과 같이하여 그것을 잊어버린다면 착한 이를 잘 대우하여 자손들에게 미치게 하는 의리가 아닐 것이오"라고 말하였다. 마침내 [김]윤중에게 가까이 앉도록 명하였고 이야기가 그 할아버지의 일생에까지 이르렀다. 날이 저물어 [김윤중이] 물러가고자 고하니 절영산의 말 1필을 하사하였고, 여러 신하들은 바라는 대로 되지 않아 원망할 따름이었다.[12]

왕이 신하들과 산에 올라가서 일어난 일이었다. 김유신의 손자 윤중이 성덕왕의 총애를 받았는데 술자리가 무르익자 고관들이 술기운을 빌어 불만을 토로하는 장면이다. 고려시대에 와서도 왕들이 추석날 달놀이 하고 신하들을 격려하기는 마찬가지였다.[13]

속담 "더도 말고 덜도 말고 한가위만 같아라"[14]라는 말은 추석이 1년 가운데 가장 좋은 날이기 때문이다. 단순히 생각해 봐도 이즈음은 춥지도 덥지도 않고 습기도 적으며, 곡식이 여물기만을 기다리는 여유 있는 절기다. 거기다가 달까지 가장 밝은 날이니[15] 추석날 밤에는 무언가 좋은 일이 있을 것 같고, 무엇이든 빌어도 될 것 같다. 마당놀이나 경기가 집중되는 데는 까닭이 있다.

추석이 인간들에게 좋은 날[吉日]이라면, 죽은 자, 즉 신령들에게도 마찬가지여서 이날은 돌아가신 이의 명복을 빌기에도 더할 나위 없다. 놀이와 내기가 거의 없어진 현대의 추석은 고향 방문과 성묘가 주요 일과가 되었지만, 예전에는 고승대덕의 탑비도 이날 모셨으니 빗돌을 추석에 세웠다는 비문이 몇 있다. 전라남도 곡성군 대안사에 있는 신라

하대 적인선사(寂忍禪師. 785~861) 탑비는 임진년(872) 8월 14일에 세웠다.[16] 경상북도 영주시 비로암에 있는 진공대사(眞空大師. 855~937) 탑비는 입적 2년 뒤 8월 15일에 세웠다.[17] 둘 다 입적한 몇 년 뒤에 탑비를 세웠으니 그 날짜는 사망일과 무관하다. 서운사 요오국사 순지(瑞雲寺了悟國師順之) 빗돌은 음력 8월 17일에 세웠고, 옥룡사 통진대사 경보(玉龍寺洞眞大師慶甫)는 입적 11년 뒤 현경 5년(958) 8월 15일에 탑비를 세웠다. 탑비 건립 의식을 연상해 보면 현장에는 염불은 물론 장대한 범패의식이 볼만했을 터이다. 현대에도 사찰의 불사(佛事) 날짜가 추석인 경우가 더러 있다.[18] 과문인지는 모르겠으나 역사상의 불교 나라치고 추석을 높이 사서 불사를 하는 나라는 우리나라밖에 없지 않을까 한다.

길일에 선조의 영혼을 모시는 의례는 왕실이라고 해서 다르지 않다. 신라는 신문왕 7년(687) 이래 오묘제(五廟制)를 실시하여 개국시조를 비롯한 선대 네 왕을 종묘에서 제사 지냈다. 제삿날은 정월 2일과 5일, 5월 5일, 7월 상순, 8월 1일과 15일로[19] 중국 예전(禮典)과 다르다. 그 가운데서도 추석(8월 15일) 제사는 지금도 전국에서 엄격히 지켜지는 조상 제삿날이다. 이 때문에 5묘 제사는 신라의 전통적 원시종교를 계승한 것이라고 한다.[20] 이처럼 나라나 종족에 따라 중히 여기는 절기가 다른데 고구려는 삼짇날(3월 3일)과 중양절(9월 9일)에 왕과 신하·병사들이 낙랑의 언덕에 올라가서 하늘과 산천에 제사 지냈다.[21]

흔히 '추석'이라는 이름의 유래를 『예기』에서 찾는데, "천자가 봄에는 아침 해를, 가을에는 저녁 달을 제사 지낸다(天子 春朝日 秋夕月)"라는 글귀를 두고 하는 말이다. 『주례(周禮)』[22]나 『국어(國語)』[23]에 비슷한 용례가 나온다. 봄날 천자가 행하는 '태양 제사'에 짝하여 지내는 가을 '달

제사'가 '석월(夕月)'인데 '석월'은 '배월(拜月)'의 뜻이라고 한다. 신라 경덕왕(742~765) 때 거문고의 대가 옥보고(玉寶高)가[24] 지은 음악 30곡 중에 '춘조곡(春朝曲)'과 짝하여 '추석곡'이 나온다.[25] 이것이 달 제사임에도 달[月]이 빠지고 '석(夕)'만 남아 '추석'이 된 것을 보면 달맞이는 이날 놀이의 일부이며 여타 연희도 펼쳐졌음을 말해 준다. 이는 달구경[觀月]이 중추절의 주요 레퍼토리였던 중국과 그 출발부터 다르다. 신라인들이 '추석'이란 용어를 별도로 쓴 까닭은 자신들의 유구한 가배 명절과는 그 태생이나 실제가 다른 중국의 세시(歲時) 용어 '석월(夕月)'과는 이질적이었기 때문으로 생각된다. '추석'이란 말은 중추(仲秋)와 월석(月夕)에서 한 글자씩을 떼서 조합했다고 추측하기도 하는데[26] 어떻든 신라 풍토에서 나온 말임에는 틀림없다.

추석날 신라에는 당연히 전통 음악이 있었겠지만 옥보고라는 큰 음악가를 만나 곡목이 달린 별도의 음악이 창작되었다. 옥보고가 창작한 30곡 가운데 세시와 관련된 음악은 오직 춘조곡·추석곡이었는데 그 뒤 '춘조'란 말이 사라진 것만 보더라도 추석의 비중을 알고도 남는다. 이들 고대 음악에 대해서 선배학자들도 어림잡기는 마찬가지였다.

옥보고가 지은 곡명이 춘조곡·추석곡·유곡(幽曲)·청성곡(淸聲曲) 같이 한시 제목 같은 것이 주목되는데, 그것은 고려시대의 곡명 풍입송(風入松)·야심사(夜深詞)·자하동(紫霞洞)을 생각게 한다. 옥보고의 곡들도 풍입송같이 한문의 시구(詩句)를 거문고에 얹어 부른 것이 아닌가 생각된다.[27]

'한시 제목'이나 '고려시대의 곡명' 같은 해설도 옥보고가 지었다는 30곡과 딱히 관련은 없어 보인다. 오히려 고려 가요 「동동(動動)」의 가사를 보면 "8월이라 추석일에 백곡이 풍등(豐登)하니"라고 나오니 추석곡의 토속풍을 짐작하게 된다. 이혜구는 또 "불교적 인상을 풍기며 세련된 이름을 가졌지만…"[28]이라고도 했다. 고전 글귀를 채택하여 작곡했다면 옥보고의 중국 취향을 지적하는 정도인데 그의 수련 과정으로 보아 '불교적 인상'이라는 것도 막연하기는 마찬가지다.

양주동은 "이 곡들은 모두 가락국 시조 김수로왕과 허왕후의 전설을 가곡화(歌曲化)한 것이다(遺事 駕洛國記)"라고 해설했지만 달리 근거는 제시하지 않았다.[29] 혹시 추석의 가야기원설과 연관 지었을지도 모른다. 아래, 가야(가락국)의 왕실 제삿날 사료를 보면 신라 5묘 제사와 마찬가지로 단오와 추석이 빠지지 않고 있는 점을 마음에 두고자 한다.

내궐의 동북쪽 평지에 빈궁(殯宮)을 세웠는데 높이가 1장, 눌레가 3백 보인데 이로써 장사 지냈으며 수릉왕묘(首陵王廟)라고 불렀다. 왕위를 물려받은 거등왕(居登王)부터 9대손 구형(仇衡)에 이르기까지 제향을 이 사당에서 행하고, 모름지기 매년 정월 3일과 7일, 5월 5일, 8월 5일과 15일에 풍성하고 정결한 제사음식을 올렸는데 대대로 끊이지 않았다.[30]

이규경은 위 사료를 인용하여 "단오절과 8월 15일에 산소를 찾던 풍속은 가락국에서 시작된 것"이라고 했다.[31] '추석'이란 낱말은 중국의 문화나 역사상으로 보면 문장 속에 서술형으로 나오거나 단지 음력 8

월 보름달이 떠 있는 밤, 그 이상도 이하도 아니다. 물론 '추석'이란 제목으로 쓴 두목(杜牧)(803~853)의 7언 절구도³² 있지만 그 뜻은 지금 말한 범위에 그친다. 다시 말해 그들의 추석은 아직 명절로서 존재한 적이 없다. 사전의 풀이를 보아도 자명하다.

秋夕: 가을밤, 가을 저녁이다(秋の夜　秋のゆうべ). (諸橋轍次, 『大漢和辭典』 8, 544쪽)

秋夕: 가을 저녁이다(秋夜也) (『中文大辭典』 6, 1567쪽)

명절 이름 자체가 곡명이 되는 것을 보면 이 추석만이 수나라 이래 중국 역사책에 신라 풍속으로 반드시 기술되는 까닭을 알 만하다.

중국인들이 본 신라의 추석

고대 중국인의 8월 보름 풍속은 민간에서 붉은 먹(朱墨)으로 어린아이 이마에 천구(天灸)라 부르는 점을 찍어 역질을 막는다는 정도가 고작으로서 달보기[望月] 의례도 아직 나타나지 않는다. 6세기 중엽에 종름(宗懍)이 중국인의 세시풍속을 적은 『형초세시기(荊楚歲時記)』에 8월 민속은 아래 기사가 전부다.

8월에 내리는 비를 두화우(豆花雨)라고 한다. 8월 14일에 민간에서 모두 붉은 먹으로 어린 아이의 이마 위에 점을 찍으니 이를 천구라고 하며 역질을 막는다고 여긴다. 또 비단으로 안명낭(眼明囊)을 만들어 서로 주고받는다.³³

수나라 두대경(杜臺卿)이 지은『옥촉보전(玉燭寶典)』에는 "풍속에 8월 초하루에는 붉은 먹을 어린이 이마에 찍는데 이것을 천구라고 부른다"라고³⁴ 적었다. 당나라 서견(徐堅) 등이 쓴『초학기(初學記)』의 세시풍속을 보면 7월 보름 우란분절에 대하여 기록한 뒤에 8월 기사는 아예 없고, 9월의 중양절로 넘어간다.³⁵ 맹원로(孟元老)의 북송시대 궁궐 문물 및 세시풍속 기록『동경몽화록(東京夢華錄)』에 비로소 '중추' 기사가 나온다.

중추절에 앞서 여러 상점에서는 모두 새로 빚은 술을 파는데, 문과 누각에 회두(花頭), 회간(畫竿), 취선(醉仙), 금패(錦斾) 띠위를 묶어서 새롭게 꾸민다. 도시의 사람들은 다투어 마시므로 낮 사이에는 집집마다 술이 떨어져 술집으로 모인다. 이때는 자라나 게가 비로소 나오고, 석류·온발(榅勃)·배·대추·밤·포도·아름다운 빛깔의 귤 등도 시장에 나오기 시작한다. 중추날 밤에 귀족 집안에서는 정자를 꾸미고, 민간에서는 다투어 술자리를 차지하고 달을 감상하며, 현악기와 생황 소리가 울려 퍼진다. 궁궐 가까이에 사는 백성들은 밤이 깊도록 멀리서 들려오는 생황과 피리 소리를 듣는데, 마치 구름 밖에서 들리는 듯하다. 마을의 어린이들은 밤새도록 장난치고 놀며, 시장의 떠들썩함은 새벽까지 이어진다.³⁶

천구 풍속이 후대의 세시기에 보이지 않는 것을 보면 한때의 유행이었을지도 모른다. 비로소 북송시대에 와서야 누대에 올라 달을 감상하기 시작했다.

『수서』신라전은 수나라 때를 중심으로 618년까지의 신라 견문을 기록했는데『삼국지』이래의 기존 사료를 제외하면 신라 진평왕 때 사정이 실시간으로 반영된 외국 열전이다.[37] 여기에서 추석에 대하여 대서특필한[38] 것이 이후 중국 정사에 거의 그대로 실려 있어 아래에 표로 정리해 본다.

중국 정사의 신라 추석 기록

책 이름	글쓴이	출간 연도	내용
수서(隋書)	위징 외(魏徵 外)	636	8월 15일 풍악을 올리고 관리들에게 활을 쏘게 하고 상으로 옷감이나 말을 주었다.(八月十五日 設樂令官人射 賞以布馬)
북사(北史)	이연수(李延壽)	659	위와 같음
구당서(舊唐書)	유구 외(劉昫 外)	10세기	또 8월 15일 중시하여 풍악을 올리고 잔치를 베풀어 관리들을 위로하고 궁궐 마당에서 활을 쏜다.(又重八月十五日 設樂飲宴 賚群臣 射其庭)
신당서(新唐書)	구양수 외(歐陽脩 外)	11세기	8월 보름에는 큰 잔치를 베풀고 관리들에게 활을 쏘게 한다.(八月望日 大宴賚官吏射)

『수서』와『북사』는 "8월 15일 풍악을 울리고 관리들에게 활을 쏘게 하고 옷감이나 말을 상으로 주었다"고 썼다. 이전의 중국 정사 진한전(辰韓傳)이나 신라전에 보이지 않던 추석 기록이『수서』에서 보이기

시작한 것은 진평왕 때 수나라와 왕래가 빈번했기 때문이다. 고승 담육(曇育)이 수나라에 유학 갔고(596), 몇 년 뒤 원광스님은 귀국했으며(600), 수나라 사신 왕세의(王世儀)는 진평왕 35년(613)에 황룡사에 와서 백고좌강회를 참관했다.

이즈음의 정보가 쌓여서 나온 견문기가 『한원(翰苑)』이나 『통전(通典)』에 인용된 『수동번풍속기(隋東藩風俗記)』일 것이다. 당나라 때 들어와서는 진평왕 48년(626)에 해동 3국을 두루 다니면서 외교에 대해 조언하는 주자사(朱子奢)의 예에서 보듯이 더욱 이웃나라 사정에 정통하게 되었다. 수나라와 당나라 사람이 보기에 추석은 가장 신라다운 명절이었다. 이 신라 풍속에 대하여 약 300년 뒤에 나온 『구당서』 편찬자는 '또 8월 15일을 중히 여겨'라고 하여 연회와 무술경연을 베푼 까닭을 덧붙이고 있다.

『수서』와 『북사』에서 부연설명 없이 나온 8월 보름 풍속에 대하여 사실은 신라인들이 이날을 소중히 여기기 때문이라고 덧붙였다. 유리왕대의 한가위 사료에서는 왕경 여인들의 길쌈 경연을 보았는데, 같은 날 직분이 높은 남성들의 활쏘기 대회 또한 그 장소가 궁정임을 『구당서』는 환기시켜 준다.

무술을 중히 여기는 궁정의례는 고려시대에도 그대로 이어지고 있다.[39] 왕경의 길쌈 작업은 이른 아침에 시작하여 저녁 늦게까지(乙夜: 9~11시) 한다. 한 달간 짜서 그 공과(工課)를 재는 시간대는 낮 시간으로 보이며, 궁정의 활쏘기 역시 낮 시간대에나 가능하다. 이제 해가 지면서 행사는 겨루기(game)에서 여흥(餘興; entertainment)과 난장(orgy)으로 바뀜은 앞의 김유신이나 김윤중의 전기에서 보았다.

이들 추석 명절의 일과를 돌이켜 볼 때, 중국인들은 정해진 풍속이나 레퍼토리를 기록하기에 급급한 반면, 정작 신라인들은 이날의 하이라이트인 '달밤에 생긴 일들'을 기록하여 각각 태생이 달라 기술 대상도 달랐음을 알 수 있다.

일본승 엔닌(圓仁)이 본 신라 유민의 추석

일본 승려 엔닌은 신라인 장보고의 도움을 받아 839년 6월 7일부터 840년 2월 19일까지 약 8개월간 적산(赤山) 법화원(法華院)에 머물면서 이때의 견문을 『입당구법순례행기(入唐求法巡禮行記)』에 적었다. 추석과 관련된 기록은 개성(開成) 4년(839) 8월 15일의 일기에 보이는데, 기사 원문과 해석은 아래와 같다.

寺家設餺飩餅食等 作八月十五日之節. 斯節諸國未有 唯新羅國獨有此節. 老僧等語云 新羅國昔與渤海相戰之時 以是日得勝矣 仍作節. 樂而喜儛 永代相續不息. 設百種飮食 歌儛管絃以晝續夜 三箇日便休. 今此山院追慕鄕國 今日作節. 其渤海爲新羅罸 纔有一千人向北逃去 向後却來 置辦依舊爲國. 今喚渤海國之者是也.

(적산 법화)원에서는 박돈명식(餺飩餅食) 같은 음식을 진설하여 8월 15일 명절을 쇤다. 이 명절은 다른 나라에는 아직 없으며 오직 신라에만 있

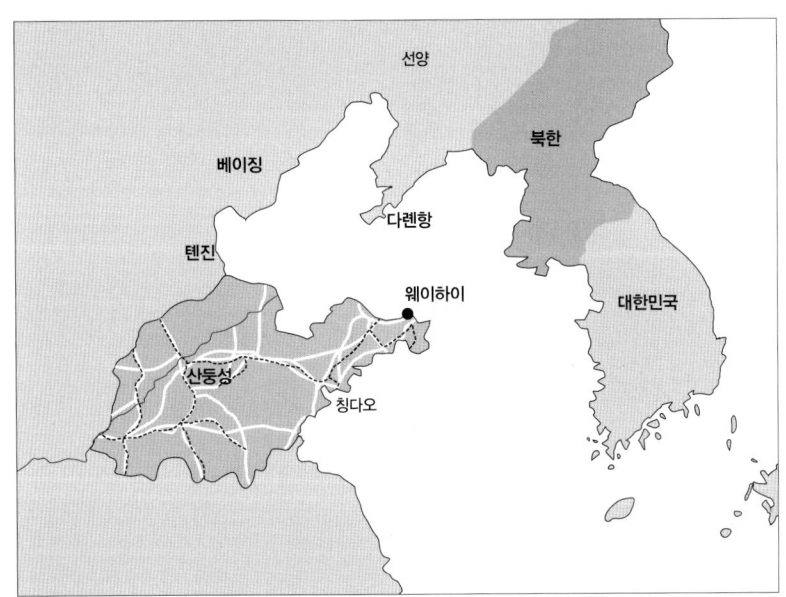
적산 법화원 위치

적산 법화원 앞 장보고 조각상

다. 노승들은 이렇게 말한다. "신라가 예전에 발해와 전쟁을 했는데 이 날 승리하여 명절이 되었다.[40] 노래하고 흥겹게 춤추기를 대대로 이어 오랫동안 끊이지 않았다." 갖은 음식을 진설하고, 노래 부르고 춤추며 관현악 연주는 밤까지 이어지는데 사흘이 지나서야 그친다. 이 산원(법화)에서는 고국을 그리워하며 오늘 명절을 쉰다. 발해는 신라에 토벌되어 겨우 천 명이 북쪽으로 도망쳐 갔다가 이후 다시 돌아와 옛날 그대로 나라를 세웠다. 지금 발해라고 부르는 나라가 그 나라다.

적산 법화원은 당나라 하남도(河南道) 문등현(文登縣) 청녕향(淸寧鄕) 적산촌에 있다. 현재는 산동성(山東省) 룽청시(榮成市) 스다오진(石島鎭) 북부에 있는 적산 남쪽에 위치한다. 장보고가 당나라와의 무역 편의를 도모하여 세운 사찰로 재당신라인의 구심점이었다.

앞의 기록은 짧지만 적산 법화원의 8월 15일 명절에 대하여 많은 정보를 제공하고 있다. 인용문에서 보듯이, 8월 15일을 명절로 삼은 까닭은 이날에 신라가 발해와 전쟁하여 이겼기 때문이라고 한다. 하지만 신라 역사상 8월 보름 전투는 물론 승전 사실도 없다. 이에 합리적 해석을 도출하려고 두어 가지 의견이 제시되었다. 첫째, 8월 보름달을 즐김은 한국의 오랜 민속인데 이날이 우연히 발해(실은 고구려)를 이긴 날과 같아졌다고 하여 승전설을 추인(追認)한다.[41] 그 민속이란 신라의 가배(추석)를 말하는데 이에 대한 해석이 전혀 도움이 되지 않는다.

중국에서 8월 15일을 명절로 했던 것은 수나라 최식(崔寔)의 『사민월령(四民月令)』에 월절(月節)이란 이름이 보인다. 그러나 당나라의 세시풍속 관련 저작에는 아직 현저하지 않다. 오직 현종은 8월 5일이 탄생일이었기 때문에 천추절(千秋節)을 축하하였고, 또 중추(仲秋)의 보름달에 대해서는 시문 등에 자주 보인다. 중추절이 성대하게 된 것은 북송 이후였다고 생각되는데[『동경몽화록(東京夢華錄)』 권8], 근세에 이르러 더욱더 일반화되고, 도시뿐만 아니라 시골에까지 미쳤다(小野勝年, 『북경연중행사기(北京年中行事記)』). 그러나 신라에서는 중추절을 특히 중요하게 여겼던 모양인데 당인(唐人)도 이에 주의를 기울이고 있다. … 조선에서 찬술된 『동환록(東寰錄)』은[42] 가배를 이렇게 언급하고 있다. "신라는 8월 보름을 가배라고 한다. 지금 세상에서 '가우'라고 하는 것은 '가배'가 변해서 그렇게 되었다."(新羅以八月望日謂之嘉俳 今俗謂之嘉優者嘉俳之轉變也)[배(俳)는 배우(俳優)인데 배(徘)와도 통한다. 따라서 달 아래에서 춤추고 배회하던 것이 나중에 노래 부르고 춤추면서 즐기는 것에 중점이 두어져, 가우(嘉優)라고 부르게 된 것이다.][43]

　신라 고유어를 모두 한문식으로 해석해 가배의 '배'를 '배회하다'라는 의미라고 하였다.
　두 번째 이해방식은, 신라 성덕왕 32년(733)에 발해가 당나라 등주를 침공했을 때 신라가 당나라를 도우러 갔던 사실을 전하는 내용으로 본다.[44] 그런가 하면, 두 가지 해석 모두 가능하다고 보기도 한다.[45] 어떻든 8월 15일은 신라가 고구려를 이긴 날이 아니다.[46]
　『삼국사기』에 의하면, "668년 6월부터 고구려를 치기 위해 신라군이 동원되었으며 9월 21일 당군과 신라군이 합세하여 평양성을 함락시키고 보장왕의 항복을 받았다"[47]고 한다. 신라가 고구려를 이긴 날은 668년 9월 21일로 추석과 한 달 이상 차이가 난다. 그리고 고구려를 멸망시킨

668년 이전의 8월 15일 명절에 대한 기록이 등장하는 것도 고구려 승전 기원설을 부정하게 한다.[48] 아마도 추석 놀이의 일부인 활쏘기나 말타기 같은 무술의 상징을 너무 크게 받아들인 듯하다. 실은 송편이든 월병이든 간에 추석 음식을 먹는 유래는 자기 나라나 민족이 적국과 싸워 이긴 것을 기념한다는 설명은 중국사에서는 상투적이다.[49]

신라인의 추석 음식, 박돈

원문의 '박돈(餺飩)'을 오노(小野)나 아다치(足立) 역주에서는 오기(誤記)라 하여 '박탁'으로 고쳐 놓았다. 6세기 중엽의 저술 『제민요술(齊民要術)』에도 '박탁'으로 되어 있으며 설명은 다음과 같다.

박탁은 반죽을 주물러 엄지손가락 굵기로 만들어서, 길이를 두 치 정도로 자른 것을 물 담은 쟁반에 담가 둔 다음, 솥 위에서 손으로 주물러 얇게 만들어, 물이 끓어오르는 대로 떼어 넣는다.[50]

고친 낱말의 다른 표기로는 '食+薄 飥'·박탁(飥飥), 불탁(不托)도 있다. 그 방증으로는 『입당구법순례행기』 개성 4년 4월 6일조의 '明日在山南作食+薄飥'을 들었다.[51] '박탁'은 수제비를 뜻하기도 하나 당나라 때 와서는 칼국수를 일컫게 되었다고 한다. 이를 두고 이규경은 불탁이라 쓰고 도절면(刀切麪)이라[52] 했으니 역시 칼국수가 된다.

그러면 뒤의 병식(餠食)까지 해석하면 어떻게 되는가? 대다수가 두 글자씩 끊어서 두 가지 음식을 썼다고 보았다.

라이샤워(Reichauer)	noodles, cakes
오노 가쓰토시(小野勝年)	박탁(餺飥)·병식(餠食)
아다치 기로쿠(足立喜六) 外	박탁(餺飥)·병식(餠食)
신복룡,53 김문경	수제비와 떡
한국사데이터베이스	박탁(餺飩)과 병식(餠食)
김인희	박돈(송편)과 병식
나카무라 히로카즈(中村裕一)	박돈(餺飩)(うどん)·병식(餠食)

근래 박탁병식에 대해서는 대동소이한 음식을 두고 왜 중복 서술했을까 하는 의문이 제기되었다. 이에 대한 해결 방법으로서 그 첫째가 '박돈=송편'설이다. 원문은 박탁이 아니라 박돈이므로 분명히 차이가 있을 것으로 보고, 박돈이 병식에 속한다면 엔닌이 따로 언급할 리가 없다고 하여 김인희는 다음과 같이 말한다.

> 엔닌은 박돈이 훈툰(餛飩)과 제조법이나 모양에서 유사하나 재료에 있어서 차이가 나기 때문에 새로운 용어인 박돈이라는 말로 표기하였다. 박돈은 현재 한국에서 추석에 먹는 송편의 기원이었을 가능성이 있다.[54]

'박돈'은 엔닌이 새로 만든 용어라고 했는데 과연 외국인이 자국민이 쓰지 않는 용어를 만들어 썼을지 의문이다. 박돈=훈툰 설을 주장한 까닭 가운데 하나는 '돈(飩)' 자가 같다고 여겼기 때문으로 생각된다. 탁은 수제비이고 돈은 경단이지만 글자가 비슷하여 고금의 학자들도 별다른 구별 없이 썼다.[55] 더하여 박돈은 교자(餃子, 만두)의 일종이지만 껍질이 얇은 것으로서 훈툰 같은 것이지만 재료에서 차이가 나므로 8월 15일 신라의 특별음식이라고 했다. 이 주장을 따른다면, 송편도 쌀로 만든 떡의 일종일 터인데 연이어 나오는 병식(餠食)이라는 떡과는 어떤 차이가 있는지 궁금하다.

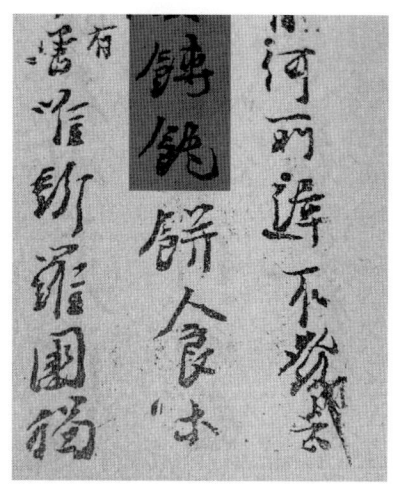

교토(京都) 도칸지인원(東寺觀智院) 소장본
'박탁'이 아니라 '박돈'이라 쓰여 있다.

이처럼 박돈에 대한 추정은 여럿 있지만 이 음식이 나온 장소는 중국 산둥성, 기록한 사람은 일본인, 이것을 먹는 사람은 신라인으로서 그 선택지는 더 넓어질 수밖에 없다. 엔닌 시절과 현대 사이에는 일 천 몇 백 년의 시차가 있어서 문제의 음식을 비교 유추하기에는 더욱 어려움이 있다. 이 경우 판단 기준은 현대의 한국인이 먹는 추석 음식을 보고 시대를 거슬러 유추하는 방식이 사실에서 크게 벗어나지 않는 접근방식이라고 생각한다. 그 핵심은 명절, 즉 특별한 날에 먹는 특별한 음식에 있으며, 선호하는 음식은 두 시대가 같거나 적어도 비슷해야 한다.

'병(餠)'에 대한 중국인들의 해석으로는, 선진시대 이래 국수의 총칭이고 '병식'은 주대(周代)로부터 송대(宋代)에 이르기까지 평상시 먹는 국수의 총칭이라고 한다.[56] 그런데 일본인의 주석에는 쌀·보리·밀·

조까지를 포함시켜 해석의 여지를 열어 놓고 있다.[57] 한국과 일본에서 '병'이라면 오히려 '(쌀)떡'을 지칭하며[58] 현재 명절 음식으로 밀가루(국수나 수제비)를 쓰는 경우는 드물다.

국수와 수제비는 국물 속에 밀가루 음식이 들어 있는 먹거리다. 그런데 옷감(짜기)과 빵/떡(만들기)은 원래 여성성과 관련된 원시 비의(秘儀) 가운데 하나로서 특히 떡은 여성 성기 모양이라고 한다.[59] 이러한 이론은 인류 무의식의 심층에서 나오는 이야기이므로 우리와 결코 무관할 수 없다. 생각해 보면 송편 또한 달을 상징하는 여성 성기로 볼 수 있지 않을까. 그렇다면, 추석에 먹는 떡에는 굳이 송편만이 아니라 여타 떡도 등장할 수 있다.

'박돈=송편' 설에 대한 대안으로는 '박돈=만두' 설이 있다. 이것은 "그(박돈) 뒤에 떡(餠)이 나오므로 박돈은 밀가루로 만든 음식으로서 얇은 피로 소(속)를 감싸 만든 음식으로 보면 만두일 가능성이 크다"[60]는 논리다. 제사·진찻일에 밀기루 음식 만두를 떡과 함께 썼다는 설명 또한 이해가 가지 않기는 마찬가지다. 그뿐 아니라 옛 신라 지역인 경상도에는 일반 가정에 만두라는 음식 자체가 없다.

엔닌이 보기에 신라인들의 8월 보름 풍속에서 눈에 띄는 음식이 '박탁병식'이기에 그것을 가장 먼저 적었다고 본다. 국수든 수제비든 간에 기존에 익히 아는 음식이라면 왜 굳이 언급하겠는가. 이런 정황에서 박탁과 병식이라는 두 가지 음식을 언급했다고 보기는 주저된다. 나는 앞선 연구성과를 이어받아 훈툰, 즉 만두 모양이라는 데는 찬동하지만 그 내용(실제)은 쌀로 만든 떡, 즉 송편 한 가지였다고 본다. 박탁과 병식을 동격(등식)으로 보아 '훈툰식(만두같이 생긴) 떡', 즉 송편이며 그 밖의 음

중국의 훈툰   한국의 송편

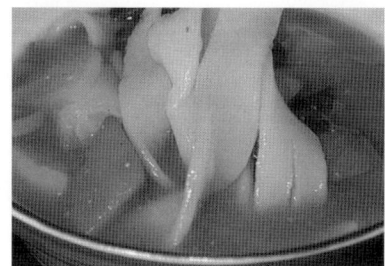
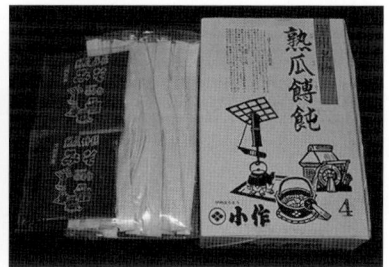
현재 일본에서 판매되는 박돈

식 모두를 일러 '따위[等]'라고 썼다고 해석한다. 신라시대에는 벼농사보다 밭작물이 많음을 들어 박탁을 칼국수로 보는 견해가 있다.[61] 당시 잡곡 대(vs) 쌀 비중이 그렇다 하더라도 2대 명절의 하나인 추석에 더 귀한 곡식을 명절 음식[節食]으로 즐긴다고 보아야 상식적이지 않을까.

중국으로부터 한자를 배우고 빌어쓰더라도 음식의 실제와 요리방식에는 차이가 날 수밖에 없다. '박탁/불탁'이 그 전형적인 예로서 이것은 밀수제비이지만[62] '쌀떡으로 새기'라고 아래와 같이 명시한 자료가 있다.

쟝츳 시방 바칠 거세 힘을 다홀 거시니 ᄀ로 업슨 블탁[쩍 일홈이라]을 엇지 쟝^만ᄒ리오.(要且盡力於當納, 無麪不托, 奈何措置)

앞의 문장을 현대어로 해석하면 "장차 시방 바칠 것에 힘을 다할 것이니 밀가루가 없는 불탁 [떡 이름이다]을 어찌 장만하리오"(諭湖南民人等綸音)⁶³이다.

추석에 먹는 대표 음식 송편(松䭏)은⁶⁴ 세시풍속에 등장하는 데서 짐작하겠지만 오래전부터 내려온 계절 먹거리다.⁶⁵ 다만 학문적으로 본격 검토된 편은 아니나 최근 이러한 '상식'에 의문이 제기되었다.

18세기 말에 쓰인 『경도잡지』도 송편은 2월 1일 머슴날에 만드는 풍속으로 소개하고 있으며, 1936년에 실시된 『중추원 풍속조사서』도 "(2월 1일) 도시와 시골의 각 가정에서는 성대하게 송편을 빚으며"라고 적고 있다. 이는 **최소한 1930년대까지 송편이 한반도 전역 또는 모든 계층의 일반적인 추석 음식이 아님을 살피게 한다**. 추석날 마련되는 명절 음식이라면 송편이 이들 모두의 기록에 빠질 수 없기 때문이다. 그런데 **추석은 고려시대부터 간치히는 풍속을 갖고 있었으며**, 19세기 무렵에는 설날과 함께 2대 명절이었다. 『오주연문장전산고』는 "지금 풍속에 나라 곳곳의 양반과 상민, 일반사회를 막론하고 상원을 대망, 추석은 한가회라 한다"고 밝히고 있다. 『동국세시기』(1849)와 『운양집』(1864)은 추석을 농가의 중요한 명절로 소개하고 있다. 이어 『매일신보』 1917년 9월 19일치의 "추석은 오려송편에 햅쌀로 술 담아 선영에 제사하고 즐겁게 노는 명절이다"는 기사를 게재하고 있다.⁶⁶

위 글의 필자 김용갑은 송편이 추석 음식으로 자리 잡게 된 것은 1970년대 이후라고 결론지었다.⁶⁷ 그 원인으로는 쌀 자급의 실현과 함께

산업화에 따른 농어촌 인구의 도시 이주, 대중매체의 발달, 그리고 핵가족화 등과 같은 사회변화를 들었다. 하지만 적지 않은 문제점이 있다.

첫째, 사료 인용의 미진함이다. 김용갑은 고대의 추석을 기술하고 있는 중국 정사의 동이전이나 『입당구법순례행기』를 간과하였다. 대신 그는 추석 레퍼토리의 잔여 행사만 스치듯 언급한 뒤 마한의 10월제나 10월에 열리는 고구려의 동맹과 예의 무천(舞天) 같은 추수감사제 차원에서 추석의 본질을 확인한 다음, "8월 보름이라는 축제일 날짜는 중국의 추석문화를 수용했다"고[68] 보았다. 현대 자료에 이르러서도 그의 인용과 논평은 공정하지 않다.[69]

둘째, 논리의 역발상이다. 쌀이 자급됨으로써 송편이 보편화되었다고 하는데 제사(명절)에 쓸 떡은 반드시 쌀이 풍족한 연후에야 빚는 것은 아니다. 산업화·도시이주·대중매체·핵가족 같은 요인은 오히려 명절 음식의 감소나 소멸에 일조한다고 말하는 편이 낫다. 송편이 추석 음식으로 대중화된 시기는 빨라야 1970년대 이후 텔레비전을 보고 난 뒤라는 전남 여수 초도 조사를[70] 일반화해서는 곤란하다. 지금까지 본 고대의 추석 사료는 모두 삼국 가운데 신라의 경우이므로 신라 권역 밖의 풍속은 송편-추석 짝짓기와 다를 수 있다. 추석 때 먹는 음식이 송편이 아닌 지역을 전국에서 알뜰히 찾는 수고가 쓸모없는 것은 아니지만 이러한 조사가 '추석-송편'이라는 인식과 일반화를 부정하는 자료로 쓰일 정도는 아니다. 필자가 볼 때 '1970년대 이후의 송편'이란 크기가 적어졌을 뿐 아니라 색깔도 다양하고 솔잎은 물론 떡을 빚을 때 누른 손가락 자국도 없어져서 그 모양은 오히려 월편에 가까워졌다. 말하자면 서양의 다과 풍(風)이 되었는데 현대의 상품 수요에 적응해 간 결과로 보인다.

셋째, 김용갑은 1970년대 송편대중화설을 증명하려 하지만 자신이 제시한 세시풍속 자료를 스스로 부정하는 주장이다. 그가 제시한 '송편 관련 주요 기록과 쓰임새'의 '추석-송편' 자료를 보면 다음과 같다.

시기	문헌명	내용	쓰임새
1816년	『농가월령가』	북어쾌 젓조기로 **추석명일** 쉬어 보세/ 신도주 **오리송편** 박나물 토란국을 / 선산에	추석
1849년	『동국세시기』 2, 8월	賣餠家造早稻**松餠**	2월 노비일, 8월 세시
1864년	『운양집』 4권	爲秋夕節 田家最重之 **葉餻**卽其節食也	추석

넷째, 본령과 지엽을 혼동하고 융통/편의성을 간과하고 있다. 송편은 반드시 추석에만 먹던 음식은 아니며, 추석-송편이라는 조합이 전국적으로 일치하지도 않는다. 이러한 사정은 엔닌이 살던 통일신라시대라고 다를 바 없을 터이며 오히려 쌀이 귀한 시절에 송편 빚기는 일부 상류층에서나 가능한 일이다. 하지만 엔닌이 보기에도 추석 명절에서 송편의 위상은 흔들림이 없다. 그런데도 현대 학자들이 지엽적이거나 예외적인 이유를 들어 이를 부정하고 중국 원류의 풍속으로 규정하는 것은 사실과 다르다.

정리하면, 김용갑은 쌀 수확량이나 인구이동 등 사회과학 방법을 동원하여 전국적인 조사와 통계를 제시했다. 치밀하고 방대한 조사와 연구를 했지만 시종 중국 문물의 수용과 대중화라는 방향에 맞춰져 있다.

중국과 일본 학계의 추석 기원 논쟁

일본 민속학자 요다 치호코(依田千百子)는 추석에 대해 아래와 같이 말한다.

한국의 추석은 쌀 문화로서 중국 화남(華南)이나 일본과 연결된다. 추석 때의 군무(群舞)는 외적(外敵) 방어(祈願)를 관념이라고 말하지만 '강강수월래(强羌水越來)'의 글자 풀이에서 억지로 끼워 맞추었다는 인상이 짙다. 수월래는 '술래'다. 근현대의 놀이를 너무 역사적 사실과 연결시키려 했다.
신라의 경우는 나라의 축제로서 궁정에서부터 서인(庶人)에 이르기까지 이 명절을 즐기는 점이 이웃나라와 확연히 구분된다. 활쏘기, 길쌈 내기는 모두 축제의 종목에 불과한데 특히 활쏘기를 보고 발해와의 전투에서 승전(勝戰) 기념으로까지 연결시킨 듯하다. **무엇보다 일찍부터 특징적인 추석을 기록해 놓은 것은 한국-신라뿐이다.** 이 기록이 얼마나 믿음직한가는 그 원전 연구를 살펴보아야 한다.[71]

이후 그는 "한국 추석이 중국으로부터 수용한 것은 없다"[72]고 했다. 이렇게 보면 8월 보름을 즐기는 풍속은 민족마다 독자적으로 발전해 온 것임을 알게 된다. 한편 중국 학자는 중추절이 중국에서 형태를 갖추어 사회에 뿌리를 내리기 시작하는 때는 송대이며 명·청대에 이르러 비로소 3대 명절로 손꼽히게 되었다고 분석했다.[73] 8세기 중엽의 제도를 전하는 『당육전』 권2, 「상서이부(尚書吏部). 내외관리칙유가녕지절(內外官吏則有假寧之節)」을 보면 8월 15일(+하지·납) 휴가는 3일을 준다 하니 중추(佳節)라는 명절 인식은 있었다. 그러나 설날 및 동지는 7일, 청명(한식)의 4일에 비하면 8월 15일의 상대적 비중을 헤아릴 수 있다.[74] 그러다가 북송시대에 이르러 '중추'라고 하는 연중행사가 성립되었다고 한다.[75] 중국의 8월 보름 달구경은 단순한 문인(文人) 풍류에 지나지 않던 것이 성당기(盛唐期)에 도교가 유행하면서 급속히 유행하였고, 드디어 서민에까지 미치게 되자 수확제의 뜻도 포함되어 연중의 중요 명절이 되었다고 한다. 이 풍류가 헤이안시대(平安時代. 9~12세기)에 일본에 전래되었지만 아직 연중행사로까지 자리잡지는 못한 채 과도기를 맞았으나 그것이 결코 중국의 중추절을 받아들인 것은 아니라고 한다.[76]

중국에서 자신들 중추절의 기원에 대해 처음 논급한 학자는 슝페이(熊飛)다. 그는 1996년에 「중추절 기원의 문화사고」라는 논문을 발표했다.[77] 그는 엔닌의 『입당구법순례행기』의 법화원 신라 유민 추석 기사를 인용하여, 중당(中唐) 이래 중국 시문(詩文)에 '8월 15일(八月 十五日)'이 등장하는 것은 이미 신라의 영향을 받은 것이라고 주장했다.

몇 년 뒤 양린(楊琳)은 슝페이의 논문을 반박했다.[78] 첫째, 정치·문화적으로 우세한 민족이 열세한 민족에게 영향 주는 것이 일반적인데 당나라같이 세계적 강국이 소국 신라의 명절을 수용했을 리가 없다. 둘째, 적산 법화원에서 신라 유민들이 8월 보름에 큰 잔치(놀이)를 하는 것은 신라가 발해국과 전쟁하여 이긴 날이기 때문이라 하는데 그런 사실은 역사상에 보이지 않는다. 셋째, 월병을 중추절 음식이라 하여 신라 추석과 연관시키는 데 찬동하지 않으며, 월병과 중추절은 관계가 없다. 넷째, '추분 제월(秋分 祭月)'은 중국의 오랜 전통으로 고전에 쓰여 있는 대로다. 다만 추분에 보름달을 못 보는 경우도 적지 않으므로 날짜를 8월 15일로 고정시켜 발전한 모양이 후대의 중추절 의례다.

양린의 논박은 강하지만 합당한 논거를 제시한 것 같지는 않다. 우선 우세·열세론에 대해 말하면, 예외도 얼마든지 있다. 고려시대에 처음 등장한 접이부채(摺扇)는 머지않아 중국에서 크게 선호하게 되었고,[79] 이른바 '오랑캐 풍속'이란 것도 중국에서 유행한 주변 유목민족의 풍속이나 패션을 말한다.[80] 8월 보름이 승전일이 아니라면 신라인들의 중추절 기원이 전쟁과 관계없다는 점을 말하는 것이지 명절 자체의 신라 기원을 의심할 근거는 아니다. 그는 개성 4년 이전부터 해온 중국의 전통적 중추절 망월(望月)과 달맞이를 많이 열거하고 있는데 그것은 달이 가장 밝은 날을 즐기고 노는 동아시아의 보편적 사례 그 이상도 이하도 아니다. 추분 제사가 발전하여 중추절이 되었다고 보는 시각은 절기와 명절을 동일시하는 처사로서 이 글의 논의와는 사뭇 멀어진다. 독자들이 그의 연구에 기대하는 바는 왜 중추절에 없던 음식이 어느 시점부터 월병이라는 명절 음식으로 나타났으며, 4대 명절에도 못 들던 중추절이 언제 어떤 계기로 3대 명절(나중에는 2대 명절)의 하나가 되었는지에 대한 해명이다.

2003년 류더쩡(劉德增)은 「중추절의 신라 기원설에 대한 고찰[中秋節源自新羅考]」[81]을 발표하여 아래에서 보듯 다시 중추절이 신라에서 기원하였다고 하였다. 그는 "당나라의 중추는 소수의 사람만이 참여하여 명절로서의 특징을 가지고 있지 않다. 재당신라인들의 8월 15일 명절은 호속(胡俗)을 좋아하는 당나라 사람들에게 영향을 주었다"라고 하였다. 사실, 달 감상하며 지은 시의 절대다수가 당나라 말기 작품이다. 그러므로 당나라 때까지는 명절의 요소가 없다가 신라 교민들의 영향을 받아서 북송(北宋) 때에 이르러 중국의 전통적 중추절이 형성되었다. 박탁병식은 월병의 원조(元祖)다.

논평해 보겠다. 달 완상만 하다가 먹는 풍습이 덧붙었다면 이웃나라(또는 그 僑民)의 그것을 보고 당나라 사람들도 중추절을 더 다양하고 의미 있게 발전시킨 결과다. 문화는 흐르고 교류하는 것이지 일개 민족 홀로 자신들 것만 원조라고 하면 말이 안 된다. 그는 박탁도 탕병(湯餠)의 일종이라고 하여, 즉 박탁이 병식의 범주에 들며, 같을 수도 있다는 뉘앙스를 주고 있다. 중국 학자들은 박탁을 굳이 국수 쪽으로 끌고 가려 하는데 월병에 이르러서는 물에서 끓인 물렁한 국수류로 보기 어렵다는 난제(難題)에 이르게 된다. 아울러 '박탁병식 등'이 월병의 원조라 했으니 그는 박탁병식을 동격으로 보았다.

황타오(黃濤)는 슝페이 및 류더쩡을 비판한 다음, 중추절이 중화민족의 전통문화임을 고수한다.[82] 중추절의 직접 기원은 당나라 초기의 달맞이 풍속에서 비롯되어 점차 신화·전설이 생겨나고, 명나라 때에 들어오면 친지 간에 월병을 선물하며, 온 가족이 모여 즐기므로 단원절(團圓節)이라고도 했다. 겸하여 풍성한 수확에 감사하며 마침내 중국 2대 명절의 하나가 된다. 원래 한나라 때에 달을 숭배하는 의례는 황실만의 특권이었고, 당대(唐代)에 이르러 극소수의 평민이 행사에 참여했으나 점차 달을 완상하는 사람이 많아지고 시가(詩歌)도 늘어났다.

황타오의 주장을 따르더라도, 중국의 중추절은 처음에 신분이 한정되어 있어서 만민이 참여하는 축제는 아니었다. 점차 위에서 아래로 전파 확산되어 2대 명절에까지 이르렀지만 만민이 참여하는 '국중대회(國中大會)'가 되기에는 왕조가 몇 번 바뀔 정도로 오랜 세월이 소요되었다. 특정 음식으로 월병을 들 수 있겠으나 중추절에 벌어지는 놀이라든가 특정한 가무 같은 볼거리(흥행)가 없으니 한국의 추석과 근본적으로 다르다.

문화발명권과 관련하여

신라의 추석은 음력 8월 보름에 국왕으로부터 서인(庶人)에 이르기까지 베짜기·활쏘기 따위를 하거나 보면서 송편을 먹고, 달놀이를 간다. 이러한 레퍼토리를 보더라도 추석은 신라시대 이래 설날과 더불어 나라의 2대 명절이었음을 알 수 있다. 그 무리 축제를 일러 족히 '국중대회'라 하겠다. 한자문화권 가운데서 '추석'이라는 아명(雅名)으로 부르고, 이 명절에서 유래한 노래가 있으며, 송편이라는 명절 음식을 먹고 놀이를 즐기는 세시풍속은 신라를 제외하고는 보기 힘들다.

베짜기를 겨루어 그 많고 적음에 따라 진 편은 울면서 노래하고 춤춘다 하니 그만큼 진지한 내기(bet)로서 가히 여성 축제라[83] 할 만하다. 이 밖에도 가윗날에는 고승의 빗돌을 세우는가 하면, 저녁이 되면 누대(樓臺)에 올라 달맞이를 한다.

추석에 펼쳐지는 온갖 놀이[百戲]와 난장 장면은 고구려 고분벽화에도 나온다. 흥행에는 종목을 가리지 않는다는 말이 여기에서도 통한다.

씨름무덤의 씨름그림, 춤무덤의 춤·노래와 주먹다짐(martial arts), 덕흥리 무덤그림의 활쏘기 대회나 무등놀이, 접시돌리기 같은 '묘기대행진'이 망라된 광경이 신라 추석이다. 활쏘기는 물론 역사(力士)들의 힘겨루기나 씨름대회도 모르는 사람이 보면 전쟁유습(戰爭遺習) 또는 전승기념일이라고 할 만하다.

성(聖)과 속(俗)이 어우러진 추석 쇠기는 계급이나 신분을 막론하고 참여하는 축제다. 거기에는 승패(勝敗)를 가리는 놀이(game)가 있으며, 위로는 우주창조를 되새기는 의식(rite)이 재현되며, 아래로는 구경거리가 펼쳐진다. 엄숙·긴장과 휴식·재미는 놀이의 양면이다. 공동체 구성원 모두가 참여하여 세상질서가 일상(日常)보다 한 단계 높아졌다고 느끼고 확신하게 되는 고전적 놀이의[84] 면모다. 8월 보름에 조상이 깃든 장소를 찾아뵙는 제향, 즉 성묘는 신라의 종묘와 가락국 제사에서 언급한 바 있다. 우리나라 사람들이 추석에 산소 찾는 풍속의 시작을 이규경은 가락국 수릉(首陵)에서 찾고 있는데[85] 성격상 신라의 그것과 크게 다르지 않다. 그렇다면 추석은 고대 한반도의 남쪽 두 나라의 공통된 명절이었음을 알 수 있다. 가락국이 멸망한 뒤의 엔닌 시절로 말하면 그것은 신라에만 있는 풍속이 된다. 신라시대 이후로도 추석은 고려, 조선, 한국만이 누리는 명절이자 축제다.

중국인들이 말하는 '발명권(發明權)'이란 어느 개인이나 기관 또는 국가(국민)가 창조적이고 중대한 과학기술 또는 문화적 성취에 대하여 누리는 물질적·정신적 인센티브로서 법률적으로는 소유권이나 재산권을 말한다. 이러한 기본 개념을 오해하거나 잘못 적용하면 이웃나라와 충돌이 있을 수밖에 없다.

한국의 추석을 중국 중추절의 아류로 보는가 하면 추석과 중추절은 서로 직접적 관계가 없다고도 하여 추석의 정체성에 대해 논쟁이 거듭되고 있다. 돌이켜 보면 신라의 추석 의례나 놀이의 모습은 근대에 이르기까지 거의 변함없이 내려왔다. 이것은 신라(한국)가 추석 명절의 본고장이기 때문에 이른 시기부터 다양한 내용이 존재하며 그 본질은 변하지 않았음을 말해 준다. 여기에 비해 중국의 중추절은 북송대에 와서야 보이고, 달을 완상하는 풍류가 거의 전부이다가 명대에 와서는 월병을 선물하는 풍습이 가미되었다.

중국에서 중추절이 차지하는 위상을 보면 자명하다. 중국의 중추절은 근대로 내려오면서 3대 → 2대 명절로 격상되었다. 이러한 변화의 원인으로는 이웃에 있는 신라(고려, 조선)의 영향을 빼고는 이해하기 힘들다.

7장
글로벌 시대 문화다양성의 가치와 문화유산

권혁희

culture
traditions artifacts
food

language

values

society identity
symbols

identity
values customs

traditions
music
culture art identity

'문화유산'이라는 글로벌 현상

　문화유산과 관련된 최근의 담론은 그것이 유형이든 무형이든 그 자체의 본질로 존재하기보다는 해당 사회가 그것을 사용하는 방식이나 가치를 창출해내는 상징적 체계로 설명하고 있다. 그런 점에서 문화유산은 그것이 건축물이나 장소든지, 구전의 민요나 음악이든지 간에 무형적인 면이 강조되기도 한다.[1] 이는 문화와 유산이라는 단어의 결합이 시사하듯이, 과거로부터 남겨지거나 전달된 유무형의 산물 중 특정 시기, 특정 대상을 가치 있는 것으로 해석하고, 이를 사회구성원들이 공유하는 것으로 나타난다. 동시에 문화유산의 탄생, 근대 국민국가의 형성과 내셔널리즘에 의해 추동되는 상상의 공동체를 만들어왔던 역사와 불가분의 관계를 맺는다. 근대성의 형성 과정에서 상당수의 국가들은 필요에 따라 민족이나 국가의 역사와 문화를 서사화했으며, 그 과정에서 과거의 유적과 유물은 서사화 전략의 중요한 증거물로 문화유산의 반열에 올려졌다. 우리가 흔히 무형문화유산이라고 부르는 생활양식, 의례, 의식주, 놀이, 축제 등 다양한 문화요소들 역시 특정 사회가 중요하다고 판단한 대상을 전통으로 창출해내는 과정을 거치면서 의미와 가치가 부여된 산물로 이해할 수 있다.

또한, 최근 활발하게 논의되고 있는 유네스코의 인류무형문화유산 지정 제도 역시 유엔이라는 국제기구를 중심으로 창출된 21세기 글로벌 문화 현상의 일부로 이해할 수 있다. 이에 대한 세계 각국의 대응은 실로 다양하다. '유엔체제' 중심의 문화유산제도가 갖는 정치성에 대한 많은 비판에도 불구하고,² 문화다양성의 가치를 지켜내는 실천적 대응으로서 지구상의 국가들이 상당한 수준으로 합의에 이르렀다. 특히, 제1세계인 서구 중심의 세계문화유산 지정 제도와 달리 아시아, 아프리카 등 비서구 문화의 무형문화유산 지정은 지난 세기 서구 문명의 역사를 표상하는 역할을 했던 세계문화유산제도와 균형을 맞춘다는 점에서 다양한 국가들의 참여로 활성화되었다. 이뿐만 아니라 제2세계인 사회주의권 국가들도 글로벌한 문화유산 담론 형성에 일조하며 참여하였다. 구소련의 국가들과 동남아시아를 비롯해 중국과 북한 같은 사회주의권 국가들 역시 이러한 담론 확산에 적극적으로 참여하고 있다.³

한편, 현세 문화다양성의 가치를 내세우는 유네스코의 인류무형문화유산 협약은 각 국가들이 처한 상황과 문화유산을 둘러싼 해석의 차이 속에서 다양한 반응으로 나타나고 있다. 상당수의 국가가 협약에 참여하고 있지만, 미국은 다양한 문화의 융합 속에서 문화다양성의 가치를 담아내고 표현할 수 있는 체계로서 이 협약에 의문을 품으며 아직 가입하지 않고 있다. 독일 역시 협약에 가입하지 않다가 최근에야 가입했다. 반면 프랑스는 매우 열성적으로 인류무형문화유산제도에 부응하는 정책을 펴고 있다.⁴ 이처럼 각국은 민족적 정체성을 통합하고 가열시킬 수 있는 이 제도가 문화다양성의 가치를 어떻게 수용할 수 있을지에 대해 숙고하며 제각각 대응하고 있다. 소위 민족정체성을 표현하는 문화요소들이 문화유산화되면서 배타적인 경쟁이 과열화되고 있으며, 국민국가의 경계가 그 경합의 단위가 되어 가고 있다.

이 글에서는 이러한 문화유산제도를 둘러싼 다양한 이슈 중에서 갈등을 크게 유발했던, 그리고 여전히 그 양상이 지속될 가능성이 큰 한국과 중국 간의 문제를 다루고자 한다. 인류무형문화유산제도는 국가지정 문화유산 지정을 전제로 하며, 각국이 근대 국민국가 이전 체계에서 상호 간의 공동 문화를 공유해온 경우 경쟁은 불가피할 수 있다. 이에 대한 대응으로 유네스코에서는 공동 등재를 장려하고, 문화유산의 기원에 대한 논쟁과 갈등을 촉발하는 경쟁을 허용치 않고 있다.

그러나 현실적으로 해당 국가 간의 외교적 관계뿐 아니라 국민 간의 논쟁, 여기서 촉발된 감정적 소모와 혐오는 물론 해당 국가의 문화상품이나 제품 불매 등 극단적인 대립에 이르고 있다. 이를 따라 본론에서는 유네스코 인류무형문화제도 자체가 글로벌 문화정치 체계 속에서 각국을 경쟁체제로 내몰았던 상황을 살펴보고, 이러한 갈등의 기저를 이루는 인식체계가 무엇인지 설명하고자 한다. 특히, 중국의 극심한 중화민족주의가 근대 이전의 위계 구도를 그대로 드러내면서 한국문화를 표상하는 김치, 한복 등의 문화요소가 중국문화에서 기원한다는 주장이 큰 이슈로 부상하고 있다. 이러한 현상을 제국시대 시대 인류학의 진화주의와 전파주의가 대중에게 확산되었던 것과 비교하여 살펴보고자 한다. 이를 통해 한중간 전통문화를 매개로 전개되는 이른바 '문화전쟁'[5]에 대한 분석과 동북아시아에서 벌어지고 있는 문화유산을 둘러싼 갈등의 양상을 심도있게 검토하고자 한다.

초기 인류학을 통해 본 중국의 문화 기원 논쟁
- 전파론의 한계

최근 문화전쟁으로 표현되는 한국문화에 대한 중국의 공격은 초기 인류학에서 나타난 기계적인 전파론을 연상시킨다. 전파론이 탄생했던 19세기 말 인류학은 서구의 제국주의가 가장 극렬했던 시기를 배경으로 서양에 의해 발견된 새로운 타자들을 과학적으로 설명하는 것이 사명이었다. 다윈의 진화론 이전부터 존재했던 사회진화론적 세계관은 스펜서 이후 정교해지며 점차 대중적으로 확산되어 갔다. 인류학 역시 그 영향 속에서 문화를 야만-미개-문명의 위계 구도를 통해서 수많은 타자를 분석하였다. 그리고 얼마 뒤 몇몇 문화적 특징들은 혹은 문화요소들은 한 곳에서 다른 곳으로 전파된다는 문화전파론이 진화론을 보충하는 관점으로 세시되었다. 두 이론은 20세기 초 기능주의와 문화적 특수주의, 문화상대주의로 이어지며 고전주의 시대 인류학의 중요한 이론으로 자리를 잡게 되었다.

여기서 전파론은 그 이전 시대의 유산인 진화주의와 분리될 수 없는 동시대의 인식론적 사고체계이다. 19세기 말 에드워드 타일러(Edward Tylor, 1832~1917)에서 시작되는 빅토리아 시대의 진화론자들은 물질문화뿐만 아니라 신앙, 혼인, 친족체계 등과 같은 인간의 생활양식과 사회적 관계들을 포괄하는 문화요소가 야만에서 미개를 거쳐 문명으로 나아간다는 도식적인 사고를 전개했다. 마치 제임스 프레이저(James G. Frazer, 1854~1941)가 『황금가지』에서 주술에서 종교, 과학으로의 진화를 설명했듯이 진화의 법칙적 사고는 이 시대를 풍미한 인식론적 체계였다. 아메리칸 인디언의 친족체계를 연구한 루이스 모건(Lewis Morgan, 1818~1881)의 인류학 역시 친족의 호칭과 분류체계, 가족의 구성 등이 야만-미개-문명으로 구분하는 연구결과였다.[6]

이후 진화론은 주위 문화와의 관계를 설명하지 못하는 취약점을 보완하는 문화의 접촉과 전파를 강조하는 전파론이 독일의 지리학자인 프리드리히 라첼(Friedrich Ratzel, 1844~1904)에 의해 제기되었다. 그는 문화요소의 분포를 지도에 기입하고 범위를 파악하는 실증적인 방법으로 가설과 추측으로 난무한 진화주의를 넘어서고자 했다. 라첼의 제자인 레오 프로베니우스(Leo Viktor Frobenius, 1873~1938)는 '문화권'이라는 개념을 고안하여 특정 문화요소들이 일정 지역에서 독특한 역사적·지리적 관계를 보여주고 있음을 설명하였다.[7]

전파론이 고고학적 유물을 중심으로 실증성을 높이려고 했다고 해서 분별없는 추측으로부터 자유로웠던 것은 아니었다. 영국의 엘리엇 스미스(Elliot Smith)는 고대 이집트 문명이 동양과 태평양을 건너 신대륙에 전파되었다고 주장하는 태양중심주의를 내세우기도 했다.[8] 이 같은 극단적인 전파론은 문화의 자생적 창조보다는 타문화를 통한 차용을 강조한 것으로 학계에서 수용되거나 이론으로 통용될 수 없었다.[9]

문화권 연구는 독일인으로 미국 인류학의 선구자가 된 프란츠 보아스(Franz Boas, 1858~1942)에 의해 아메리칸 인디언 문화를 설명하는 방식에도 적용되었다. 1923년에는 보아스의 제자인 위슬러(Clark Wissler)가 문화특질이 모여 문화복합을 구성하고, 그것이 발생지에서 물결처럼 퍼져 나간다는 문화영역설을 주장했다. 문화영역설은 문화를 여러 요소로 나눌 수 있다고 가정하고, 이 요소들은 문화복합을 형성하며, 문화복합 사이에는 유사성을 중심으로 타입화하여 공간 차원으로 보면 문화영역이 된다고 주장하였다. 위슬러는 문화중심(culture center)이라는 개념을 사용하였는데, 지역 전체에서 전형적인 문화요소가 가장 많이 분포하는 지역을 의미한다. 또 연대-지역 가설(age-area hypothesis)을 제시하면서 시간을 분석에 도입하였는데, 오래된 요소일수록 널리 분포하며, 문화의 기원 지점은 특질이 가장 많이 집중되는 지점이라고 보았다.[10]

그러나 전파론은 어떤 문화요소는 왜 소멸하고, 다른 요소는 변형되는지를 설명하지 못했으며, 왜 문화중심에서만 발명되고 발전되는지도 명확하게 규명하지 못했다. 형태유사성이라도 지역에 따라 기능과 의미가 다르면 물질적 요소가 유사하더라도 전파라고 할 수 있는지에 대한 질문에도 명쾌한 답을 내놓지 못했다. 따라서 오늘날의 인류학자들은 전파를 통한 문화특실의 확산을 인정하지만 문화 발전과 다양성의 대다수 측면을 전파하는 관점에서 설명하려는 시도는 거의 하지 않으며,[11] 전반적으로 문화적 지속성을 강조했다. 그러한 면에서 인간적 혁신이나 창조성을 과소평가한다는 비판[12]을 피하기는 힘들었다. 물론 전파론에서 시작된 문화권과 영역론은 문화 비교라는 거대한 역사적 작업으로서 의미는 있었다. 비록 현대의 학문 영역에서 전파론은 거의 사라졌지만, 고고학과 생물인류학에서 학문적 연속성을 이어가고 있다.

이후 전파론은 점차 활력을 잃어갔으며, 미국에서는 프란츠 보아스에 의해 인간집단은 각 집단의 특수한 역사적 배경과 과정에 의해 결정된다는 문화적 특수주의(cultural particularism)로 발전되었다. 그리고 문화적 차이는 우열관계로 설명할 수 없으며, 그 차이는 그 문화 내에서 설명할 수 있다는 문화상대주의가 광범위하게 확산되었다. 19세기 말에서 20세기 초반에 흐르는 이러한 이론적 변화는 프란츠 보아스와 그의 제자들의 문화상대주의가 일반화되면서 막을 내리게 되었지만 대중의 사회진화론적 사고는 점차 확산하여 20세기 내내 그리고 현대사회에서도 지속하고 있다.

문화적·물질적 요소의 기원이 오래되었다고 해서 기원이 된 지역의 민족이 우월하다고 할 수는 없다. 태양중심주의를 비롯한 서구의 비서구에 대한 지식 생산은 오리엔탈리즘 담론의 일부로 비판받기도 했다. 요컨대, 전파론과 문화영역, 문화중심 개념과 연대-지역 가설 등의 이론으로 현대사회를 실증적으로 분석하는 연구모델은 불가능하다. 과거 사회에 국한하여 지역과 특정 문화요소만을 고정하고, 이를 문헌과 대조하여 그것의 전파 관계를 추론할 수는 있다. 하지만 매우 광범위한 수준에서 특정 문화요소의 전파는 추론 불가능한 상상의 작업일 가능성이 크다. 전파론 중 비교적 실증성이 높았던 연대-지역 가설, 즉 오래된 요소일수록 널리 분포하며, 문화의 기원 지점은 특질이 가장 크게 집중되어 있다는 설명은 어디까지나 아메리칸 인디언의 문화를 비교하는 방법일 뿐이었다. 아메리칸 인디언에 한정하여 들소나 옥수수, 순록, 언어, 야생 열매, 집약 농경 등 식량 중심의 문화영역과 종교나 사회조직 등을 지도에 함께 표시하고자 했던 시도였다. 특히 점점 사라져 가는 다양한 아메리칸 인디언 문화에 대한 구제조사라는 인류학의 역할로서 수행된 것이지 현대 미국 사회에서 아메리칸 인디언 문화를 논의하는 데는 맞지 않다. 따라서 순수 전파론으로 실증적이고 복합적인 문화권,

문화중심론 관점에서 현대의 중국과 한국을 대상으로 한 김치와 한복, 단오 등의 문화요소들을 실증적으로 설명하는 것은 불가능하다.

역사·사회·문화적 실천으로서 문화유산
- 단오와 김치의 사례

문화의 기원과 전파라는 케케묵은 논의에 집중하기 위해서 2005년 단오를 두고 벌어진 한·중 간의 논쟁은 좋은 시사점을 제공한다. 이 논쟁은 한국의 강릉단오제가 중국에 기원하는 세시풍속이라는 중국 측의 문제 제기로 촉발되었다. 한국 측에서는 적절한 논리로 방어했지만 이 이슈는 향후 중국을 중심으로 확산하는 문제의 시작점이었다. 여기서 잘 알려지지 않은 것은 북한의 대응이었다. 북한은 1986년 조선민족제일주의를 강조해 나가며 1989년 4대 명절을 복원한 바 있다. 당시 설과 추석은 물론 단오와 한식을 전통 명절로 지정했는데, 2005년의 논쟁 즈음에 단오는 정월대보름으로, 한식은 청명으로 교체하였다.

주지하다시피 단오와 한식은 중국 고대 문헌에서 잘 기록되어 있으며, 한국에서도 중국에서 기원한다는 설명이 국립민속박물관이 편찬한 『세시풍속사전』에도 등장한다. 이에 대해 북한은 그 기원이 중국에 있음에 주목하고 단오를 고유 명절에서 제외하여 남한과 차별화된 민족문화 개념을 적용하였다. 이를 통해 북한은 주체적인 민족성에 맞는 명절을 취사 선택함으로써 전통 명절이 함의하고 있는 상징적 의미를 당대의 해석에 따라 교체하게 된 것이다. 앞서 북한은 1980년대 중반까지 봉건적 시간 체계와 생활문화의 산물인 세시풍속을 거부하고 사회주의 명절을 채택한 바 있다. 1990년 전후로 나타난 사회주의 진영의 몰락 속에서 조선민족제일주의는 북한 체제를 지키는 '숭고한 사상 감정'으로 양력 설과 추석, 단오, 한식 등을 전통 명절로 부활시켰다가 2000년대 중반 이후 단오와 한식을 정월대보름과 청명으로 교체하고 이후 음력 설을 추가하는 등 보다 민족적 색채가 강한 방향으로 나아가고 있음을 알 수 있다. 이러한 일련의 흐름은 북한의 단오문화가 역사적 구성물임을 설명한다고 할 수 있다.

이러한 흐름을 중국에 오버랩하면, 중국은 1966~1976년에 문화혁명이라는 급진적 사상혁명을 경험하였다. 유무형의 전통적 가치와 의미가 전복되는 걸 목격했던 북한은 김일성의 유일영도체계를 유지하며 봉건적 생활관습을 일소하고 사회주의 생활양식을 확립하는 시도를 전개하였으며, 유적과 유물이 담보하고 있는 민족문화의 가치는 그대로 존속시키고 있었다. 중국이 전면적인 사상적 재고를 통해 전통을 외면했던 것과는 차이가 있다. 1990년을 전후로 북한이 전면적인 조선민족제일주의를 내세운 것처럼 중국의 개혁·개방 성과와 시장질서의 성공적 진입은 '찬란한' 1990년대를 거쳐 2000년대 동북공정 프로젝트로 나타났다. 그 사이 북한과 중국은 세계문화유산 지정에 적극적으로 참여하기 위하여 인류무형문화유산 지정목록 선정을 위한 국가 제도 정비에 착수하였다. 중국은 국가무형문화유산제도를 2006년에 지정하고, 이에 대한 법률 제정은 수년간 보완하여 2011년 비물질문화유산법을 제정하였다. 이 법은 무형문화유산 조사와 대표 목록, 전승 및 교육, 법적 책임 등에 대한 것이다.[13] 북한도 2008년에 유네스코 인류무형문화유산 협약에 가입하며 2012년 비물질문화유산을 법제화하며 조선민족제일주의의 중요 정책으로 추진해 나가고 있다.

　서론에서 언급했듯이 문화유산은 문화의 특정 양태나 생산물, 양식화된 형태가 세대를 통해 전달되고, 해당 사회(국가)가 이를 선택적으로 인정하거나 공인하고, 제도화시키는 과정을 거친다. 여기서 인간 삶의 총체를 반영하는 추상화된 문화의 개념은 다양한 형식과 내용으로 카테고리화되는 과정을 거치며 가치 있는 유산으로 창출된다. 그 과정은 다양한 주체에 의해 정치성을 함의하는 사회적 행위이기도 하다. 한국의 무형문화재들은 전국민속경연대회의 수상작이라는 점에서 누군가에 의해 발굴·학습되었으며, 학자와 국가기관에 의해 인정되는 과정을 거쳐왔다. 물론 여기에는 전승 주체나 공동체 집단의 역할도 있었다. 더불어 문화유산이라는 방식의 사회적 창출과 그것이 주는 상징적·권위적 효과는 현대 한국 사회가 만들어 냈으며, 그것의 체계는 식민지 시기 일본의 정책·제도와 불가분의 관계를 맺는다. 비록 제도의 체계가 일본의 것을 모방했더라도 그것의 사회적 실천은 식민지배하에서 억압되었던 한국인 자신의 문화에 대한 자각과 발현, 근대화에 대한 대응으로서 의미가 있다.

　이와 관련해 문화에 대한 설명방식 또한 변화하고 있음에 주목하자. 앞서 언급했던 진화주의와 전파론을 거쳐 문화상대주의 시대의 문화론은 문화가 안정적으로 세대 간에 전승되고, 학습되고, 공유된다는 전통적인 개념 속에서 논의된 논쟁들이다. 이후 20세기 중후반을 거치며 포스트모더니즘 담론의 영향으로 문화에 대한 정의도 기존의 틀이 거의 해체되기에 이른다. 문화는 어떤 의미에서 만들어져 가는 과정이며, 개인과 집단에 의해 실천되는 양상일 수도 있으며, 의도하든 의도하지 않든 무수한 맥락 속에서 다양한 의미를 생성한다. 이에 대해 클리퍼드 기어츠(Clifford Geertz)는 「문화체계로서의 종교」라는 논문에서 인간을 주어진 문화적 자원들을 이용하여 '의미의 망'을 끊임없이 짜내는 존재로 설명하였다. 고전주의 시대 문화가 총체적·통합적·정태적인 것은 아닐지라도, 현대세계에서는 뚜렷한 경계가 있다고 할 수는 없어도, 적어도 사람들은 자신의 삶을 이해하기 위해 노력하며 계속해서 의미를 만들어낸다는 기본적인 가정은 여전히 유효하다.[14]

김치라는 물질문화의 사례도 형성 과정과 인간집단의 실천에 의해 그 '의미의 망'이 만들어졌다고 할 수 있다. 그 과정에는 한국인들뿐만 아니라 외부자들과의 관계까지 복합적으로 작용했다. 무엇보다 김치가 한국 음식문화의 표상으로 선명하게 드러났던 것은 외부자들의 반응, 특히 서울올림픽을 통한 20세기 후반의 현상이었다. 외부세계에 한국적인 것을 표현해야 하는 국제적인 이벤트에서 김치는 강렬한 인상을 주었다.[15] 만약 이러한 세계화의 경험이 없었다면 한국인들이 김치를 한국문화의 상징으로 자각하는 강도는 약했을 것이다. 김치가 민족정체성의 상징으로 부상한 것은 세계 속의 한국인이라는 자각과 외부와의 경계짓기를 통해 선명해졌음을 알 수 있다.

이와 함께 이보다 훨씬 이전의 역사도 살펴볼 필요가 있다. 1900년 전후에 중국의 호배추 품종의 다량 유입과 이전부터 사용된(임진왜란 이후에 유입된 것으로 추정) 고춧가루도 김치문화사에서 빼놓을 수 없는 요소이다. 일제강점기 신문기사를 보면, 김장철에 부족한 고춧가루를 만주에서 수입하여 충당하였다고 한다.[16] 또, 일제강점기에 출간된 『토막민의 생활위생』에서는 하층민의 김치는 소금에 절인 채소 정도였다고 한 것만 봐도 고춧가루는 값싼 양념이 아니었다.[17] 북한에서 김장전쟁을 경험했던 탈북자들은 고춧가루가 떨어지면 소금물에 무를 절이는 짠지를 담그는 것이 일반적이었다고 한다. 20세기 후반에는 고추를 절구에 찧어 사용하기보다는 곱게 가루로 빻아 넣어 김치의 색은 빨간색으로 변모했다. 지역마다 사용하는 다양한 젓갈과 양념은 아무도 의도하지 않았지만 각양각색의 김치로 변형되어 이어지고 있다. 김치는 일상 속에서 너무나 친숙하여 잘 드러나지 않는 존재지만 20세기 후반을 거치며 매운 음식을 잘 먹는 한국인의 상징으로 의미가 증폭되었다.

한국인은 한국 고유의 품종이었던 속이 차지 않은 배추를 얼갈이김치나 갓김치로 여전히 즐기고 있으며, 중국의 배추 품종이 주류를 차지하는 현상은 의식하지 않을 뿐더러 오래전에 수입된 고추의 존재도 외래로 의식하지 않는다. 무엇보다 만드는 지역과 가문, 사람의 전승에 따라 다양한 재료의 첨가를 통해 2백여 가지 이상의 민속적 분류가 나타나며, 이는 한반도라는 공간에서 다양한 김치의 문화적 지식(cultural knowledge)으로 이해할 수 있다. 이는 한국인들의 경험세계 속에서 정교한 언어적 분류체계를 가지며, 이러한 지식체계로서 문화를 발견하는 민속과학(ethnoscience)은 한국문화의 중요한 연구 분야이기도 하다.[18]

다시 문화의 개념으로 돌아가 살펴보면, 김치와 상호작용하며 살아온 한국인의 역사와 현재의 생활문화 속에서 김치를 의미 있는 것으로 공유하고 있는가가 중요하다. 우리는 그것을 정체성이라 부르고, '전승한다'라고 표현하여 공동체에 의해 정체성이 창의적으로 실천되고 있음을 알 수 있다. 따라서 인류무형문화유산의 명칭을 김치만들기(북한), 김장문화(남한)로 지정한 것도 김치를 만들고 나누었던 기억과 현재 공동체의 실천에 방점을 찍었기 때문이다.

이 이슈는 문화가 정체성의 문제임을 상기시키고 있다. 현재에도 미래에도 김치를 담그는 것은 세대 간에 전승되기보다는 한국문화의 상징으로 김치를 공유하고 중요한 정체성의 요소로 인식하는 현상이 전승될 가능성이 크다. 20세기 후반 들어 김치를 문화적 상징으로 여기는 강한 추동이 나타난 이후 21세기 인류무형문화유산의 지정은 이에 대한 가치와 의미를 공인해 주는 이벤트였다고 할 수 있다. 일본이나 중국이 유사한 채소절임으로 그 경계를 넘으려 할 때 한국인들은 문화 정체성에 대한 침해나 부당한 선넘기로 간주하고 있다. 오랜 역사 속에서 한국은 근대 이전에는 중국과의 관계 속에서, 20세기 초에는 일본의 식민지 경험 속에서 두 나라와 매우 역동적인 역사적 관계를 형성해 왔다. 이러한 배경으로 한국인이 강한 문화적 정체성을 형성하고 있는 대상을 문제시하거나 경계 넘기를 할 때 이를 공격으로 받아들이는 것은 당연할 것이다.

그렇다면 채소절임 문화의 기원 탐구를 통해 특정 국가에서 그것이 발원했다는 주장은 가능한가? 젓갈문화 같은 어류의 염장과 발효문화는 세계 각국에 분포되어 있다. 순대 같은 피를 이용한 음식의 조리도 부분적이지만 세계 여러 나라에 분포되어 있으며, 그 형성 과정은 정확한 실증의 영역을 벗어나기도 한다. 다만 우리가 알 수 있는 것은 유사한 문화요소들의 (비)균질적인 분포 양상과 각 문화 속에서의 변천사를 파악할 수 있을 뿐이다. 만약 중국의 특정 지역에서 한국식 김치가 유행하기 시작하여 수세대 동안 이어지고, 그들만의 방식으로 변형되어 자신들의 정체성을 보여주는 음식으로 변모했다면, 그러한 문화의 시작이 한국식 김치에서 출발했다고 해서 그들의 정체성을 표현하는 데 문제가 있다고 할 수 없다. 조선족의 음식문화도 다민족국가 속에서 그들의 종족정체성(ethnic identity)을 표현하고 드러내는 요소이기 때문이다. 인류무형문화유산 협약에서도 국가의 보호와 관리 못지않게 지역과 집단을 단위로 하는 공동체의 역할도 중요시되고 있다.

음식뿐만 아니라 시간문화의 한 형태인 24절기나 명절 세시풍속도 마찬가지이다. 한국사회는 근대화 이후 전통적인 시간 체계 속에서 견지했던 생활문화를 빠른 속도로 변화시켰다. 단오, 음력 설 등의 명절도 국가의 휴일체계에 영향을 받으면서 그에 따른 명절문화도 바뀌었다. 그것이 어디에서 기원해서 어떻게 변화해 왔는지에 대한 문제는 질문의 대상이 아니었다. 즉, 조선시대 단옷날에 씨름과 그네뛰기, 음식을 나눠 먹고 놀았던 문화는 그것이 어디서 기원하였는가가 중요한 것이 아니라 사람들의 생활문화에서 실천된 것들이 관심의 대상이다. 그 과정에서 소위 유교문화권의 한자 사용 왕정국가들의 기록문화는 민중의 역사를 이해하는 데도 지배적이다.

압도적인 문자기록을 가진 중국의 문헌은 조선에서 사용되어 덧붙여졌다. 24절기라는 전통적인 시간체계도 중국의 태양력이 조선에 사용된 것이며, 동북아시아의 전통적인 국가 질서의 영향 속에서 권력의 재현을 반영한 것이다. 주지하다시피, 책력 하사는 상당한 상징적인 의미로 해석할 수 있다. 그러나 왕실의 권력과 문자기록을 독점한 엘리트들의 기록만으로 24절기나 단오라는 명절을 전부 설명할 수 없다. 그들이 중국의 고사에서 비롯된 시원을 세시 관련 문헌에 기록했다고 해서 단오의 생활문화가 그들에게서 전파되었다거나 유사성을 가진다고도 할 수 없다. 단오의 민속은 역사적 과정을 거치며 지역적 차이를 만들었으며, 계층에 따라 세부적 차이를 보이며 구축된 문화적 산물이기도 하다. 강릉단오제는 그러한 것들의 일부가 21세기까지 변화를 거듭하며 지역문화를 대표하는 축제로 이어진 것이다.

예를 들어, 조선의 궁중에서는 지방에서 부채를 만들어 공조에 진상하면 임금이 신하들에게 나누어주는 관습이 있었다면, 강릉에서는 대관령 서낭께 제사를 지냈다. 이후 일제강점기에는 체육대회와 농악 경연 형식으로 변용되기도 했다. 또, 영광 법성포에서는 19세기 중반경 장시 및 상품경제의 발달이라는 사회·경제적 배경 속에서 단오제가 시행되었다가 일제강점기 중단되는 위기를 맞고 해방 이후 시대적 요구와 지역사회의 여건에 따라 재현되며 부활과 소멸을 반복했다. 현재는 1980년대 후반 전통적인 상인과는 다른 사회·경제적 기반을 가진 소상인들이 형성되면서 '부활'하였고, 국가무형문화재로 지정되어 이어지고 있다.[19] 경산의 자인단오제 역시 일제강점기 중단되었다가 해방 이후 간헐적으로 지내던 것으로 1971년 국가지정 문화재가 되며 지역의 전통에서 국가적 문화유산으로 창출되었다.[20] 이 과정에서 국가가 추동하는 민족문화에 대한 계몽의 권력뿐만 아니라 실천 주체로서 지역 공동체들의 역할도 매우 컸다. 이들은 국가정책을 활용하여 한국을 대표하는 전통문화로서 자리매김하고자 다각적으로 노력하였다. 한국의 단오는 지역 공동체들의 강한 열의를 자산으로 문화유산 정책을 이용하면서 지역 전통에서 국가 전통, 인류무형문화유산으로 변화하며 추동되었다. 비록 이러한 변화가 근대화 과정에서 증폭되기는 하지만 단오라는 시간문화의 구축과 이에 관련된 인간집단의 생활세계는 문화적·역사적 산물이라는 점이다. 근대 이전 전통사회에서도 이러한 변화가 계속 가해졌음은 당연하다.

남한보다 훨씬 더 풍성하게 단오를 명절로 보냈었던 북한에서 단오의 생명력이 유지되기 힘들었던 것은 사회주의 근대화 과정에서 국가 이데올로기의 힘이 지역공동체와 사람들에 의한 문화의 전승을 압도했기 때문이다.[21] 1989년 단오를 4대 명절로 복원했었지만 조선민족제일주의에 부합하기 위한 '순수한' 민족성 기준에 미달하면서 2005년 중국 명절로 치부되었다. 그런데도 일부 주민들은 단옷날 조상의례를 하는 등 국가적 통제 속에서도 느슨하게나마 명절로서의 의미를 부분적으로 이어오고 있다.[22]

한자문화권인 동아시아 3국이 오랫동안 시간문화에 대한 명칭체계를 공유해 왔지만 그에 상응한 문화마저 균질화된 것은 결코 아니다. 단오라는 특정 시간에 대한 지칭은 같았지만 의미 부여는 제각각이었다. 한반도만 하더라도 지역과 계층에 따라 다양하게 나타났으며, 현대사회에서는 국가에 의한 문화유산제도와의 호응 속에서 현재의 단오를 설명할 수 있다. 요컨대, 대중적 담론 속에서 부상하는 갈등의 양상은 실증의 영역을 벗어나 제국주의적인 방식으로 상대를 압도하려 하고 있다. 설령, 특정 문화요소가 중국에서 한국으로 전파되었다고 하더라도 그 문화를 수용했던 당대에도 그 사회에 맞는 맥락으로 재구성되었을 것이 분명하다.[23] 이후 수세기의 시간과 역사를 반추하면 앞서 사례로 든 문화요소들은 지속적인 변화와 실천 속에서 계속 창출될 뿐이지 누군가로부터 기원하고 그것을 수용한 결과로 설명하는 것은 불가능할 것이다.

민족 정체성 경합의 장으로서 문화유산
- 파오차이·한푸 논쟁

단오 논쟁은 중국이 문헌 기록을 통해 단오문화의 기원지를 중국으로 규정하고 한국으로 전파한 종주국으로 주장하면서 표면화되었다. 그러나 단오문화는 시간과 공간을 통해 오랫동안 변화해온 문화적 표현이자 양식으로 미래에는 어떻게 변화할지 아무도 모른다. 비록 이 논쟁에 일본이나 베트남은 참여하지 않았지만 한·중 간의 문제만이 아니다. 몽골의 후미(Khööii)도 중국과 심각한 갈등을 일으켰다. 중국의 소수민족인 몽골족의 가창 예술인 '후미(Mongolian art of singing, Khoomei)'가 2009년 인류무형문화유산으로 등재되면서 인근 국가인 몽골에서는 후미를 빼앗겼다고 주장하며, 이듬해 후미를 인류무형문화유산 대표 목록에 등재했다. 하지만 후미는 몽골뿐만 아니라 중국의 내몽골자치구, 러시아연방의 투바공화국·부랴트공화국 등 여러 곳에 전해진 다국적 음악 장르이다.[24]

중국 소수민족의 인류무형문화유산 등재 문제는 아리랑에서도 재현된 바 있다. 2011년 중국이 조선족의 아리랑을 인류무형문화유산으로 등재를 시도하자 2012년에 남한이 먼저 등재했으며, 2014년에는 북한도 등재하였다. 중국 조선족의 농악무의 경우 2009년에 등재되었으며, 남한의 농악도 2014년에 등재되는 등 양국의 경쟁은 심화하였다. 더불어 일본의 근대 산업시설과 조선인 강제징용과 관련한 세계문화유산 등재에 관해서는 격화된 역사전쟁의 양상도 나타났다. 최근 불거진 한복과 김치 논쟁은 대중국 무역·외교 문제, 대중문화에 대한 감정 갈등과 혼종화될 뿐만 아니라 상대국 비하와 상품 불매 같은 적대적 언행으로 이어지고 있다. 게다가 디지털미디어에 의해 증폭되어 급진적이고 폭력적인 주장이 자극적으로 확산되는 양상으로 나타난다.

'파오차이' 논란은 2020년 11월 29일 『환구시보』가 중국의 파오차이[泡菜]가 국제표준으로 제정되어 한국의 '김치 종주국 치욕'이라고 보도하면서 촉발되었다. 쓰촨 지역의 염장 채소인 파오차이가 국제표준화기구(ISO) 인증을 받아 국제 김치시장의 기준이 됐다고 보도했으나 김치는 이미 2001년 국제식품규격위원회(CODEX)의 국제규격으로 설정되었고, 'Kimchi'라는 영문 명칭이 국제적으로 공인되었다. 그동안 중국에서 김치를 '한국식 파오차이'로 부르는 게 일반화되면서 파오차이 중 하나가 한국 김치라는 오해를 낳은 것이다.[25] 중국의 바이두백과[百度百科], 유튜브 등에서 이런 잘못된 정보가 유통되고 있다. 이러한 중국의 종주국·문화 기원 논란은 과거 전파론 시대의 태양중심주의를 연상시키는 극단성을 표출하고 있다. 더욱이 이러한 일련의 사태를 대하는 중국 정부의 정책은 극단성을 조절하거나 완화하기보다는 암묵적으로 용인하고 심지어 특정 영역에서는 조장하는 듯한 태도를 보여 주고 있다. 이를 문화적 공격으로 판단하는 한국 대중의 반응은 당연한 것이다.

한복과 한푸 논쟁도 마찬가지다. 한복의 명칭 자체가 한옥이나 한식처럼 외부의 자극에 의한 20세기 전반에 자각된 자문화에 대한 반응들이다. 북한에서는 조선옷, 조선집, 조선음식(민족음식)으로 불린다. 일본과 서구의 영향 속에서 한국인의 전통을 구분하는 자각과 정체성 인식이 한복을 만들어 냈다. 그리고 20세기 후반 일상생활에서 한복이 탈(재)맥락화되면서 한국인의 전통을 표현하는 의복으로서의 상징성이 강하게 드러났으며, 이것이 한국적 아름다움의 가치로 공유되고 있다.

그러나 이 역시 오랜 사회문화사 속에서 형성된 산물이며, 하층계급 문화이기보다는 상층계급의 문화였다. 그렇다고 계급성 때문에 민족 정체성이 훼손된다고 의식하지 않으며, 현대사회에서는 일상에서 유리되었지만 의례용으로 착용되고 있다. 최근에는 고궁이나 문화유산 관람시설 방문 시 한복착용자는 입장료가 면제되는 등 쉽게 접할 수 있어 한복의 일상화가 확산되고 있다. 하지만 너무 서구적인 드레스 형식으로 변형하는 것에 대한 논쟁은 여전히 진행중이다. 젊은 층의 취향을 반영한 형태의 재생산이라는 측면에서 찬성하는 사람들과 전통 고수를 강조하는 이들 간에 논란이 존재한다.

어쩌면 한푸의 부상은 만주족의 전통 복장인 치파오와의 관계를 비롯해 중국의 다양한 민족 구성에 기인하는 문화의 복합성을 상징적으로 보여준다. 그러한 문화의 복합성과 다양성을 제쳐두고 기원을 명확하게 해서 우월적 위치짓기를 하는 것은 무엇을 의미하는가? 이것은 중국이 거대한 다민족 국가의 역사를 폐쇄적인 국가주의로 전환시키고 주변국에게 힘의 논리로 대응하고 있다는 것을 보여준다. 전통 음식이나 의복과 같은 해당 민족의 정체성을 상징하는 것들의 기원에 대한 문제 제기는 아무도 판별할 수 없는 힘의 논리를 보여주며, 그 경합의 선은 국가를 경계로 첨예화되고 있을 뿐이다.

이 문제가 다시 한 번 환기시켜 주는 것은 유네스코 인류무형문화유산 협약에 대한 충실한 이해일 것이다. 무형문화유산은 문화다양성의 가치를 실천할 수 있는 제도로서 세계 대부분의 국가들이 비준하는 보편성을 담고 있다. 이 협약에서는 국가의 보존과 관리 의무를 현실적으로 인정하지만 국가 단위의 문화를 강조하지 않는다. 특히 무형문화유산의 주체는 "특정한 문화요소에 정체성을 부여해 그것을 자신의 문화유산으로 인지하고 외부 환경에 대응해 끊임없이 재창조하는 '공동체, 집단, (경우에 따라)개인'이다.[26] 마찬가지로 한복이나 한식, 김치 등의 문화요소들이 똑같은 형식과 의미를 유지해왔다는 것을 의미하지 않는다. 이러한 관점에서 대대로 전승되었다는 것은 문화유산이 되는 문화요소가 오랜 역사적 과정을 통해 같은 형식과 내용, 의미 등을 유지했다는 것보다는 변형과 창조가 중요하다는 점을 알 수 있다.

따라서 한푸와 한복 논쟁은 실천과 과정으로서 문화를 이해하는 관점의 부재와 함께 한국과 한민족의 민족적 정체성의 상징, 심지어 한국문화의 세계적 인정욕구에 기원한 정책들을 점검할 것을 요구한다. 중국의 일부 극단적 태도를 거울로 삼아 훨씬 더 복합적이고 변화무쌍한 산물이자 추상적 개념으로서 문화에 대한 이해를 인간에 의한 실천과 그 과정의 산물로 이해할 필요가 있다. 물론 일방적인 공격에 대해서는 국가적인 대응도 있어야 한다. 그러나 외교나 통상 분야, 대중문화나 문화유산 지정 등의 다양한 문제에 어떻게 대응해야 하는지는 해당 사안에 따라 다양할 수밖에 없다. 어떤 방식이 더 탄력적이고 효과적인지도 상대의 반응에 따라 다르게 나타나야 하므로 이에 대한 준비도 쉽지 않을 것이다. 특히, 소분홍(小粉紅)으로 불리는 조직적인 디지털 군단의 활동[27]은 한국으로서는 민감할 수밖에 없다. 그런 점에서 필자가 제안할 수 있는 범위는 그러한 갈등 국면과 지점들을 잘 파악하여 비논리적인 주장에 대해 논박하는 것과 상대국의 역사와 문화를 존중해 가면서 우리를 성찰해야 한다는 소박한 결론에 이를 수밖에 없다.

문화다양성의 가치와 문화유산

지금까지 한국과 중국을 중심으로 문화(유산)의 기원 논쟁과 갈등을 살펴보고 그러한 인식체계가 담고 있는 논리를 분석해 보았다. 학술적 논의를 초월해 국가 간의 무역과 외교, 국방 등의 문제로 확대될 수 있는 예민한 주제로서 이에 대한 대응 또한 조심스럽다. 되짚어 보면 이러한 논쟁은 우리를 성찰할 수 있는 기회이기도 하다. 한국은 근대화 이후 전통문화를 극복해야 하는 한편, 다른 한편으로는 민족주의의 이데올로기적 편의에 따라 보존되거나 진흥되어야 할 무엇으로 의미화시키기도 했다. 그 과정에서 한민족 역사의 유구성과 자부심이 표현되도록 내면화시키고 확산하는 정책을 시도했음을 상기할 수 있다. 그런 점에서 국가가 강조한 민족주의적 관념들에 대한 보다 유연한 태도의 전환이 필요하다. 한반도에 대한 중국의 관점을 살펴보면, 한자문화 우산 속에서 문화를 꽃피운 수혜국으로 보거나 근대 이전의 우열관계를 통해 한국의 역사를 종속적으로 바라보는 듯한 태도를 보인다. 이는 마치 일본의 문화가 한반도를 거쳐 전파되었다는 서사를 통해 일본에 대한 우월감으로 작동하는 진화론과 전파론을 연상시킨다.

현대사회에서 전통으로 의미가 있다고 제안되는 것들은 최상위 지배층이나 왕실문화에 국한되지 않는다. 상당수는 보통 사람들의 문화 그리고 작은 지역적 단위에 의하거나 일부는 특정 가문이나 개인에 의해서 내려온 전통들이 다수를 이룬다. 강릉단오제도 강릉이라는 한 지방에서 이루어진 축제로서 그 지역 의례의 역사성에 주목한 것이다. 국민국가 혹은 민족적 문화유산으로서의 의미는 정책에 의해서 만들어질 수 있지만 실제로는 작은 단위의 공동체와 지역 집단에 의해 실행되는 것이 많다. 그런 점에서, 필요에 의해 만들어낸 국가적 성취로서 문화유산제도는 점차 냉정하게 보다 작은 단위의 공동체 문화의 다양성으로 전환시켜야 할 것이다.

그다음으로 민족적 정체성의 강화가 갖는 배타성에 대한 자각이다. 중국문화의 기원과 우월성의 표현은 얼마나 폭력적으로 보여지는가? 이를 계기로 우리 안의 타자들이 형성하고 있는 다문화적 맥락과 그것의 감수성 또한 예민하게 느낄 수 있는 기회로 삼아야 한다. 이미 우리의 생활공간에 들어와 있는 외국인 노동자 집단들이 세대를 거듭해 가며 한국에서 그들의 음식과 의례, 축제 등을 한다면 그 역시 그들의 집단적 정체성의 표현으로 충분히 인정해야 한다. 중국과의 갈등을 예민하게 키워간다면 우리 내부의 다양성에 대한 인정과 공존의 가치에 대해서도 배타적이고, 이에 대한 감수성은 형성되기 힘들 것이다. 이런 점에서 현재 한국인들이 중국에는 없는 (다른) 중국음식인 '짜장면'을 한국의 음식문화 범주로 인정할 수 있을까? 하는 의문이 든다. 20세기를 살아온 한국인의 삶에서 짜장면은 여러 세대를 거쳐 강렬한 기억을 남기며, 여전히 살아있는 음식문화로 이어지고 있다. 먼 훗날 이에 대한 우리의 가치판단이 중국음식이라는 이유로 배제할 수 있을지 의문이다. 현재 기준으로 한국의 음식문화로서 느끼는 거리감이 수세대가 흐른 다음 어떻게 변화할지는 모른다. 중국 조선족의 농악이 소수민족의 정체성을 표현하는 음악으로서 충분히 인정될 수 있듯이 이를 경쟁으로 느끼는 현실을 재고해야 한다. 마찬가지로 국가 간의 힘의 표출로서 문화유산이 사용되는 것 못지않게 우리 내부에서도 비민주적이고 배타적인 전통문화에 대해 열린 관점이 필요하다. 유교적 전통에서 만들어진 남성 중심의 다양한 문화요소들은 양성평등적인, 다양한 집단들의 참여가 가능한 창의적 방식으로 변화할 수도 있을 것이다.

　따라서 중국발 문화전쟁으로까지 비화되고 있는 그들의 공격성에 차분하게 대응하는 자세 중 하나는 우리의 탄력성을 높이는 것이다. 북한 역시 글로벌 기준에 합당한 인류무형문화유산제도에 힘을 기울이고 있듯이 유네스코에서 제안하는 방향은 더디지만 국가 간의 대립을 해소해 가고자 노력하고 있다. 특히, 한국은 일본과 함께 인류무형문화유산 협약이 만들어지는 배경을 제공한 모범국가로서 이 분야에서 성숙된 역할이 필요할 것이다. 중국과의 갈등을 잘 조정하는 것도 그러한 모습 중 하나이다. 그런 점에서 필자는 문화유산의 문제가 과거 역사에 종속된 문화가 아닌 현재를 반영하고 미래를 전망해 가는 프로젝트임을 강조하고자 한다. 우리가 문화유산을 통해 성찰해야 할 가치는 과거에 이루어진 전쟁과 정복의 역사 그리고 타자를 주변화시켰던 역사를 현재 속에서 화해와 평화, 다양성의 의미로 전환하는 작업일 것이다.

8장

한국과 중국은 왜, 문화로 충돌할까?

김인희

culture
traditions **artifacts**
food

language

values

identity
society
symbols

identity
values **customs**

traditions
music
culture **art** **identity**

문화 제국주의와 한중 문화충돌

　한국과 중국이 문화로 충돌하는 원인 중 하나는 중국이 서구 문화 제국주의에 대항하는 과정에 등장했다. 2004년 중국공산당 제16기 중앙위원회 제4차 전체회의는 문화안보를 정치안보, 경제안보, 정보안보와 함께 국가 4대 안보 전략으로 확정했다. 중국 정부가 문화안보를 중요한 전략으로 확정한 이유는 두 가지로 볼 수 있다. 하나는 서구문화의 유입과 함께 민주주의와 자본주의 이데올로기가 중국사회에 진입하여 사회주의 이데올로기에 위협을 가하고 있다고 판단했기 때문이다. 다른 하나는 2001년 중국이 WTO에 가입한 후 한류를 필두로 서구 문화가 중국에서 크게 유행하면서 중국 문화산업이 심각한 위기에 처했다고 판단하였기 때문이다.

　임동욱은 세계화와 문화 제국주의의 특징에 대해 분석하고 중국의 문화 제국주의에 대항하기 위한 전략에 대해서도 언급했다. 세계화란 세계가 하나의 단일 체제로 통합되어 전 인류가 하나의 체제하에서 삶을 영위하는 것으로, 구체적으로는 자본 축적의 공간적 범위를 범지구적으로 확장하는 새로운 형태의 생산양식과 교환체제가 확립되는 것을 말한다. 문화의 세계화는 문화 영역에서 세계화가 구축되어 문화의 유통과 소비가 별다른 제약 없이 국경을 넘나드는 것을 말한다. 문화 제국주의는 세계적 미디어 기업이 선도하며 영토가 없는 문화와 지식, 정보의 영역을 지배한다. 고전적 제국주의가 주로 군사력에 의해 물리력을 행사했다면 문화 제국주의는 자본의 이동, 상품과 서비스의 이동, 노동력의 이동 또는 침투라는 세련되고 치밀한 방식을 사용한다.

임동욱은 중국 정부가 문화 제국주의에 대항하기 위해 중국의 국가 이념에 반하는 문화상품에 대한 제재를 가하고, 자신들의 문화에 자신감을 불어넣기 위해 다양한 방법을 구사하고 있다고 하였다. 그리고 중국 정부는 문화 애국주의를 강조하며 중국문화와 중국어의 해외 전파에 주력하는 한편, 다른 나라의 문화상품이 중국으로 들어오는 것도 차단하고 있다고 하였다.

박영환은 단오 논쟁은 겉으로 보기에는 전통문화의 소유권 논쟁이었지만 사실은 서구 가치관의 유입을 차단하고 한류를 저지하기 위해 중국 정부가 주도한 것이라고 하였다. 당시 중국에서는 한국 단오제를 '서양의 명절(洋節)'이라고 하거나 한국문화(특히 K-POP)를 서양문화와 동일시하였는데, 이는 한류의 유행을 서구 문화 제국주의의 유행으로 인식했음을 알 수 있다. 중국 젊은이들은 밸런타인데이나 크리스마스 같은 서양명절을 즐겼는데, 중국 정부는 서구가치관의 유입으로 기독교의 평등한 가치관이 전파되어 체제에 위협이 되는 것을 경계하였다. 즉, 중국 정부가 단오 논쟁을 일으킨 이유는 서구의 평등한 가치관의 중국 유입을 차단하고, 젊은 층의 사회주의 이념이 희석이 되는 것을 막기 위한 것임을 알 수 있다.

단오 논쟁이 일어났던 2004년과 2005년은 한류가 정점에 일었던 시기다. 박영환은 K-POP 열풍 속에 중국 어린 학생들은 가방에 태극기와 H.O.T 사진을 함께 달고 다녔는데, 중국 당국으로서는 용인하기 힘들었을 것이라고 하였다. 한류가 드라마, 음반, 콘서트, 게임 등으로 확대되자 중국 정부는 한류를 저지하기 위한 수단으로 단오 논쟁을 일으켰는데, 그동안 한류에 긍정적이었던 사람들은 한국이 중국인의 조상인 굴원을 자신들의 조상으로 만들려 한다는 소식에 반중, 혐중으로 돌아섰다. 그 근거로 2005년 11월 강릉단오제가 유네스코에 등재된 이후부터 한국드라마 열풍이 사라지기 시작했다고 하였다.

윤경우는 중국 정부의 외래문화에 대한 선별적 수용과 거부가 항(抗)한류의 원인이라고 하였다. 중국은 개혁개방 이후 중화민족주의, 유교로 대표되는 중국의 전통문화, 사회주의 이론, 국가주의를 통해 서구를 비롯한 외래 선진문화와 자본주의 시장경제 요소의 유입 한도(限度)를 설정하고 여과를 통해 선별적으로 수용·흡수해 왔다. 중국의 문화정책은 자국 문화산업의 발전뿐 아니라 문화 콘텐츠 및 활동에 대한 정치적 통제의 유지라는 목표에 따라 수립되고 있다. 정치적으로는 서구의 자본주의 사상과 문화 확산으로 사회주의 이념이 훼손되고 공산당의 집권 정당성이 약화하는 것을 막으며 자국의 고유한 문화와 문화적 정체성을 보호하고, 경제적으로는 글로벌 경쟁체계 속에서 자국 문화산업의 국제적 경쟁력을 확보할 때까지 보호·육성하는 것을 목적으로 한다.

전체적으로 볼 때 사회주의 정체성과 공산당의 집권 정당성이 안정적일 때는 수용을, 반대의 경우에는 거부하는 태도를 보였다. 대외적인 압박으로 사회주의 체제와 공산당 정권에 대한 위협이 강해질 때도 역시 비슷한 양상을 보였다고 한다. 항한류가 발생한 가장 주요한 배경으로 한국 대중문화의 중국문화 잠식 또는 지배에 대한 경계심, 한류의 중국에서 일방적 독주와 중국 문화 콘텐츠의 한국에서 열세, 자국 문화 수호와 문화산업 보호가 자리하고 있다고 하였다.

위의 두 글은 서로 다른 주제에 대해 연구하였으나 비슷한 결론에 도달하였다는 점에서 흥미롭다. 한중 양국 사이에 벌어진 문화 소유권 논쟁이나 항한류 현상은 모두 중국 정부가 서구 문화 제국주의에 대응하는 과정에 발생하였다는 것이다. 정치적인 측면에서는 서구 이데올로기가 공산당 체제에 위협이 되는 것을 차단하고, 경제적으로는 한류를 필두로 한 서구 문화산업이 중국 문화산업을 잠식하는 것을 방지하기 위한 과정에 발생하였다고 하였다.

그리고 두 연구자는 한국문화에 대한 공격을 중국 정부가 주도하였다는 점에도 의견의 일치를 보았다. 윤경우는 2005년 〈대장금〉이 방영된 이후 항한류 현상이 일어난 것은 중국 정부가 규제를 통해 적극적으로 호응했기 때문이며, 오직 한국에 대해서만 문화로 제재하는 것 또한 한류를 저지하기 위한 목적이라고 하였다. 박영환은 중국 정부가 주도한 근거로는 『런민일보』가 오보였음을 인식한 후에도 전혀 수정하지 않았으며, 중국 정부는 한국이 실제로 중국 단오절을 강탈하려 하는지 관심이 없었으며, 중국이 2009년 단오절을 유네스코 문화유산으로 등재한 이후에도 관련 내용을 국민들에게 적극적으로 알리지 않은 점을 들었다.

시진핑 정부는 이전에 비해 강도 높은 '문화쇄국' 정책을 실시하고 있다. 시진핑은 서양문물에 대한 무분별한 추종은 "국가 운명을 좌우하는 중요한 사안"이라고 비난하였다. 최근 중국은 교회 철탑을 부수고, 베이징 지하철역의 영어 표기를 없애고, 학교에서 영어 교재 사용을 금지하고, 영어시험도 폐지했다. 이와 동시에 공교육에서 서구문화를 배척하기 시작하였다. 일부 초등학교에서는 외국과 관련된 서적을 검열하였는데, 곧 중학교, 대학교, 도서관까지 확대됐다.

뿐만 아니라 시진핑 정부는 자국민을 애국주의와 국가주의로 무장시켜 외국 문화와 문화상품이 중국으로 유입되는

중국인을 비하하였다며 비난의 대상이 된 디올 광고

것을 차단하는 애국주의 마케팅을 하고 있다. 2022년 1월 프랑스 브랜드 디올은 중국 전통 의상을 입고 디올 가방을 들고 정면을 바라보는 여성 모델의 모습을 실었다. 중국 애국자들은 '찢어진 눈'과 '못생긴 얼굴'이 중국을 비난하기 위한 것이라 하였다. 중국 사진작가는 "인종적 고정관념을 가졌던 나의 미성숙함과 무지에 대해 사과한다. 중국인의 (분노하는) 감정을 존중한다"며 사과의 뜻을 전했다. 애국주의로 외국 상품의 중국 진입을 차단한 예라 할 수 있다.

애국주의 마케팅은 중국에서 중요한 판매 전략이 되었다. 언론 보도를 통해 애국주의에 고무된 중국 네티즌들이 "중국의 이익에 해를 끼친 외국 기업들의 상품을 불매운동하였다"는 보도를 자주 볼 수 있다.

이들은 "외국 제품을 쓰는 사람은 매국노", "중국 제품을 쓰지 않는 사람은 중국인이 아니다"라고 얘기한다. 애국주의 소비를 중국에선 '궈차오(國潮)'라고 부른다. 궈차오는 중국을 의미하는 '궈(國)'와 유행을 뜻하는 '차오(潮)'를 결합한 합성어로, 중국 소비자들이 외국 제품 대신 자국 브랜드를 구입하는 성향을 말한다.

애국주의 소비 속에 많은 중국 소비자는 서양 브랜드에 등을 돌리고 있다. "중국 대중의 불매운동으로 아디다스와 푸마의 지난해 3분기 매출이 약 15% 감소한 것과 달리 중국 스포츠 브랜드인 안타는 작년 상반기 매출이 56% 급증하며 시장점유율을 확대했다. 안타는 최근 재무보고서에서 궈차오로 통하는 애국 마케팅이 중국산 브랜드의 인기를 견인한 것으로 분석했다."[1]

그런 측면에서 볼 때 최근 시진핑 정부가 단행하고 있는 '문화쇄국정책'이나 '애국 마케팅'은 두 가지 목적을 가지고 있다고 할 수 있다. 하나는 중국공산당에 불리한 문화와 정보가 유입되는 것을 차단하는 효과를 노리는 것이고, 다른 하나는 외국 상품의 중국 진입을 방지하는 것이다. 임동욱은 중국 정부는 애국주의 강화를 통해 다른 나라의 문화 상품이 중국으로 유입되는 것을 막고 다른 한편으로는 자국 상품의 판매를 늘리는 이중 효과를 노리고 있다고 하였다.

한중 간의 문화충돌은 현재진행형이다. 2020년 11월 한국 서비스를 시작한 중국 게임 〈샤이닝니키〉는 최근 한중 간 문화충돌을 일으키는 촉발제가 되었다. 캐릭터의 옷을 갈아입히는 게임인데, 한국 서비스를 시작하며 가상 한복을 출시했다. 중국 애국자들은 이 가상 의상을 중국 옷이란 의미인 '한푸(漢服)'로 표기하라고 요구했고, 이로 인해 한중 간 사이버 전쟁이 벌어졌다. 중국 네티즌의 요구로 게임사는 "일부 한국 계정이 중국을 모욕했다"며 서비스 종료를 결정했다.

중국뿐만 아니라 한국에서도 중국문화와 중국 문화상품에 대한 거부가 대단하다. 2021년 3월 SBS 드라마 〈조선구마사〉가 소품 사용 등에서 친중적이고 역사 왜곡을 일으켰다는 이유로 2회 만에 종영했다. 한국 유저들은 게임 중 중국 유저를 만나면 '톈안먼'이라는 말을 반복하는데, 이 말을 들은 중국인들은 스스로 게임을 포기한다. 그 밖에도 중국인을 자극한 뒤 그 반응을 웃음 소재로 삼는 유튜브 콘텐츠들이 넘쳐난다. 예를 들면 '타이완 넘버원'과 '톈안먼 노래를 들은 중국인 반응', '시진핑을 욕하는 걸 본 중국인 반응'이 있다. 온라인 게임이 한중 문화전쟁의 중심이 되었다. 온라인에서 촉발된 양국 간 싸움이 현실 세계를 뒤흔들었다.

연구에 의하면 온라인상 청년들의 반중 정서는 중국이 한국을 침략하려는 야욕을 품고 있다는 위기감과 불안감에서 기반한다고 한다. 예를 들어 중국에서 촬영된 '틱톡'(동영상 플랫폼) 영상들이 유튜브에도 올려지는데, 이를 두고 "중국 정부가 중국에 대한 친숙(함)을 유발하려 계획적으로 뿌리는 영상"이라고 반응하는 식이다. 한국 젊은이들이 '중국 혐오 댓글을 다는 것은 침략 야욕을 지닌 중국에 대항하여 한국의 자유민주주의를 지켜내는 행위'라고 인식하고 있다고 한다.[2] 일각에서는 중국산 제품 불매 운동이 일어날 조짐도 보이고 있다.

현재 한중의 문화충돌은 주로 문화상품에 등장하는 전통문화 소재의 소유권에 대한 논쟁을 중심으로 전개되고 있다. 이와 같은 논쟁이 벌어지는 이유는 한국과 중국은 전통문화를 소재로 문화상품을 창작하고 있기 때문이다. 표면적으로는 전통문화에 대한 소유권 논쟁이지만 보다 더 본질적인 목적은 소유권 논쟁을 통해 타국의 문화상품이 자국으로 진입하는 것을 차단하는 것이라 할 수 있다. 과거의 문화 소유권 논쟁이 한중 두 문화 제국주의 간의 경쟁과 대립 양상을 보인 것과 마찬가지로 현재의 문화충돌도 이와 유사한 성격을 띠고 있다.

중국 애국주의와 한중 문화충돌

중국 정부가 국내 통치를 위해 애국주의를 강화한 것도 한중 문화충돌의 중요한 원인 중 하나다. 중국 애국주의는 본질적으로 민족주의와 다르지 않다. 중국에서는 민족주의의 부정적 의미를 회피하기 위해 애국주의란 말을 사용한다.

박정수는 한국과 중국 간 문화충돌의 원인을 중국 민족주의에서 찾았다. 민족주의는 문화와 역사의 재해석을 통해 민족문화를 형성하여 구성원들의 민족 국가에 대한 충성을 이끌어낸다. 오랜 시간 역사와 영토를 공유했던 민족 국가들 간에는 특정 문화와 역사를 자국에 유리하게 해석하고 귀속하는 과정에 갈등이 등장하게 된다. 더욱이 민족문화는 민족적 자존심과 직접적으로 연결되기 때문에 국민 간 감정 대립으로 쉽게 전이된다.

중국 정부의 중화민족 만들기는 잠재되어 있던 한족 민족주의를 끌어내면서 대중 민족주의를 심화시켰다. 특히 중국의 홍위병적 민족주의는 한국과 더욱 첨예하게 갈등하는 요인이 되었다. 홍위병적 민족주의는 일절 타협하지 않고 적을 몰살시키는 자비심 없는 홍위병 스타일의 민족주의로, 이는 중국 민족주의가 이데올로기적 선동과 선전 그리고 대중적 동원과 폭력에 극단적으로 익숙한 민족주의라는 것을 의미한다. 중국 네티즌들이 주변국과의 작은 문화갈등이나 충돌에도 쉽게 극단으로 치달아 벌떼처럼 일어나 공격하는 것은 중국 민족주의가 홍위병적 대중 민족주의 성향이 있기 때문이라고 하였다.

윤경우는 중국 민족주의의 방어적 특징을 우환의식에서 찾았다. 중국은 외래문화에 대해 극단적인 배타성을 보이는데, 이는 중국 내면에 두 가지 모순된 의식이 자리하고 있기 때문이라고 하였다. 하나는 과거 오랜 세월 동아시아 지역에서 정치, 문화적 패권을 누려온 전통적 중화사상에서 발로한 우월(優越)의식이고, 다른 하나는 아편전쟁 이후 서구 열강에 당했던 역사적 굴욕 경험에서 비롯된 외부세력에 대한 피해의식에서 나온 우환(憂患)의식이라고 한다. 거기에다 중화민족의 위대한 부흥을 위한 21세기 강국의 꿈을 키워가는 과정에 생겨난 초조함이 더욱 극단적인 배타성으로 나타났다고 한다. 이러한 강박 관념과 불안한 욕구로 인해 중국인들은 자국에 대한 다른 나라의 태도가 호의적인지, 그렇지 않은지에 대해 정서적으로 민감하게 반응하는 경향을 가지게 되었다고 한다.

김인희는 한중의 문화충돌 원인을 애국주의를 강화하는 시진핑 정부의 문화정책에서 찾았다. 중국에서는 중국 공산당 체제에 대해 의심하고 반대하는 의식을 '허무주의'라고 한다. 허무주의라는 말이 처음 등장한 것은 문화대혁명이 끝난 이후다. 문화대혁명 시기 젊은이들은 사회주의 이상 국가 실현을 위해 자신의 모든 것을 걸고 헌신하였다. 그러나 문화대혁명이 끝나고 개혁개방을 하게 됨으로써 자신들의 이상도 안개처럼 사라졌다. 1980년대 중국에서는 자살률이 매우 높았다고 한다.

허무주의라는 말이 본격적으로 등장한 것은 1989년 톈안먼 사건 이후다. 중국 정부는 톈안먼 사건을 일으킨 이들이 허무주의에 빠져 동란을 일으켰다고 했다. 그리고 이들을 역사허무주의자 또는 문화허무주의자라 했다. 이후 실시한 애국주의 교육에서 허무주의 극복은 중요한 과제가 되었다. 중국 정부는 허무주의 극복을 위해 역사와 문화 교육을 실시하고 있다.

원래 허무주의는 중국 역사와 중국 문화를 부정하고 서구문화를 추종하는 것을 말한다. 그런데 시진핑 정부에 들어 허무주의의 초점이 공산당을 부정하는 것으로 바뀌었다. 역사허무주의는 중국 고대 역사가 아니라 주로 공산당의 역사를 부정하는 것을 말한다. 문화허무주의는 중국 전통문화가 아니라 공산당의 혁명문화와 사회주의 선진문화를 부정하는 것을 말한다.

시진핑 정부는 만연한 허무주의를 극복하기 위한 묘약으로 '중국 특색 사회주의문화'를 발명하였다. '중국 특색 사회주의문화'는 전통문화와 마르크스주의가 결합된 형태로, 중국 사회주의가 외부에서 들어온 것이 아니라 중국 전통문화에 기반하고 있음을 증명한다고 한다. 따라서 사회주의 문화는 배척할 대상이 아니라 전통문화처럼 보호하고 애국해야 하는 대상이 되었다. '중국 특색 사회주의문화'는 절대로 수호하고 지켜야 하는 대상으로 이에 반대하는 이들은 모두 타도의 대상이 되었다.

　중국에서 문화가 이데올로기 투쟁의 도구로 사용된 것은 오랜 역사가 있다. 근대 이후 중국 지식인들은 문화를 이용한 정신 개조를 통해 사회변혁을 이루고자 하였다. 신중국 성립 이후에는 국가가 문화를 국민정신 개조 수단으로 이용하였는데 대표적인 예가 문화대혁명이다. 현재 시진핑 정부에서 실시하고 있는 문화정책인 문화자신도 국민정신 개조를 목적으로 하는 정책이라 할 수 있다.

　시진핑 정부의 국민정신 개조 정책을 현장에서 실천하는 이들은 극좌 네티즌 집단이다. 중국 정부는 1990년대 초부터 애국주의 교육을 통해 친정부 네티즌 집단을 양성해왔다. 분노청년은 1990년대 중반 이후부터 2000년대까지 활동한 집단으로 애국주의 교육을 받고 자생적으로 등장한 집단으로 일본, 미국, 한국 등 외국을 공격하였다. 2010년대 초중반에는 중국 관료와 그 가족들이 중심이 된 자간오라는 집단이 활동하였는데, 주공격 대상은 중국 내 자유주의파 지식인이었다. 2016년 이후에는 중국 정부가 직접 조직한 '청년 인터넷문명지원자'와 한류팬들이 결합한 소분홍이 활동하고 있다. 이들은 형성 배경, 구체적인 활동, 주요 구성원, 주요 공격 대상, 정부와의 관계에서 차이가 나지만 본질적으로는 극좌 성향의 친정부 네티즌 집단이라는 점에서 일치한다.

　이들이 오직 할 수 있는 말은 "중국이 좋다(中國好)", "공산당이 좋다(共産黨好)"이다. 사이버 공간을 활보하며 중국의 이익에 손해를 끼치는 국가나 집단, 개인에 대하여 무작위적으로 사이버테러를 가한다. 이들은 문화대혁명 때 활동한 홍위병과 마찬가지로 이데올로기적 선동과 선전 그리고 대중적 동원과 폭력에 극단적으로 익숙하다. 홍위병적 성향의 중국 민족주의는 작은 이슈에도 쉽게 극단으로 치닫는 특징이 있는데, 말레이시아의 싱어송라이터 네임위(Namewee)와 그의 동료는 〈유리심장(玻璃心)〉이란 노래로 그들의 편협함과 극단적 성향을 비꼬았다. 〈유리심장〉은 "유리처럼 마음이 약해 조그만 비판이나 질책도 견디지 못하고 깨져 버린다"는 뜻이다.

시진핑 정부에 들어 한국에 대한 공격이 더욱 증가하고 공세적으로 바뀐 것은 중국에서 문화를 이데올로기 투쟁의 도구로 보는 시각과 이데올로기 선전, 선동에 능한 홍위병적 네티즌이들이 주도하고 있기 때문이다.

중화주의와 한중 문화충돌

중국 애국주의는 중화주의, 사회주의, 국가주의적 요소가 복합되어 있다. 중화주의는 말 그대로 중국이 세계의 중심이라는 것으로 중국 애국자들의 심장을 뛰게 하는 마르지 않는 샘물이다. "중화주의는 국가주의라든가 민족주의를 의미하는 내셔널리즘은 이것을 설명하기에는 너무나 보잘 것 없는 말이며, 중국인에게 있어서는 중국은 인민, 영토, 언어, 역사, 예술, 철학 등 모두 헤겔의 변증법에서 말하는 신테제(종합체)이며 요컨대 타국보다는 한층 종교적인 것이다."[3] 중화주의의 원천은 전통문화와 역사다. 그런데 중국인에게 있어 전통문화에 대한 자부심은 역사를 초월한다.

고대 중국에서 문화는 야만과 차별되는 문명을 의미했다. 문화를 기준으로 화하와 이적을 구분하였다. 즉, 문화가 있으면 화하이고, 문화가 없으면 이적에 해당했다. 문화는 화하만이 발명할 수 있고, 이적은 스스로 문화를 발명할 능력이 없어 화하의 문화로 교화되어 야만에서 벗어날 수 있었다고 한다. 따라서 이적의 땅에서 발견되는 모든 문화는 화하에서 기원하였음으로 그 소유권 또한 화하에게 있다고 한다. 이와 같은 논리에 따라 한국의 문화 독자성을 인정하지 않고 한국을 문화도둑 혹은 문화속국이라 한다.

중국 네티즌들은 종종 한국인들은 "중국에 감사해야 한다"고 말한다. 이 말의 뜻은 중국이 우수한 문화를 발명하여 한국이 혜택을 받았으니 중국에 감사하라는 것이다. 박영환은 중국인들의 이와 같은 사고의 연원을 음수사원(飮水思源)이라는 말에서 찾았다. 음수사원은 "물을 마실 때 우물을 판 사람의 은혜를 생각한다"라는 뜻이다. 중국인들 관점에서 유교문화는 중국에서 발생하였기에 모든 유교문화는 중국 것이며, 단오 문화도 중국에서 기원하였기에 그 근원과 소유권이 중국에 있다고 생각한다.

역사가인 E.H.카(E.H. Carr)는 "우리가 어딘가로부터 왔다는 믿음은 우리가 어딘가로 가고 있다는 믿음과 밀접하게 연관되어 있다"라고 하였다. 고대 중국은 예악문화로 사방의 이적을 교화하는 방식으로 천하질서를 완성하고자 하였다. 따라서 한국문화가 중국문화에서 기원하였다는 것은 한국은 고대 중국의 천하질서의 일부였다는 의미다. E.H.카의 견해에 따른다면 과거 천하질서를 인정하라는 중국의 요구는 현재 한중 관계에 대한 요구이며 더 나아가서는 미래 한중관계에 대한 요구이기도 하다. 따라서 한국인의 입장에서 한국문화의 중국 기원론은 당연히 불쾌할 수밖에 없다.

그동안 한국에서는 한중 간의 문화충돌을 단순한 전통문화 소유권 논쟁으로 인식한 경향이 있다. 그러나 한중 간의 전통문화 소유권 논쟁은 한국의 국가 및 민족 정체성과 관련된 문제이며, 더 나아가서는 독립국가로서의 존립에 관한 문제이기도 하다. 따라서 한국문화의 중국 기원론은 반드시 짚고 넘어갈 문제이다.

시진핑 정부 이전 한중 문화충돌은 중국이 수세적인 입장에서 방어하며 한국을 문화도둑 혹은 문화침략자라 하였다. 그러나 지금은 조선왕실이 입은 관복은 명나라가 신하국에 하사한 것이니 한국은 중국의 문화속국이라 한다. 근대적 개념인 '속국'이 과연 전통시대의 한중관계에도 적용될 수도 있는가 하는 것은 별개로 하고, 문화 관련 구체적인 사례를 살펴보면 위와 같은 주장은 전혀 타당하지 않음을 알 수 있다.

송나라에서는 고려의 접는 부채와 고려청자를 매우 좋아하였다. "서긍은 일찍이 고려의 백절선(白折扇)은 '소매 사이에 숨기니 사용이 매우 편하다'라고 했다. 소식도 '고려 부채는 펼치면 1척 넓이로 넓고, 접으면 두 손가락 두께가 된다'라고 감탄했다."4 명나라 때 서적인 『양산묵담(兩山墨談)』과 『숙원잡기(菽園雜記)』에서는 접는 부채의 원산지는 고려로 송나라 이후 중국에 전해졌다고 한다. 접는 부채의 원산지가 일본이라는 설도 있으나 고려의 부채가 가장 뛰어났음은 틀림없다. 고려는 송나라 도자기를 수입했지만, 도리어 고려청자는 송나라에서 크게 인기가 있었다. "13세기 고려는 청자 수출국이 됐다. 상감청자는 독특한 공예품으로 가장 환영받는 수입품이 됐으며 항저우(杭州)뿐만 아니라 전 중국에서 대량 발견되고 있다."[5]

원나라 말에는 기황후를 비롯한 고려 여인들이 원나라 황실의 후궁이 되거나 귀족 부인이 되면서 고려 복식이 유행했다. 당시 원나라에서 유행한 고려 복식을 고려양(高麗樣)이라 하는데, 수도인 베이징뿐만 아니라 원나라 다른 지역에서도 크게 유행했다. "1341년에서 1370년 이래로 궁중에서 일을 처리하고 심부름을 하는 일은 대부분 고려 여자들이 맡게 되어, 세상의 복식과 관모, 신발, 모자는 모두 고려 양식을 따르게 됐다."[6] 당시에는 고려어도 유행해 "딸이 바느질을 배우기 전에 고려에 가서 고려어를 배우게 했다"[7]는 기록도 있다. 어떤 중국 학자는 지금의 한류에 빗대기도 한다.

조선 왕실에서 명나라 관복을 입은 반면 명나라에서는 조선의 마미군(馬尾裙)이 크게 유행했다. "마미군은 조선국에서 시작됐다. 귀천에 관계 없이 입는 자가 나날이 늘어나 성화(成化, 1465~1487) 말년에는 조정 관리들도 이 옷을 입는 이가 많았다"[8], "문인들은 남녀가 마미군을 모두 입어 유가의 남녀유별 사상을 위반했다고 하여, 금지할 것을 요청했으나 유행을 막지 못했다."[9] 마미군은 말총으로 만들어 치마가 가라앉지 않게 지탱하여 풍성해 보이게 했다. 심지어는 마미군을 만들기 위해 전마의 말꼬리를 잘라 군사적인 역량이 대대적으로 약화됐다고 한다.

2000년대 중반 중국에서는 중추절의 기원에 대한 논쟁이 뜨거웠다. 왜냐하면 일찍이 중국 학자가 장보고가 세운 법화원에서 8월 15일에 명절을 지냈다는 기록을 근거로 중국 중추절의 기원이 신라 추석이라

마미군을 입고 공연하는 배우들

「명헌종원소행락도(明憲宗元宵行樂圖)」. 명나라 시기 작품으로 1966년 장쑤성(江蘇省) 쑤저우시(蘇州市) 후치우향(虎丘鄉)에서 출토. 국가박물관 소장.
명나라 헌종 주견심(朱見深)이 성화 21년 원소절 때 궁궐에서 마술과 곡예를 즐기는 장면을 그린 것이다. 원소절은 음력 1월 15일로, 우리나라 정월 보름에 해당한다. 헌종은 갈색 계통의 옷을 입고 노란색 장막 아래 앉아 공연을 보고 있다. 연기자들은 각종 악기 소리에 맞춰 물구나무를 서고, 동그라미를 만들고, 마술하고, 기공하는 등 다양한 묘기와 공연을 펼치고 있다. 그런데 공연을 하는 이들은 색깔은 다르지만 모두 코르셋처럼 퍼진 마미군을 입고 있다. 다른 그림에서는 관리들도 마미군을 입고 있어, 궁궐에서도 마미군이 크게 유행했음을 알 수 있다.

고 주장했기 때문이다. 2005년 강릉단오제가 유네스코 문화유산으로 등재되면서 중국 사회에서는 중추절도 한국에 빼앗길지 모른다는 긴장감이 팽배했다. 따라서 일부 학자는 중국 중추절은 신라 추석의 영향을 받지 않았다는 주장을 하였다.

필자는 일찍이 장보고가 중국 산둥성에 지은 적산 법화원의 8월 15일 명절에 대한 연구를 통해 한국에서 추석 명절이 가장 먼저 시작되었음을 밝힌 바 있다. 신종원은 사료를 중심으로 신라의 추석 명절의 특징을 규명하고, 한국, 중국, 일본 학계의 연구를 비판적으로 분석한 다음 다시 한 번 추석이 신라에서 처음 시작된 명절임을 밝혔다. 연구에 의하면 신라 추석은 국왕부터 서민이 모두 즐기는 명절로 신라시대 명실상부한 2대 명절 중 하나였다고 한다. 그리고 신라 시기 추석에 거행된 각종 놀이와 음식, 노래, 제사 등을 소개하고 추석은 신라 이후 끊임없이 이어진 한국의 명절이자 축제라고 하였다.

중국의 경우 당나라 시대 달을 감상하고 시를 짓는 풍속이 있었으나 귀족층에 한정되어 중추절이 세시명절로 자리잡지 못하였음을 알 수 있다. 북송 시대에는 휴식을 취하는 명절이 되지만 여전히 계절음식을 즐기고 달을 감상하는 풍속이 주류를 이루었다. 중국에서 중추절이 본격적인 세시명절로 등장하는 것은 명나라 시대로 서로 월병을 선물하고, 진흙으로 토끼인형을 만들어 제사를 지냈다.

현재로서는 신라 추석이 중국 중추절의 형성에 영향을 주었는지 알 수 없다. 신라 법화원 기록과 북송 시대 중추절이 등장하는 시기는 약 350년 이상 시간 차이가 나기 때문이다. 그리고 한국 추석과 중국 중추절의 구체적인 내용도 차이가 커서 중추절이 추석의 영향을 받았다고 보기 어렵다. 그러나 추석은 중추절보다 이른 시기 세시명절로 자리 잡았으며, 내용도 풍부하여 추석이 중추절에서 기원한 것이 아님은 확실하다. 즉, 한국문화가 모두 중국에서 기원하였다는 문화속국론은 성립할 수 없다.

권혁희는 한중의 문화충돌은 중국의 극심한 중화민족주의가 근대 이전의 위계 구도를 그대로 드러내면서 한국문화를 표상하는 김치, 한복 등의 문화요소가 중국문화에서 기원하였다고 주장한 것이 원인이라고 하였다. 그리고 최근 문화전쟁으로 표현되는 한국문화에 대한 중국의 공격은 초기 인류학에서 나타난 기계적인 전파론을 연상시킨다고 하였다. 그러나 순수 전파론으로 현대의 중국과 한국을 대상으로 한 김치와 한복, 단오 등의 문화요소들을 설명하는 것은 불가능하다고 하였다.

한국에서 김치와 한복이 한국문화를 상징하고 민족 정체성과도 연관된 것은 20세기 이후라고 한다. 김치는 20세기 후반 한국 문화의 상징으로 여기는 강한 추동이 나타났으며 21세기 들어 인류무형문화유산으로 지정되었다. 한복이란 명칭은 20세기 초 일본과 서구 문화의 영향을 받게 되면서 한국인들이 자신의 전통문화에 대한 자각과 정체성 인식 과정에 등장하였으며, 20세기 후반 일상생활에서 한복이 탈(재)맥락화되면서 한국인의 전통을 표현하는 의복으로서의 상징성이 강하게 드러나게 되었다고 한다. 위와 같은 과정을 통해 김치와 한복은 한국 문화를 상징하며 한국인의 정체성을 대표하게 되었다.

한국은 근대 이전에는 중국과의 관계 속에서, 20세기 초에는 일본의 식민지 경험 속에서 두 나라와 매우 역동적인 역사적 관계를 형성하였다. 따라서 한국인은 이들 두 나라가 한국인이 강한 문화적 정체성을 형성하고 있는 내상을 눈제시하거나 경계 넘기를 하면 이를 공격으로 받아들인다. 따라서 중국이 김치와 한복의 기원이 중국이라는 주장은 한국문화의 정체성에 대한 부정을 넘어 한국인, 한민족에 대한 부정으로 인식될 수밖에 없다. 중국이 전통 음식이나 의복과 같은 해당 민족의 정체성을 상징하는 것들에 대한 문제 제기를 통해 우월적 위치짓기를 시도한다면 한중 간의 대립을 점점 더 첨예화 할 뿐이다.

시진핑 주석은 2012년 18대 당대회 이후 인류운명공동체(2012년), 아시아운명공동체(2015년), 중화민족공동체(2017년)과 같은 '공동체' 개념을 연달아 제안하였다. 시진핑 주석이 연달아 공동체 제안을 한 것은 다른 목적이 있을 수 있으나, 표면적인 의미는 모두가 서로 도와 행복

한 미래를 만들자는 것이다. 그러나 위에서 살펴 본 바와 같이 우월적 문화관에 의해 문화기원론을 주장하고 타민족의 문화정체성을 훼손한다면 중국이 원하는 '공동체'는 두려운 일이 될 것이다.

미주

제1장

1 Barker, Chris, 1999, *Television, Globalization and Cultural Identities*, Buckingham: Open University Press, pp.116~117.
2 Appadurai, Arjun, 1996, *MODERNITY AT LARGE: Cultural Dimension of Globalization*, 차원현·채호석·배개화 옮김, 2004, 『고삐 풀린 현대성』, 현실문화연구, 30쪽.
3 Ellias, Norbert, 1936, *Über den Prozeß der Zivilisation* Ⅰ, 박미애 옮김, 2012, 『문명화 과정』, 한길사, 107쪽.
4 Ellias, Norbert, 1936, *Über den Prozeß der Zivilisation* Ⅰ, 박미애 옮김, 2012, 『문명화 과정』, 한길사, 106쪽.
5 Huntington, Samual P.,1996, *THE CLASH OF CIVILIZATION*, 이희재 옮김, 2016, 『문명의 충돌』, 김영사, 60~74쪽.
6 월러스타인, I, 1986, *Historical Capitalism*, 배손근 역, 『역사적 체제로서의 자본주의』, 나남, 23쪽.
7 박길성, 1996, 『세계화 : 자본과 문화의 구조변동』, 사회비평사, 30~31쪽.
8 Raghavan, Chakravarthi, 1993, The New World Order: A View from the South, in Nordenstreng, K. and Schiller, H. (eds.), *Beyond National Sovereignty: International Communication in the 1990s*, Norwood: Ablex Publishing Corporation; Schiller, H., 1986, Electronic Information Flow: New Basis for Global Domination?, in P. Drummond and R. Paterson (eds.), *Television in Transition*, London: BFI, pp.73~74.
9 임동욱, 2012, 『세계화와 문화 제국주의』, 커뮤니케이션북스, 14~20쪽.
10 여기서 사용하는 문화의 의미는 그것이 경제적인가 문화적인가 하는 특정한 시각을 지니고 있다는 것보다는 보편적인 의미의 문화를 지칭한다.
11 Pool, I. Sola, 1977, The Changing Flow of Television, In *Journal of Communication*, Spring.
12 Schiller, H., 1986, Electronic Information Flow: New Basis for Global Domination?, In P. Drummond and R. Paterson (eds.), *Television in Transition*, London: BFI.
13 Barker, Chris., 1999, *Television, Globalization and Cultural Identities*, Buckingham: Open University Press.
14 Ang, I., 1990, Culture and Communication: Towards an Ethnographic Critique of Media Consumtion in the Transnational Media System, In *European Journal of Communication* 5(2-3), p.255.
15 Schlesinger, P., 1991, Media, the political order and national identity, in *Media, Culture and Society*, 13(3).
16 Tomlinson, J., 1991, *Cultural Imperialism: A Critical Introduction*, 강대인 역, 1994, 『문화 제국주의』, 서울: 나남; Tomlinson, J., 1997, 「문화의 세계화와 문화 제국주의」, In Ali Mohammadi, *International*

Communication: A Critical Introduction, 김승현·이경숙 공역, 1998, 『국제커뮤니케이션과 세계화』, 나남.
17 임동욱, 2012, 『세계화와 문화 제국주의』, 커뮤니케이션북스, 4~7쪽.
18 Münch, Richard, 2005, 「긍정과 전복 사이에서, 세계화 시스템 속에서의 대중문화」, 김창민 외 편역, 『세계화 시대의 문화 논리』, 한울아카데미, 150쪽.
19 포맷이란 프로그램에 대한 기본 콘셉트나 아이디어에서부터 제작 과정 그리고 이후의 유통단계까지를 포괄하는 개념이다. 특히 포맷을 생산하고 유통하는 산업인 포맷산업의 매출이 급증하고 있다. 포맷산업은 특정 프로그램을 각 지역 버전으로 제작, 방영할 수 있는 포괄적이고 배타적인 저작권을 지니고 있다.
20 임동욱, 2012, 『세계화와 문화 제국주의』, 커뮤니케이션북스, 194~201쪽.
21 Smythe. D., 1977, Communication, Blindspot of Western Marxism, In *Canadian Journal of Political and Social Theory* 1(3).
22 김인희, 2021, 「2021년 중국문화정책 관련 언론동향 분석」.

제2장

1 Allen S. Whiting, 1995, "Chinese Nationalism and Foreign Policy after Deng," *The China Quarterly*, No. 142, pp.295-316; Richard Bernstein and Ross H. Munro, 1997, "The Coming Conflict with America," *Foreign Affairs* 76, pp.18-32; Chalmer Iain Johnton, 1996, "Cultural Realism and Strategy in Maoist China," in Peter J. Katzenstein (ed.), *The Culture of National Security: Norms and Identity in World Politics*, NY: Columbia University Press, pp.216-268.
2 Yongnian Zheng, 1999, *Discovering Chinese Nationalism In China: Modernization, Identity, and International Relations*, Cambridge: Cambridge University Press; Lei Guang, 2005, "Realpolitik Nationalism: International Sources of Chinese," *Modern China*, Vol. 31 No. 4, pp.487-514; Suisheng Zhao, 2000, "Chinese Nationalism and Its International Orientations," *Political Science Quarterly*, Vol. 115 No. 1, pp.1-33.
3 Ernest Gellner, 2006, *Nations and Nationalism*, second edition, Oxford: Blackwell Publishing Ltd, p. 1.
4 Montserrat Guibernau, 1996, *Nationalism: The Nation-State and Nationalism in the Twentieth Century*, Cambridge: Polity Press, p.47; Ernest Gellner, 2006, ibid., p.3.
5 박정수, 2012, 「중국 민족주의와 동아시아 문화갈등: 역사와 문화의 경계짓기」, 『국제정치논총』 제52집 2호, 72쪽.
6 Liah Greenfeld, 2006, "Modernity and Nationalism," in Gerard Delanty and Krishan Kumar (eds.), *The SAGE of Handbook of Nations and Nationalim*, London: Sage Publications Ltd, pp.157-168; John Hutchinson and Anthony D. Smith, 2000, "General Introduction," in John Hutchinson and Anthony D. Smith (eds.), *Nationalism* Ⅰ, London: Routledge, pp.xxv-xlii; Hans Kohn, 2000, "The Idea of Nationalism," in John Hutchinson and Anthony D. Smith (eds.), *Nationalism* Ⅰ, London: Routledge, pp.64-65; Stein Tønnesson and Hans Antlöv, 2000, "Asia in Theories of Nationalism and National Identity," in John Hutchinson and Anthony D. Smith (eds.), *Nationalism* Ⅲ, London: Routledge, p. 852.
7 Benedict Anderson, 2006, *Imagined Communities: Reflections on the Origin and Spread of Nationalism*,

London & New York: Verso, p.86.
8   C. Tilly, 1995, "States and nationalism in Europe, 1492-1992," in J. L. Comaroff and P. C. Stern, *Perspectives on Nationalism and War*, Amsterdam: Gordon and Brench Publishers, p.190.
9   Guibernau, 1996, op. cit., p.73.
10 Smith, 2006, op. cit., p.175.
11 John Storey, 2003, *Inventing Popular Culture: Form Forklore to Globalization*, London: Blackwell Publishing, pp.48-53; 원용진, 2010, 『새로 쓴 대중문화의 패러다임』, 서울: 한나래, 316~328쪽.
12 Anthony D. Smith, 2001, *Nationalism: Theory, Ideology, History*, Cambridge: Polity Press, pp.33-36; Smith, 2006, p.175; Guibernau, 1996, p.77; John A. Hall, 2006, "Structual Approaches to Nations and Nationalism," in Gerard Delanty and Krishan Kumar (eds.), *The SAGE of Handbook of Nations and Nationalim*, London: Sage Publications Ltd., p.35.
13 Storey, 2003, op. cit., p.79.
14 박정수, 2013, 「세계화와 민족주의의 문화갈등」, 『중소연구』 제37권 제1호, 301~312쪽.
15 박정수, 2012, 앞의 글, 79~80쪽.
16 박정수, 2012, 앞의 글, 80쪽.
17 박정수, 2013, 「민족주의와 다문화: 중국식 다문화주의 '다원일체문화론(多元一體文化論)'」, 『한국정치학회보』 제47집 제2호, 11~12쪽.
18 俞祖華, 2011, 「近代國際視野下基於中華一體的民族認同, 國家認同與文化認同」, 『人文雜志』 1期, p. 131; 關凱, 2009, 「族群政治的東方神話: 儒家民族主義與中華民族認同」, 『廣西民族大學學報』, 第31卷 2期, p. 25.
19 費孝通, 1989, 『中華民族多元一體格局』, 北京: 中央民族學院出版社.
20 이경희, 2009, 「개혁개방 이후 중국 민족주의의 정치적 함의」, 『서석과학논총』 제2집 1호, 141~143쪽; 이성규, 1992, 「中華思想과 民族主義」, 『철학』 제37집, 31~67쪽.
21 박정수, 2012, 앞의 글, 76~77쪽.
22 宋新偉, 2010, 『民族主義在中國的嬗變』, 北京: 社會科學文獻出版社, pp.83-109; 천성림, 2005, 「20세기 중국 민족주의의 형성과 전개: 문화적 민족주의를 중심으로」, 『동양정치사상사』 제5권 1호, 192쪽.
23 宋新偉, 2010, 위의 글, pp.120-131; 김소중, 2006, 「중국 민족주의 상황과 전망」, 『한국동북아논총』 제38집, 212~214쪽.
24 박정수, 2012, 앞의 글, 77~78쪽.
25 공봉진, 2004, 「중국 '민족식별'과 소수민족의 정체성에 관한 연구」, 『국제정치연구』 제7집 1호, 185~205쪽.
26 박정수, 2013, 앞의 글, 11~14쪽.
27 Zheng, 1999, ibid., pp.46-66, pp.70-71, p.94.
28 박정수, 2012, 앞의 글, 81~83쪽.
29 공봉진, 2019, 「중국 '신시대(新時代) 애국주의'에 관한 연구: '신시대 애국주의 교육'을 중심으로」, 『국제정치연구』 제22집 4호, 117쪽에서 재인용.
30 공봉진, 2019, 위의 글, 110쪽에서 재인용.
31 Zheng, 1999, ibid., pp.91-95; 이경희, 2009, 앞의 글, 143-148쪽; 이동율, 2001, 「중국 민족주의가 대외관계에 미치는 영향: 중미관계를 중심으로」, 『국제정치논총』 제41집 3호, 261-262쪽.
32 Peter Hays Gries, "China and Chinese Nationalism," in Gerard Delanty and Krishan Kumar(eds.), *The SAGE of Handbook of Nations and Nationalim*, London: Sage Publications Ltd, pp.494-495.

33 박원길, 2007, 「북방공정의 논리와 전개과정 연구: 원나라는 몽골의 지배사인가, 중국사인가」, 『高句麗硏究』 제29집, 382쪽; 공봉진, 2009, 「중국 소수민족주의와 중화민족주의: 티벳과 위구르족의 민족주의 운동을 중심으로」, 『국제정치연구』 제12집 1호, 149~151쪽; 정원철, 2016, 「중국 고대 문명 연구의 회고와 전망: 중국의 고대 문명 역사공정에 대한 한국 학계의 대응을 중심으로」, 『동북아역사논총』 53호, 7~18쪽.

34 문형진, 2008, 「중국의 조선족 통합정책과 동북공정의 고구려사 왜곡」, 문형진 외, 『다민족국가의 통합정책과 평화정착의 문제』, 서울: 동북아역사재단, 17~27쪽; 윤휘탁, 2006, 『신중화주의: '중화민족 대가정' 만들기와 한반도』, 서울: 푸른역사, 267쪽; 이희옥, 2005, 「중국의 동북공정 추진 현황과 참여기관 실태」, 이개석 외, 『중국의 동북공정과 중화주의』, 서울: 고구려연구재단, 123~125쪽.

35 김성환, 2010, 「華夷 너머의 相生: 中華 관념이 해체된 동아시아는 가능한가?」, 『중국학논총』 제28집, 264쪽.

제3장

1 정사초(鄭思肖) 『대의약서(大義略敍)』에 보면, '구유십개(九儒十丐)'라는 기록이 있다. 정사초는 "관리, 아전, 승려, 도사, 의사, 기술자(공), 목공, 기녀(서민), 유생, 거지"를 열거하고 유생의 지위가 거지 바로 앞이라고 한다. 하지만 학계에서는 한족인 정사초는 원나라에 감정이 매우 강했던 인물이었기 때문에 실제로 '구유십개' 상황이었는지에 대해서는 다소 신뢰성이 부족하다고 판단하고 있다. 다만 원나라 시기 유가에 대한 사회적 분위기가 어떠하였는지 참고할 만하다.
2 關嶺, 2021, 「春秋笔: 國共兩党"封殺"春節往事」, 『西網新聞』, 2月 13日.
3 卜榮華, 2018, 「五十年前革命化春節: 過年唱語錄歌」, 『每日頭條』, 2月 15日. https://kknews.cc/history/km38pbr.html
4 王宗仁, 「1967-1革春節の命」, 『民間歷史』, 香港中文大學中國硏究服務中心主辦. http://mjlsh.usc.cuhk.edu.hk/Book.aspx?cid=4&tid=1579
5 王宗仁, 위의 책, http://mjlsh.usc.cuhk.edu.hk/Book.aspx?cid=4&tid=1579
6 索研, 「关于进一步发展假日旅游的若干意见」, 『光明日報』, 2000年 06月 23日 https://www.gmw.cn/
7 상세한 내용은 다음 장을 참고할 것.
8 2006년 5월 20일 청명절, 단오절, 칠석절, 중추절, 중양절 등을 국무원에서 처음으로 국가급 무형문화유산에 편입하여 보호하기 시작하였다. 원소절은 2008년 6월 제2차 국가급 무형문화유산으로 편입되었다.
9 강내영, 2015, 「중국 학계의 문화한류 수용관점 추이 연구」에 대한 토론문, 『한중인문학포럼 발표논문집』, 268쪽.
10 박영환, 2011, 「문화현상으로 본 현대 한중문화의 교류와 충돌」, 『중국학보』 제63집, 108쪽.
11 중국 중앙방송국(CCTV) 8채널에서 방영한 『사랑이 뭐길래』는 중국 시청자들의 커다란 반향을 일으키며 시청률이 무려 4.2%에 이르렀다. 金健人 主編, 2008, 『韓流衝擊波現象考察與文化硏究』, 國際文化出版公司.
12 金健人 主編, 2008, 『韓流衝擊波現象考察與文化硏究』, 國際文化出版公司.
13 劉玉琴, 2004, 「端午節將成爲外國文化遺産？」, 『人民日報』, 5月 6日.
14 劉玉琴, 2004, 위의 글.
15 游國恩, 1957, 『楚辭論文集』, 古典文學出版社, 273쪽.
16 굴원은 중국 전국후기 초(楚)나라 사람이다. 이름은 평(平)이며, 중국 전국시대 후기의 정치가이자 문학

가로 중국 최초의 애국시인으로 추앙받고 있다. 처음으로 초사체(楚辭體)로 시를 창작하였다. 생졸연대는 불분명하나 약 기원전 340년~기원전 278년경으로 전하고 있다.

17 「端午節被列入別國遺産, 岳陽要用行動捍衛端午節」, 『千龍網』, 2004년 5월 7일.
18 「我國端午佳節, 他國文化遺産?」, 『金羊網·羊城晩報』, 2004년 5월 7일. http://www.sina.com.cn
19 "중국 민족 민속 문화 보호공정 시범작업에 대한 교류회의"에 참가한 대표.
20 「我國端午佳節, 他國文化遺産?」, 『金羊網·羊城晩報』, 2004년, 5월 7일. http://www.sina.com.cn
21 『東方新報』, 2004, 「端午節列入別國文化遺産嶽陽堅決捍衛主權」, 『時代商報』, 5월 8일. http://news.sina.com.cn/c/2004-05-08/01242474718s.shtml
22 呼霓, 2004, 「不让端午节成"洋"节」, 『東方新報』, 5월 8일. http://news.sina.com.cn/s/2004-05-08/01263186949.shtml
23 보도에 의하면 강릉단오제를 유네스코에 등재할 때 2004년 10월 완성된 신청서를 유네스코에 송부하였고, 이후 유네스코의 보완자료 요청에 따라 2005년 3월에 보완된 신청서를 추가로 제출하였으며 2005년 11월 25일 등재를 확정지었다고 한다.
24 刘朝阳, 曾敏学, 2004, 「端午节的发源地在岳阳 不让端午成"洋节"」, 『搜狐新聞』, 5월 10일. http://news.sohu.com/2004/05/10/01/news220070154.shtml
25 梁宏峰, 2004, 「韓國準備申報端午節爲文化遺産 我正加緊考慮對策」, 『新聞晩報』, 5월 9일. https://www.911monitor.com/system/2004/05/09/000780157.shtml
26 샤샤오리도 이러한 언론의 폐해를 지적하고 있다. "수많은 학자들은 인터넷 위주의 새로운 매체가 중국 민중의 혐한 정서에 영향을 주고 있음을 보았다. 예들 들면, 강릉단오제 유네스코 등재 사건 중에서 매체들은 인터넷 플랫폼에서 보도할 때 '단오' 두 글자에만 집중해서 보도하였고, '단오' 두 글자 뒤의 (한중의 차이인) (단오)'제'와 (단오)'절'의 차이에 대해서는 강조하지 않았다. 단지 표면적인 문자상의 유사함만을 보고 문화 내면의 차이를 탐구하지 않았다." 夏曉莉, 2014, 「從文化之爭探討中國民間"嫌韓"情緒的解決之道」, 『經濟研究導刊』, 第23期, 295쪽.
27 최근 중국 언론 보도를 보더라도 서양의 명절을 배척하는 보도가 적지 않다. 예를 들면, 내몽골 투취안현(突泉縣)의 선전부가 제공한 「나는 중국인이다 서양 명절 기내는 것을 겨실아는 창의서(我是中國人, 拒絶過 洋節 倡議書)」를 작성하여 『평파이신문(澎湃新聞)』(2019년 12월 23일)에서 그 내용을 보도하였다. 또한 BBC NEWS 중문, 2018년 12월 25일에서 안후이성 쓰현(泗縣)의 관방보도를 인용하여, 안후이성 쓰현의 한 초등학교 교장이 "서양의 명절을 배척하는 것을 나로부터 시작하자(抵制洋節, 從我做起)"는 주제로 강연하면서 "성탄절은 중국인의 치욕이다(聖誕節是中國人的耻辱)"라고 말하며, "서양의 명절은 중국에 큰 수치를 안겨주었다고 강조했다"고 한다. https://www.bbc.com/zhongwen/simp/chinese-news-46679194
28 2017년 1월 26일 중공중앙판공청(사무실)과 국무원판공청(사무실)에서 「중국의 우수한 전통문화 계승 발전 프로젝트 실시에 대한 의견에 관하여(關於實施中華優秀傳統文化傳承發展工程的意見)」를 발표하였고, 또한 통지문을 보내며 춘절, 중추절, 단오절, 칠석 등의 중국 전통 명절에 대한 중시와 시행을 요구했다는 뉴스를 『평파이신문』(2019년 12월 25일)에서 보도하였다. 이 뉴스의 제목은 「서양의 명절을 지내지 않는 것, 당원과 간부들로부터 시작하자(不過洋節, 從党員干部開始！)」이다. https://www.thepaper.cn/newsDetail_forward_5335905
29 http://www.todaykorea.co.kr/news/articleView.html?idxno=3205
30 董曉賓, 2004, 「對話中國民俗協會祕書長:韓國人有他們的合理性」, 『國際先驅導報』, 5월 17일. http://news.sina.com.cn/c/2004-05-17/13073253332.shtml
31 『北京娛樂信報』, 2005, 「聯合國"非物質遺産"端午申遺之爭韓國勝出」, 『南方都市報』, 11월 26일. http://news.sina.com.cn/o/2005-11-26/09077544024s.shtml
32 顏菁, 2005, 『北青網·北京青年報』, 12월 13일, 来源:YNET.com.

33 중국인들이 광범위하게 가지고 있는 문화기원에 대하여 감사해야 한다는 음수사원(飮水思源) 문화인식에 대해서는 뒷장에서 다루도록 하겠다.
34 鄭寅淑·張麗萍, 2009,「論互聯網中中韓兩國端午文化遺産爭論的認識差異及其作用」,『當代韓國』20秋季號, 60~61쪽에서 재인용.
35 宋洋·郭德剛, 2009,「由"端午節申遺"談我國傳統文化的流失與保護」,『內蒙古農業大學學報』(社會科學版) 第4期, 188쪽.
36 宋洋·郭德剛, 2009,「由"端午節申遺"談我國傳統文化的流失與保護」,『內蒙古農業大學學報』(社會科學版) 第4期, 188쪽.
37 王作棟, 2010,「韓國端午節及其它」,『三峽論壇』, 25쪽.
38 李博, 2014,「中韓文化遺産之爭對我國文化遺傳保護的啓示」,『吉林省敎育學院學報』, 2014年 9期(第30卷), 147~148쪽.
39 劉金·杜文軒, 2010,「中韓申遺之爭對無形文化遺傳保護的啓示-以端午節和江陵祭為例」,『科敎導刊』, 218쪽.
40 陳連山, 2011,「從端午節爭端看中韓兩國的文化冲」,『民間文化論壇』3期, 12~18쪽.
41 이전의 논문들은 대부분 논쟁의 핵심을 규명하기보다는 한국의 강릉단오제 등재 신청이 중국인들에게 주는 충격, 현재까지 중국이 전통문화의 보호와 보존에 대한 인식이 부족했다는 것에 대한 반성, 게다가 차후에 중국 전통문화를 보호하기 위한 여러 가지 대책을 주장하고 있다. 하지만 천 교수는 중국학자들 중에서 가장 정확하게 논쟁의 본질을 꿰뚫고 있다고 판단된다. 陳連山, 2011,「從端午節爭端看中韓兩國的文化冲」,『民間文化論壇』3期, 14~15쪽.
42 陳連山, 2011, 위의 책, 17~18쪽.
43 사실 2009년 9월 30일 중국 단오절의 등재는 매우 큰 사건이었다. 하지만 중국 언론에서는 이 사실을 대대적으로 보도하지 않았다. 등재 시점이 2009년 10월 1일 중국 건국 60주년 행사와 맞물린 점도 있지만, 중국 단오절을 한국에 강탈당했다고 지속적으로 주장해 왔기에 하루아침에 다시 이를 뒤집어서 부정하기는 힘들었을 것이다. 따라서 일반 국민들은 오랫동안 이 사실을 모르고 있었으며, 2018년을 전후하여 인터넷에서 비로소 중국인들은 단오절에 대해 한국을 오해했다는 글이 나오기 시작하였다.
44 劉金·杜文軒, 2010,「中韓申遺之爭對無形文化遺傳保護的啓示-以端午節和江陵祭為例」,『科敎導刊』, 217쪽.
45 陳連山, 2011,「從端午節爭端看中韓兩國的文化冲」,『民間文化論壇』3期, 13쪽.
46 夏曉莉, 2014,「從文之爭探討中國民間"嫌韓"情緖的解決之道」,『經濟硏究導刊』, 第23期, 294쪽.
47 정주호, 2008,「침술은 우리 것…韓中, 침술 국제표준 논란(종합)」,『연합뉴스』, 7월 3일.
48 필자 없음, 2007,「한국의 漢字 세계유산 신청설에 中 네티즌 '발끈'」,『노컷뉴스』, 12월 13일. https://www.nocutnews.co.kr/news/387502
49 박영환, 2010,「韓国端午的特征与韓中端午申遺后的文化反思」,『중국어문학』 제55집, 522쪽.
50 李博, 2014,「中韓文化遺産之爭對我國文化遺傳保護的啓示」,『吉林省敎育學院學報』, 9期(第30卷), 147쪽.
51 일반 중국학자들과는 달리 허동빈(何同彬)은 한류 열풍은 유교와 상관이 없다는 주장을 폈고 이를 반대하는 논쟁이 이어졌다. 何同彬, 2008,「韓劇熱與儒學反哺」,『南京師大學報』(社會科學版), 第3期, 156쪽.
52 북경사회과학원의 류진(劉瑾)도 "〈대장금〉 속에 유가 공맹의 도인 인(仁), 의(義), 예(禮), 지(智), 신(信)을 표현해 내었기 때문"에 중국인들에게 열풍을 불러왔다고 하였다. 중국사회과학원의 경제연구소 연구원인 잔샤오홍(詹小洪)은 "〈대장금〉을 보면 마치 유교전통문화의 정수를 진열한 박물관을 참관하는 듯한 느낌"이라고 높이 칭송하였다. 박영환, 2015,「인문학적 관점에서 본 문화한류의 계시」,『중국학보』 제71집, 250쪽.
53 강내영, 2008,「중국의 항(抗)한류 현상 연구: 드라마와 영화를 중심으로」,『중국학연구』 43집, 463쪽.

"한류는〈가을동화〉,〈겨울연가〉,〈엽기적인 그녀〉등 우상극뿐 아니라,〈한류선봉〉등과 같은 가요무대에서도 인기를 끌고 있다 … 무서운 것은 한류 그 자체가 아니라, 한류가 닥쳤을 때 아무런 대책 없는 우리들의 모습이었다. 한류를 막아내기 위해서는(抵制韓流) 장점을 살리고 단점을 버리고, 오락시장을 장악해 나가야 한다." 龍燕飛, 2004, 「增强"免疫力"抗擊"韓流"」, 『新京報』, 10月 27日

54 유세경, 이석, 정지인, 2012, 「중국 일간지의 "한류" 보도에 나타난 프레임 분석: 2001~2010년 기간에 보도된 기사 분석을 중심으로」, 『한국언론정보학보』 2012년 봄, 통권 57호, 203쪽.
55 유세경, 이석, 정지인, 2012, 위의 책, 203쪽.
56 박영환, 2016, 「중국 지식인층의 문화한류 해석과 수용관점 추이 연구」, 『동아인문학』 제37집, 801쪽.
57 박영환, 2011, 「문화현상으로 본 현대 한중문화의 교류와 충돌」, 『중국학보』 제63집, 104~105쪽.
58 2005년 10월 10일 『신민만보(新民晚報)』에서는 "한국에서 조그마한(2류) 연예인들이 왔는데, 우리 언론들은 그렇게 큰 지면을 할애해 주었다. 내가 한국에 가면, 한국의 신문들은 두부만한 크기로 소식을 할애하고, 대부분의 지면은 남겨두었다가 자기들의 연예인 소식을 싣는다." 2011, 「문화현상으로 본 현대 한중문화의 교류와 충돌」, 『중국학보』, 제63집, 105쪽.
59 「드라마서 K팝까지… 중국 현지화 통해 쌍방향 한류 진화」, 『경향신문』, 2012년 8월 21일.
60 박영환, 2011, op. cit., 95~118쪽.
61 夏曉莉, 앞의 논문, 295쪽.
62 "一, 新年 放假一日 一月一日;二, 春節 放假三日 夏歷正月初一, 初二, 初三日;三, 勞動節 放假一日 五月一日;四, 國慶紀念日 放假二日 十月一日, 二日." 政務院發布, 1949, 「全國年節及紀念日放假辦法 (1949年)」, 『中央人民政府政務院』, 1949年12月23日. https://zh.wikisource.org/
63 王宗仁, 연도 없음, 「1967-1 革春节的命」, 香港中文大学中国研究服务中心主办, 『民間歷史』. http://mjlsh.usc.cuhk.edu.hk/Book.aspx?cid=4&tid=1579
64 https://kknews.cc/history/km38pbr.html
65 ibid.
66 宋洋・郭德剛, 2009, 「由"端午節申遺"談我國傳統節日的流失與保護」, 『內蒙古農業大學學報』(社會科學版) 第4期, 190쪽.
67 박영환, 2008, 『문화한류로 본 중국과 일본』 동국대학교출판부, 184쪽.
68 2006년 6월에 중국 정부는 국가급무형문화재(國家級非物質文化遺産名錄)로 춘절, 청명절, 단오절, 칠석, 중추절, 중양절 등을 지정하였다. 동년 9월에는 「國家"十一五"時期文化發展計劃綱要」을 정식으로 발표하였다. 요강에서는 "춘절, 원소절, 청명절, 단오절, 칠석절, 중추절, 중양절 등 전통민속 명절이 충분한 기능을 발휘하여 중화민족의 응집력을 증강시키고, 조화로운 사회 건설을 촉진해야 한다"고 지적하였다. 『新華網』, 2008년 2월 13일.
69 현재 중국은 원단, 청명, 5·1, 단오, 중추절에 3일씩 쉬고, 춘절과 국경일에 7일씩 쉬도록 규정하고 있다. 『北京日報』, 2013, 「新中國確定全民法定假日」, 『人民網』, 6月 26日. http://www.people.com.cn/24hour/n/2013/0626/c25408-21970758.html
70 曹靜, 2008, 「紀實成: 傳統節日是傳統文化不可替代的載體」, 『中國新聞網』, 4月 4日. https://www.chinanews.com.cn/cul/news/2008/04-04/1211946.shtml
71 發展改革委網站, 2007, 「發展改革委就國家法定節假日調整問題回答記者問」, 『中央政府門戶網站』, 12月 17日. "對于增加清明, 端午, 中秋三個傳統節日爲國家法定節假日的問題, 總投票1,499,337張, 其中支持931,242張, 占62.11%. 反對441860張, 占29.47%. 無所謂126,235張, 占8.42%." http://www.gov.cn/zwhd/2007-12/17/content_835623.htm
72 湖北省秭歸縣: "屈原故里端午習俗", 湖北省 黃石市: "西塞神舟會", 湖南省汨羅市: "汨羅江畔端午習俗", 江蘇省 蘇州市: "蘇州端午習俗". 박영환, 2010, 「韓国端午의 特征과 韓中端午申遺后的文化反思」, 『중국어문학』, 제55집, 522쪽.

73 『光明日報』, 2004,「韓國準備申報端午節爲文化遺産爲國人敲响警鍾」,『新聞晩報』, 5月 9日.
http://news.sina.com.cn/c/2004-05-09/13103191046.shtml
74 강수진·박은경, 2012,「드라마서 K팝까지… 중국 현지화 통해 쌍방향 한류 진화」,『경향신문』, 8월 21일.
https://www.khan.co.kr/culture/tv/article/201208212142245
75 최규성, 2012,「잇따른 히트… 1997년 여름 음반시장 '점령'」,『최규성의 대중문화산책』
https://blog.naver.com/oopldh/10149693615
76 이수만, 2001,「[DOT칼럼] 한류 열풍과 아시아 문화 네트워크」,『이코노미21』, 9월 26일.
http://www.economy21.co.kr/news/articleView.html?idxno=25103
77 BBCNEWS 중문, 2018년 12월 25일. https://www.bbc.com/zhongwen/simp/chinese-news-46679194
78 BBCNEWS 중문, 2018년 12월 25일. 위의 글
79 李建敏, 2004,「文化部官員提醒國人不要冷落自己的傳統節日」,『新華網』, 4월 17일.
http://news.sina.com.cn/c/2004-04-17/10012331384s.shtml
80 夏曉莉, 2014,「從文化之爭探討中國民間"嫌韓"情緒的解決之道」, 295쪽.
81 錢程燦, 2004,「韓端午節申遺事件"上書者":保衛戰之說不實」,『東方網』, 5月11日.
http://news.sina.com.cn/c/2004-05-11/02452498806s.shtml
82 "烏敎授說, 端午節是我國有着2500多年歷史的傳統传節日-1967年就被列爲韓國國家級'第13號重要文化遺産', 可是國內至今沒有把端午節等節日民俗列入保護項目." 錢程燦, 2004,「韓端午節申遺事件"上書者:保衛戰之說不實」,『東方網』, 5月 11日.
http://news.sina.com.cn/c/2004-05-11/02452498806s.shtml
83 "烏敎授說: 我的本意是呼吁有關部門重視民間文化, 保護非物質文化遺産……他國申報了, 我們還可以申報, 卽使聯合國批准了, 我們也可以." 錢程燦, 2004,「韓端午節申遺事件"上書者":保衛戰之說不實」,『東方網』, 5月 11日. http://news.sina.com.cn/c/2004-05-11/02452498806s.shtml
84 卜榮華, 2018,「五十年前革命化春節: 過年唱語錄歌」,『每日頭條』, 2月 15日.
https://kknews.cc/history/km38pbr.html
85 卜榮華, 2018,「五十年前革命化春節: 過年唱語錄歌」,『每日頭條』, 2月 15日.
https://kknews.cc/history/km38pbr.html
86 "古人飮食 每種各出少許 置之豆間之地 以祭先代始爲飮食之人 不忘本也. 齊嚴敬貌, 孔子雖薄物必祭, 其祭必敬, 聖人之誡也. 此一節, 記孔子飮食之節."(『論語集註·鄕黨篇』)
87 원래는 "과일을 먹을 때는 그 나무를 생각하고, 물을 마실 때는 그 물의 근원을 생각한다.(落其實者思其樹, 飮其流者懷其源)"인데, 이를 줄여서 "落實思樹 飮水思源"라고 한다. 중국 남북조 시기의 유명한 문학가인 유신(庾信)의 『징조곡(徵調曲)』에 나오는 명구이다.
88 "夫天者, 人之始也. 父母者, 人之本也."(『史記·屈原列传』)
89 "물을 마시는 사람은 우물을 판 사람을 잊지 않는다(吃水不忘挖井人)"는 한 편의 기사문이다. 중국 초등학교『어문(語文)』교재에 실려 있다. 敎育部組織編寫, 2016,『語文』(一年級) 下冊, 人民敎育出版社 https://pdf.0318minde.com/book/%E5%B0%8F%E5%AD%A6/%E4%B8%80%E5%B9%B4%E7%BA%A7/E8%AF%AD%E6%96%87.pdf
90 최혜정, 2016,「"음수사원" 꺼낸 시진핑 속내는…」,『한겨레』, 9월 5일.
https://www.hani.co.kr/arti/politics/bluehouse/760034.html
91 유상철, 2013,「중국은 음수사원·관시 나라, 한 번 인연 끝까지 간직」,『중앙일보』, 12월 19일.
https://www.joongang.co.kr/article/13433203#home
92 董曉賓, 2004,「對話中國民俗協會祕書長:韓國人有他們的合理性」,『國際先驅導報』, 5月 17日.
http://www.sina.com.cn
93 鄭寅淑·張麗萍,「論互聯網中中韓兩國端午文化遺産爭論的認識差異及其作用」,『當代韓國』2009年

秋季號, 60~61쪽에서 재인용.
94 陳連山, 2011, 「從端午節爭端看中韓兩國的文化沖突」, 『民間文化論壇』 3期, 13쪽.
95 詹小洪, 2006, 『韓流, 漢風』, 社會科學文獻出版社, 242쪽.

제4장

1 Lindenfeld, David F., 2005, "Indigenous Encounters with Christian Missionaries in China and West Africa, 1800-1920: A Comparative Study," *Journal of World History*, Vol. 16, No. 3, (September), pp.327-369.
2 Berry, J. W., 1992, "Acculturation and Adaptation in a New Society," *International Migration*, Vol. 30, pp.69-85.
3 윤경우 외, 2008, 『한류포에버: 한류의 현주소와 경제적 효과 분석』, 국제문화산업교류재단.
4 '중화(中華)'의 '중(中)'은 지리적·문화적 중앙을, '화(華)'는 우월함을 의미한다. '화이(華夷)'의 '화(華)'는 중국을, '이(夷)'는 중국 주변 국가를 가리킨다. '사이(四夷)'는 동이(東夷)·서융(西戎)·북적(北狄)·남만(南蠻)을 가리키는 말로, 고대 중국에서 사방(四方)으로 거주하고 있던 이민족에 대한 총칭, 즉 중국을 중심으로 흩어져 있는 민족을 미개(未開)한 오랑캐(夷·戎·狄·蠻)란 의미로 낮추어 부르는 말이다.
5 조선의 경우 심지어 '소중화(小中華)'를 자처하기도 했다.
6 나래주의(拿來主義)의 '나(拿)'는 자신이 필요로 하는 것은 선택하되 비굴하지도 거만하지도 않은 부비부항(不卑不亢)의 태도로 선택하는 것을 의미하는, 덮어 놓고 서구 문명을 모방하는 것에 반대하는 논리다.
7 1990년 말 덩샤오핑은 다음과 같이 주장했다. "자본주의와 사회주의의 구분은 '계획'이냐 '시장' 성분에 있는 것이 아니다. 사회주의에도 시장이 있으며, 자본주의에도 계획에 의한 통제가 있다", "시장경제를 약간 실행한다고 해서, 자본주의를 지향하는 것은 아니며, 계획경제와 시장경제는 모두 필요한 것이다."
8 중국의 개혁개방 초기 대표적인 경제정책인 '조롱경제(鳥籠經濟)'는 사회주의란 '새장(鳥籠)'의 범위 내에서만 제한적으로 자본주의 시장경제를 수용한다는 의미다.
9 '남순강화(南巡講話)'는 남쪽 지역을 순회하며 한 발언이란 뜻이다. 1992년 1월 한 달 동안 덩샤오핑이 광둥성의 선전과 주하이, 상하이 등 남쪽 지역을 돌면서 지방 간부들을 만나 '사회주의 시장경제'의 당위성을 설명하고 시장경제 도입에 대한 확고한 의지를 밝힌 사건이다. 당시는 톈안먼 사건 이후 득세하게 된 보수파가 개혁개방 정책에 반대하는 목소리가 컸던 시기다.
10 주선율(主旋律) 드라마와 영화는 공산당이 주도하는 주류 이데올로기를 충분히 표현해 인민에게 알리고, 이를 통해 인민을 교화하려는 목적으로 제작되며 사회주의, 애국주의, 집단주의를 고취하는 내용을 담는다.
11 '3개 대표론(三個代表論)'은 ① 선진사회 생산력(사영기업가), ② 선진문화 발전(지식인), ③ 광대한 인민(노동자와 농민)의 근본이익을 대표한다는 내용이다. 참고로 장쩌민 중국공산당 총서기의 임기는 1993년 3월 15일~2013년 3월 15일까지이다.
12 '펀칭(憤靑)'은 '분노한 청년(憤怒靑年)'의 약칭으로, 흔히 '인터넷을 통해 극단적 분노를 표출하는 애국주의·민족주의에 불타는 열혈 청년'을 일컫는다. 그들은 어려서부터 정규교육과정을 통해 애국주의 강화교육을 받은 세대이다.
13 중국에서 공자(孔子)와 유가사상(儒家思想)의 평가와 위상은 역사적으로 정치환경에 따라 극과 극으로 크게 달라졌다. 2,300여 년 동안 성인(聖人)으로 추앙받던 공자와 그의 사상이 제1차 아편전쟁(1840~1842) 직후부터 갑자기 비난받게 되었다. 중국이 영국의 무력에 무참히 패배할 정도로 낙후한 원

인을 유교에서 찾았다. 1919년 5·4운동 시기에는 유교의 예교(禮敎) 질서로 인해 중국이 반(半)식민지 상태로 전락했다고 인식했다. 중국 본토에서 국민당(國民黨)과 공산당(共産黨)이 공존·대립하던 시대엔 상반된 평가로 엇갈렸다. 국민당은 공자와 유학을 끌어들여 기존 질서 유지를 위해 노력했고, 공산당은 기존 체제를 전복하기 위해 공자와 유학을 끌어내렸다. 특히 문화대혁명(文化大革命) 시기에 공자와 유가사상은 홍위병의 광기에 밀려 철저하게 비판받았고, 위상은 최악으로 추락했다. 공자와 유가의 전통 사상이 다시 평가받기 시작한 것은 1990년대 중반 중국에서 중화(中華) 민족주의가 고개를 쳐들면서부터다. 장쩌민 체제에서 중화(中華) 민족주의가 서서히 재등장하기 시작했고, 후진타오 시대에 사회안정 이라는 시대 요청과 함께 본격적으로 부활하기 시작한 것이다.

14 "必將在14億多中國人民用血肉鑄成的鋼鐵長城面前碰得头破血流."
15 '샤오펀훙(小粉紅)'은 '작은 분홍색'이란 뜻이다. 원래 '진강문학성(晉江文學城)'이란 여성 문학 사이트에서 회원 간 작품을 교환하고 논의하다가 주제를 정치와 시사로 확대하였는데, 해당 사이트 첫 화면 색이 분홍색이어서 애칭으로 불렸다. 현재는 '훙(紅)'이 당과 국가, 지도자를 붉은 마음으로 사랑한다는 의미로 통하며, 샤오펀훙은 중국의 극단적인 민족주의를 주도하고 있는 세력을 가리킨다.
16 개혁개방 초기부터 덩샤오핑도 공동부유를 강조했는데, 그가 주장한 공동부유는 선부론에 따라 먼저 일부 지역과 일부 사람이 부유하도록 한 뒤에 사회 전체를 부유하게 한다는 '낙수경제(落水經濟, trickle-down economics)' 효과가 전제였다. 반면에 후진타오 정부는 경제발전 방식을 '우호우쾌(又好又快)'로 전환해 분배 위주의 질적 성장을 도모하는 조화사회를 통치이념으로 내세웠다. 하지만 선부론에 따라 심화한 계층 간, 동부 연해와 내륙 등 지역 간, 지역 내 도시와 농촌 간 소득 격차는 그동안 개선되지 않고 오히려 더 심화하였다.
17 팬덤(fandom)은 '광신도'를 뜻하는 'fanatic'과 접미사 '-dom'의 합성어로 중국에서는 판취앤(飯圈)이라고 지칭하고, 특정 인물이나 기업 브랜드 등과 같은 공통적인 관심사를 열정적으로 좋아하는 팬(fan)들이 활동하며 구성한 문화 현상을 의미한다. 유명 인사를 우상으로 받드는 연예인 팬클럽의 모금 활동 및 이들을 대상으로 한 마케팅 등이 과도하게 자본화·시장화되는 현상을 '팬덤경제(fandom economy)'라고 한다.
18 "敎育部: 把習斤平新時代中國特色社會主義思想全面融入課程敎材," 人民網, 2021.08.24.
19 Zhang Han, 2021, "China regulates fan circles of SK idols, to further impact K-pop industry," *Global Times*, Sep. 6.
20 윤경우·이광수·양갑용, 2010, 『중국 한류의 성과평가와 지속적 확산을 위한 종합적 정책방안』, 경제·인문사회연구회.
21 윤경우·이광수·양갑용, 2010, 위의 책.
22 '문화적 근접성(cultural proximity)'은 특정한 문화에 친숙하게 느끼는 정도를 말한다. 대체로 거리가 가까운 국가들은 동일 문화와 언어권 등에 속해 문화적 근접성도 높다.
23 윤경우, 2009, 「중국의 한류 수용양상: 선택적 수용, 저항 그리고 변용 및 주변화」, 『중소연구』 32(4), 120, 98~130쪽.
24 문화할인율(cultural discount rate)은 문화권 간 대중문화적 내용의 교류 가능성을 평가하기 위한 지표다. 문화 간 거리가 크지 않을 경우, 자신의 문화적 경험을 크게 할인하지 않아도 다른 문화권의 내용을 쉽게 이해할 수 있다. 이 경우 문화할인율이 낮다고 한다. 반대로 문화권 간 격차가 클 경우, 다른 문화를 수용하는 것이 어려워 할인율이 높다고 한다.
25 윤경우, 2009, 「중국의 한류 수용양상: 선택적 수용, 저항 그리고 변용 및 주변화」, 『중소연구』 32(4), 120, 98~130쪽.
26 윤경우·이광수·양갑용, 2010, 『중국 한류의 성과평가와 지속적 확산을 위한 종합적 정책방안』, 경제·

인문사회연구회.
27 중국은 선부론(先富論)을 기치로 내걸고 대외무역 발전과 외자 유치를 위해 남부 해안의 선전(深圳)과 주하이(珠海)를 시작으로 산터우(汕頭), 샤먼(廈門), 하이난(海南) 등 5곳의 점(點)을 경제특구로 지정하여 먼저 개방하여 큰 성과를 거두자, 동부 14개 연안 도시들을 선(線)으로 추가로 개방하고, 이를 다시 내륙의 면(面)으로 확장하는 경제개방전략을 채택했다.
28 여기서 오리엔탈리즘(orientalism)은 중세시대 서양의 작가나 예술가들이 동양 문화의 여러 측면을 묘사하거나 모방하는 것이 아니라 8~19세기에 유럽의 제국주의적 태도로 형성된 동양 문화와 사람들에 대한 편향된 시각을 의미한다. 즉 동양은 서양인의 정체성을 확립해 주는 대상으로, 열등한 동양이 존재하기에 우월한 서양이 존재한다는 서양인들의 선입견을 의미한다.(Edward W. Said, 1978) 오리엔탈리즘의 반대 개념인 옥시덴탈리즘(occidentalism)은 동양을 고귀한 존재로 인식하지만 이 또한 '선과 악' 또는 '고상과 천박'으로 구분하는 흑백논리식 이분법적 사고를 하는 편협한 시각이다.(Xiaomei Chen, 2001)
29 윤경우, 2006, 「중국의 '한류' 수용과 저항: 중국문화정체성의 국제문화관계학적 함의」, 『한국과 국제정치』 22(3), 41~72쪽.
30 윤경우, 2009, 「중국의 한류 수용양상: 선택적 수용, 저항 그리고 변용 및 주변화」, 『중소연구』 32(4), 120, 98~130쪽.
31 윤경우·이광수·양갑용, 2010, 『중국 한류의 성과평가와 지속적 확산을 위한 종합적 정책방안』, 경제·인문사회연구회.
32 한국 음악과 춤은 물론이고 머리모양, 복장, 장신구 등을 모방하려는 풍조가 중국 젊은 세대들 사이에서 조성되었다. 한국의 특정 연예인을 열광하며 추종하고 한국풍 무조건 따라가기를 최고의 가치로 여긴 개인들의 집단을 '합한족(哈韓族)'이라고 지칭했다.
33 윤경우, 2009, 「중국의 한류 수용양상: 선택적 수용, 저항 그리고 변용 및 주변화」, 『중소연구』 32(4), 120, 98~130쪽.
34 윤경우·이광수·양갑용, 2010, 『중국 한류의 성과평가와 지속적 확산을 위한 종합적 정책방안』, 경제·인문사회연구회.
35 강내영, 2008, 「중국의 항(抗)한류 현상 연구: 드라마와 영화를 중심으로」, 『중국학연구』 43, 457~508쪽.
36 윤경우, 2009, 위의 책, 98~130쪽.
37 윤경우, 2009, 위의 책, 98~130쪽.
38 윤경우, 2009, 위의 책, 98~130쪽.
39 윤경우, 2009, 위의 책, 98~130쪽.
40 예컨대, 중국 최초의 여자 황제 측천무후(則天武后)의 일대기를 다룬 「무미랑전기(武媚娘傳奇)」는 의상이 선정적이라는 이유로 방영 중단 처분을 받았고, 방영 재개됐을 때는 의상 장면 대부분을 모자이크 처리하거나 삭제하고 얼굴 위주로 클로즈업해서 편집해 화면구도가 어색하고 불편해졌다.
41 국가방송총국은 2019년 6월까지 약 100일간 퓨전 사극 드라마에 대해 방영 중단조치를 취한 적도 있다. 구시대의 유물인 전통 황실이 미화될 수 있으며, 지나치게 화려한 황실 생활이 서민들의 사치 심리를 자극할 수 있다는 이유에서다.
42 2013년 7월 신문출판총서(新聞出版總署)와 국가광파전영전시총국(國家廣播電影電視總局)을 통합하여 국가신문출판광전총국(國家新聞出版廣電總局)이 신설되었다. 중국의 TV, 라디오, 신문, 출판, 영화 산업의 관리·감독을 통해 통제하고, 해외에서 제작된 프로그램 및 영화의 방송 금지와 검열을 담당하며 중국 미디어 문화산업을 총괄 관리·감독하도록 했다. 그러나 2018년 4월 국가신문출판광전총국을 다시 국가방송총국(國家廣播電視總局), 국가영화국(國家電影局), 국가판권국(國家板權國), 국가신문출판총서(國家新聞出版總署)로 분리·개편했다.

43 중국 드라마 전체 분량의 2/3까지 촬영을 마친 한국 배우가 도중에 하차했다. 한국 연기자가 출연한 중국 드라마의 배우가 교체되었고, 한중 합작영화 개봉이 연기되면서 제작이 중단되었으며, 한국 드라마 방영 일정이 심의에 차질이 빚어지면서 연기되기도 했고, 2016년 11월 한 달 사이에 한국 드라마 16편의 심의가 보류됐다. 온라인 플랫폼 내 중국 예능 프로그램의 한류 스타들의 전 출연분이 모자이크 처리되거나 통편집되는 수모를 겪기도 했고, 한류 인기 예능 프로그램의 최신작 서비스가 금지되었으며, 온라인 플랫폼 내 한국 예능 및 불법 유통 한국 드라마 등이 삭제되기도 했다. 다수의 중국 공연이 취소되었고, 한류 톱스타들을 상대로 한 광고모델이 교체되기도 했으며, 한국 게임의 신규 판호 금지 명령이 하달되기도 했다.

44 물론 중국 정부가 한국의 사드 배치에 대한 보복 조치의 주요 표적으로 '한류'를 선택한 배경에는 다른 요인들도 고려될 수 있다. 문화산업 영역은 국제무역에 있어서 예외 조항에 해당하여 분쟁의 소지가 적다. 중국과의 WTO, 한·중 FTA에서 개방되지 않은 분야이기 때문에, 국제사회의 시선을 의식해야 할 부담이 없으면서 한국에는 큰 타격을 줄 수 있는 분야다. 또한 한국과 중국은 산업 간 가치 사슬(value chain)로 긴밀하게 얽혀 있어, 한국의 중국 수출 중간재나 자본재에 대한 보복 조치가 중국 산업계에 피해를 줄 수도 있다.(권기영, 2017)

45 국가인터넷정보판공실(國家互聯網信息辦公室)은 2014년 신설된 인터넷 감독기관으로, 산하 기구를 통해 인터넷상의 모든 내용을 감독하고 인터넷 언론 매체의 인가 업무를 담당하고 있다.

46 윤경우, 2011, 「중국 사이버민족주의의 성격과 특징」, 『중국학논총』 0(34), 98~130쪽.

47 2017년에 개봉된 중국의 액션 영화 〈전랑(戰狼) 2〉에서 유래한 '전랑외교(戰狼外交)'는 중국의 공격적인 외교행태를 의미하는 용어로 사용되고 있다. 이 영화의 슬로건은 "중국을 모욕하는 자는 멀리 떨어진 곳에 있어도 반드시 응징한다(犯我中華者, 雖遠必誅)"이고, 영화의 마지막 부분은 "중화인민공화국의 공민들에게: 해외에서 위험에 처하더라도 포기하지 마라! 당신의 뒤에 강력한 조국이 있다는 것을 기억하라!(中華人民共和國公民: 當你在海外遭遇危險, 不要放棄! 在你身後, 有一個強大的祖國)"라는 자막이 등장한다.

48 권기영, 2017, 「'한한령(限韓令)'을 통해 본 중국 대외문화정책의 딜레마」, 『중국문화연구』 37, 29~54쪽.

49 「한국인 '중국 싫다' 응답 1년새 15%P 급증, 이유는?」, 매일경제, 2021.9.28.

제5장

1 陸正涵, 1990, 「民族文化虛無主義的誤區」, 『人文雜志』 第3期; 杜文君·史春林·李曄, 1991, 「近年來有關民族文化虛無主義評論述要」, 『東北師範大學報』 第6期; 王繼平, 1997, 「論近代中國的文化虛無主義-中國近代文化思潮剖析之三」, 『湘潭大學學報(哲學社會科學版)』 第4期; 李翔海, 2013, 「中華民族偉大復興需要中華文化發展繁榮-學習習近平同志在山東考察時的重要講話精神」, 『求是』 第24期; 高長武, 2016, 「科學對待中國傳統文化, 需要反對四種錯誤傾向」, 『紅旗文稿』 第14期; 王炳權, 2020, 「警惕文化虛無主義的內在破壞力」, 『世界社會主義研究』 第9期.

2 王炳權, 2020, 「警惕文化虛無主義的內在破壞力」, 『世界社會主義研究』 第9期.

3 習近平, 2014, 「在中共中央政治局第十八次集體學習時強調牢記歷史經驗歷史教訓歷史警示爲國家治理能力現代化提供有益借鑒」, 『人民日報』, 1月 14日.

4 于化民, 2020, 「在文化自信中激發革命文化的活力」, 『中國社會科學網』, 11月 9日.

5 張可榮·李艶飛, 2017, 「偏激言辞: 五四思潮的論戰策略」, 『長沙理工大學學報(社會科學版)』, 第6期.

6 于化民, 2020, 「在文化自信中激發革命文化的活力」, 『中國社會科學網』, 11月 9日.

7 習近平, 2013, 「在全國宣傳思想工作會議上的講話」, 『人民日報』, 8月 21日.

8 張國勤, 1990, 「論弘揚民族優秀文化-兼評民族文化虛無主義」, 『理論探討』, 第5期; 李翔海, 2013, 「中華民族偉大復興需要中華文化發展繁榮-學習習近平同志在山東考察時的重要講話精神」, 『求是』第24期.

9 于化民, 2020, 「在文化自信中激发革命文化的活力」, 『中國社會科學網』, 11月 9日.

10 宋乃慶・買瑜・廖曉衡, 2015, 「中華優秀傳統文化與社會主義核心價值觀的培育和踐行」, 『思想理論教育導刊』第4期, 64~67쪽.

11 習近平, 2021, 「以時代精神激活優秀傳統文化生命力-八論學習貫徹習近平總書記來閩考察重要講話精神」, 『央視網』, 4月 4日.

12 吳海燕, 2020, 「新時代文化虛無主義的三重理論批判」, 『思想教育研究』第11期, 79쪽.

13 朱康有, 2021, 「「两个相結合」是馬克思主義中國化的必然途徑」, 『中國青年報』, 11月 22日.

14 韓震, 2019, 『社會主義核心價值觀的話語構建與傳播』, 中國人民大學出版社, 1~8쪽.

15 習近平, 2020, 『談治國理政』第3卷, 外文出版社, 32쪽.

16 習近平, 2016, 「在慶祝中國共產黨成立95周年大會上的講話」, 7月 1日.

17 吳敏燕, 2019, 「習近平關於文化建設重要論述的邏輯理路」, 『中共中央黨校(國家行政學院)學報』第23卷 第2期.

18 테리 이글턴 지음, 이강선 옮김, 2021, 『문화란 무엇인가』, 문예출판사, 13쪽.

19 『論語・學而』"弟子入則孝, 出則悌, 謹而信, 泛愛衆, 而親仁. 行有餘力, 則以學文."

20 『論語・雍也』"君子博學于文, 約之以禮, 亦可以弗畔矣夫!"

21 『論語・子罕』"文王旣没, 文不在玆乎?"

22 『論語・顔淵』"君子質而已矣, 何以文爲?"

23 『論語・雍也』"質勝文則野, 文勝質則史, 文質彬彬, 然後君子."

24 韋昭 注 "文者, 德之總名."

25 『國語・周語』"襄公有疾, 召頃公而告之, 曰必善晉周, 將得晉國. 其行也文, 能文則得天地, 天地所胙, 小而後國. 夫敬, 文之恭也. 忠, 文之實也. 信, 文之孚也. 仁, 文之愛也. 義, 文之制也. 智, 文之輿也. 勇, 文之帥也. 教, 文之施也. 孝, 文之本也. 惠, 文之慈也. 讓, 文之材也."

26 『論語・八佾』"行周禮者爲華夏, 拒周禮者爲夷狄."

27 『春秋』"夷狄入中國, 則中國之, 中國入夷狄, 則夷狄之."

28 『左傳・成公四年』"非我族類, 其心必異."

29 『說文解字』"化, 教行也."

30 『易・乾卦』"善世而不伐, 德博而化."

31 『周易・賁卦・象傳』"觀乎天文, 以察時變, 觀乎人文, 以化成天下觀乎人文, 以化成天下."

32 『說苑・指武』"聖人之治天下也, 先文德而後武力, 凡武之興爲不服也. 文化不改, 然後加誅."

33 『說苑・指武』"聖人之治天下也, 先文德而後武力."

34 劉婧, 2020, 『中國古代教化思想現代價值轉換研究』, 東北師範大學 博士學位論文, 12쪽.

35 『呂氏春秋』"三苗不服, 禹請攻之, 舜曰, 以德可也. 行德三年, 而三苗服."

36 『論語・季氏』"远人不服, 則修文德以來之."

37 한림학사, 2007, 『통합논술 개념어 사전』, 청서.

38 孫隆基 지음, 박병석 옮김, 1999, 『중국문화의 심층구조』, 교문사, 439쪽.

39 中共中央关, 2020, 「中共中央關於制定國民經濟和社會發展第十四个五年規劃和二〇三五年遠景目標的建議」, 10月 29日 中國共產黨第十九屆中央委員會第五次全體會議通過.

40 習近平, 2017, 「習近平在中國共產黨第十九次全國代表大會上的報告」, 10月 18日; 習近平, 2016,

「習近平在中國文聯十大, 中國作協九大開幕式上的講話」, 11月 30日.
41 習近平, 2016, 「習近平在中國文聯十大, 中國作協九大開幕式上的講話」, 11月 30日.
42 박현숙, 2019, 「"홍콩인이다" 대 "중국인이다"」, 『한겨레21』 제1281호.
43 賀敬之, 1990, 「關于建設有中國特色的社會主義文化的幾点看法」, 『求是』 第6期; 何承杰, 2019, 『當代 中國民族文化虛無主義對大學生的影響及對策研究』, 西南大學碩士學位論文, 21쪽; 梁大偉·李祺, 2021, 「新時代文化虛無主義的中國樣态, 理論批判及治理對策」, 『思想教育研究』 第1期, 77쪽; 夏偉東, 1989, 「論道德文化的承接」, 『中國人民大學學報』, 第6期; 高長武, 2016, 「科學對待中國傳統文化, 需要反對四種錯誤傾向」, 『紅旗文稿』 第14期.
44 周桂銀, 2012, 「中國古代"天下主義"的千年傳統: 演進, 內涵和特征」, 『世界經濟與政治論壇』 第2期, 18쪽.
45 葛兆光, 2015, 「對"天下"的想象一一个烏托邦想象背後的政治, 思想與學術」, 『思想』 總第29期.
46 周桂銀, 2012, 「中國古代"天下主義"的千年傳統: 演進, 內涵和特征」, 『世界經濟與政治論壇』 第2期, 12쪽.
47 趙汀陽, 2008, 「天下體系的一个簡要表述」, 『世界經濟與政治』 第10期, 57쪽.
48 許紀霖·劉擎 主編, 2015, 『新天下主義』, 上海人民出版社, 24쪽.
49 習近平, 2021, 「必須不斷推動構建人類命運共同體」, 『人民日報』, 8月 19日.
50 張菲·陸衛明, 2003, 「近現代中國文化民族主義評析」, 『理論月刊』 3期, 42쪽.
51 中共中央辦公廳·國務院辦公廳, 2017, 『關于實施中華優秀傳統文化傳承發展工程的意見』, 1月 25日.
52 中共中央, 2020, 「中共中央關于制定國民經濟和社會發展第十四个五年規劃和二〇三五年遠景目標的建議」, 10月 29日 中國共産黨第十九屆中央委員會第五次全體會議通過.
53 孫隆基 지음, 박병석 옮김, 1999, 『중국문화의 심층구조』, 교문사, 388쪽.
54 保爾, 「韓服有多少位"師師"?」, 『觀察者網』, 2022年 2月 1 6日.
55 테리 이글턴 지음, 이강선 옮김, 2021, 『문화란 무엇인가』, 문예출판사, 77쪽.
56 王士成, 2013, 『新聞誤讀現象研究』, 山東大學碩士論文, 15쪽.

제6장

1 『譯語類解』 상, 時令篇
2 양주동, 1962, 「수리·가위考」, 『국학연구논고』, 을유문화사.
3 서재극, 1965, 「가배考」, 『대구교대논문집』 1.
4 『삼국사기』 권1, 신라본기1, 유리이사금 9년조, "春 … 王旣定六部, 中分爲二, 使王女二人, 各率部內女子, 分朋造黨. 自秋七月旣望, 每日早集大部之庭, 績麻乙夜而罷. 至八月十五日, 考其功之多小, 負者置酒食, 以謝勝者. 於是, 歌舞百戲皆作, 謂之嘉俳. 是時, 負家一女子, 起舞嘆曰, '會蘇會蘇.' 其音哀雅. 後人因其聲而作歌, 名會蘇曲."
5 『삼국사기』 권1, 신라본기1, 유리이사금 9년조, "改六部之名, 仍賜姓. 楊山部爲梁部, 姓李. 高墟部爲沙梁部, 姓崔. 大樹部爲漸梁部 一云牟梁. 姓孫. 于珍部爲本彼部, 姓鄭. 加利部爲漢祇部, 姓裴. 明活部爲習比部, 姓薛. 又設官有十七等. 一伊伐飡, 二伊尺飡, 三迊飡, 四波珍飡, 五大阿飡, 六阿飡, 七一吉飡, 八沙飡, 九級伐飡, 十大奈麻, 十一奈麻, 十二大舍, 十三小舍, 十四吉士, 十五大烏 十六小烏 十七造位." 한편 박남수는 이를 두고 '집단요역의 전통이 민속화된 것'이라고 보았다.(1996, 『신라수공업사』, 서

울: 신서원, 35쪽.)

6 전덕재, 2018, 「삼국사기 신라본기 초기 기록의 사료비판과 활용」, 『삼국사기 본기의 원전과 편찬』, 주류성.
7 『삼국사기』 권4, 신라본기4, 법흥왕 7년조, "春正月, 頒示律令, 始制百官公服朱紫之秩."
8 조선총독부, 1936, 『朝鮮の鄕土娛樂』, 서울, 77·166쪽.
9 한국민족문화대백과사전
10 에리히 노이만(박선화 역), 2017, 『위대한 어머니 여신』, 살림, 355~366쪽.
11 『삼국사기』 권42, 열전2, 김유신 중, "庾信嘗以中秋夜, 領子弟立大門外, 忽有人從西來. 庾信知高句麗 諜者, 呼使之前曰, '而國有底事乎.' 其人俯而不敢對. 庾信曰, '無畏也. 但以實告.' 又不言. 庾信告之 曰, '吾國王, 上不違天意, 下不失人心, 百姓欣然皆樂其業. 今爾見之, 往告而國人.' 遂慰送之, 麗人聞 之曰, '新羅雖小國, 庾信爲相, 不可輕也.'"
12 『삼국사기』 권43, 열전3, 김유신 하, "嫡孫允中, 仕聖德大王爲大阿湌, 屢承恩顧, 王之親屬, 頗嫉妬之. 時屬仲秋之望, 王登月城岑頭眺望, 乃與侍從官, 置酒以娛, 命喚允中. 有諫者曰, '今宗室戚里, 豈無好 人, 而獨召踈遠之臣. 豈所謂親親者乎.' 王曰, '今寡人與卿等, 安平無事者, 允中祖之德也. 若如公言, 忘弃之則非善善及子孫之義也.' 遂賜允中密坐, 言及其祖平生. 日晚告退, 賜贈影山馬一匹, 墓臣覬望 而已."
13 나희라, 2021, 「문헌자료를 통해 본 고려시대의 추석」, 『한국사학보』 84, 고려사학회, 105쪽.
14 한문으로는 다음과 같이 쓴다. 加也勿 減也勿, 但願長似嘉俳日(『洌陽歲時記』)
15 추석 달을 '수퍼 문(super moon)'이라 한다. 달과 지구 사이의 거리가 가장 가깝게 되는 날로서 다른 보름 달보다 10% 정도 크게 보인다고 한다. 박동일, 2018, 『24절기와 속절』, 223쪽. 달의 높이가 적도의 높이에 있음.
16 咸通十三年歲次壬辰八月十四日立沙門幸宗(谷城 大安寺 寂忍禪師塔碑)
17 [歲]次己亥八月十五日立刻者崔煥規(毘盧寺眞空大師普法塔碑)
18 예를 들면 전남 장흥군 곽산읍 천관사의 대웅보전 낙성식(이어서 산사음악회 열림)이 2016년 양력 9월 16일(음력 8월 16일 금요일) 오후 6:30에 열렸고, 경남 고성군 보성사 대웅전 삼존불 점안식 및 낙성식이 2019년 9월 15일(음력 8월 15일 목요일)에 열렸다.
19 『삼국사기』 권32, 제사지, "一年六祭五廟, 謂正月二日·五日·五月五日·七月上旬·八月一日·十五日."
20 서영대, 1985, 「삼국사기와 원시종교」, 『역사학보』 105.
21 『삼국사기』 권32, 제사지 및 같은 책 권45 온달전.
22 『周禮·春官·典瑞』, "以朝日" 鄭玄注. 天子當春分朝日, 秋分夕月.
23 『國語』 魯語 下, "少采夕月" 注. 夕月以秋分
24 『신증동국여지승람』 권21, 경상도(慶尙道) 경주부조.
25 『삼국사기』 권32, 악지, "王寶高所制三十曲, 上院曲一, 中院曲一, … 春朝曲一, 秋夕曲一, … 降天聲 曲一. 克宗所製七曲, 今亡."
26 孫雪岩, 2011, 『韓國秋夕的文化變遷与功能研究』, 中央民族大学博士学位论文, 21쪽.
27 李惠求, 1976, 「통일신라의 문화 - 음악」, 『한국사』 3, 354쪽.
28 이혜구, 1985, 『한국음악사 - 한국예술사 총서 3』, 대한민국예술원, 113~114쪽.
29 양주동, 1968, 『古歌硏究』, 일조각, 30쪽.
30 『삼국유사』, 기이2, 가락국기, "遂於闕之艮方平地造立殯宮, 高一丈周三百步, 而葬之號首陵王廟也. 自嗣子居登王洎九代孫仇衡之享是廟, 湏以每歲孟春三之日·七之日·仲夏重五之日·仲秋初五之日·十五之日, 豊潔之奠相繼不絶."

31 이규경,『오주연문장전산고』, 경사편 6, 논사류 2, 풍속;『분류 오주연문장전산고』XX, 294쪽, 1981, 민족문화추진회.
32 銀燭秋光冷畫屛 은빛 촛불은 차가운 가을 병풍에 어리는데
 輕羅小扇撲流螢 가벼운 명주 부채는 날으는 반딧불과 부딪히네
 天階夜色涼如水 밤하늘에 이르는 서늘한 물빛에서
 坐看牽牛織女星 앉은 채 견우 직녀성 바라보네
33 八月雨 謂之荳花雨. 八月十四日 民並以朱墨點小兒頭額 名爲天灸 以壓疾. 又以錦綵爲眼明囊 遞相遺餉. 번역은 국립민속박물관, 2006,『중국대세시기 1』에 따름.
34 『續修四庫全書』 885, 史部 時令類,"世俗 八月一日 或以朱墨點小兒額 名爲天灸."
35 국립민속박물관, 위의 책, 283~288쪽.
36 국립민속박물관, 위의 책, 395~396쪽.
37 이용현, 2006,「梁書·隋書·南史·北史의 新羅傳 비교 검토」,『신라사학보』 8, 신라사학회; 전덕재, 2018,「삼국사기 신라본기 초기 기록의 사료비판과 활용」, 위의 책.
38 '大書'라 함은 짧은 신라전에 이 기사를 선정했다는 뜻이다.
39 『고려사』 권81, 병지1, "나라에서는 매년 중추가 되면 동반(東班)과 서반의 관원을 교외로 불러모아 활쏘기와 말타기를 익히게 하고 있습니다."
40 이 문장에는 '作節'이 두 번 나오는데 각기 달리 해석하면 恣意的이고 便宜的이라는 비판을 피하기 어렵다. 그런데 小野는 '作節'에서 끊지 않고 '仍作節樂而喜懽'로 끊었다.
41 小野勝年, (1964)1989,『入唐求法巡禮行記の研究』 第2卷, 鈴木學術財團, 95~96쪽.
42 1859년 尹廷琦가 우리나라의 지리와 역사 등을 사전식으로 편찬한 지리서. '가배' 언급은 권4, 方言條에 나온다.
43 小野勝年, 위의 책. 가배를 말하는 원문 인용에서 小野는 밑줄 부분을 빠뜨렸다.
44 足立喜六 譯註, 鹽入良道 補註, 1970,『入唐求法巡禮行記』1, 東洋文庫 157, 平凡社, 205쪽; 김문경, 2001,『엔닌의 입당구법순례행기』, 중심, 195쪽.
45 足立喜六 譯註, 鹽入良道 補註, 위의 책, 205·208쪽.
46 라이샤워는 원문의 승전 기사를 668년에 신라가 고구려를 멸망시킨 사실을 가리킨다고 보았다. Ennin's Diary, THE RECORD OF A PILGRIMAGE TO CHINA IN SEARCH OF THE LAW, translated by EDWIN O. REISCHAUER, 1955, New York, p. 142.
47 『三國史記』 卷6, 新羅本紀6, 文武王 8年條, "仁問天存都儒等領一善州等七郡及漢城州兵馬 赴唐軍營. 二十七日 王發京 赴京兵. 二十九日 諸道摠管發行 王以庚信病風 留京. 仁問等遇英公 進軍於嬰留山下{嬰留山在今西京北二十里}. 秋七月十六日 王行次漢城州 敎諸摠管往會大軍 文穎等遇高句麗兵於蛇川之原 對戰 大敗之. 九月二十一日 與大軍合圍平壤 高句麗王先遣泉男産等 詣英公請降. 於是 英公以王寶臧王子福男德男大臣等二十餘萬口廻唐."
48 다음 책에서도 지적된 바 있다. 三品彰英, 1943,『新羅花郎研究』, 130쪽.
49 나희라, 2021, 앞의 논문, 103~104쪽.
50 餺飥: 捘如大指許, 二寸一斷, 著水盆中浸, 宜以手向盆旁按使極薄, 皆急火逐沸熟煮. 非直光白加愛, 亦自滑美殊常. (82장 餠法)
51 "초본(抄本)에는 鈍으로 잘못 되어 있는데, 飥이 맞다. 박탁(鎛飥)이라고도 쓰는데, 飥飥·餡飥 등이라고도 한다. 밀가루로 만든 떡의 일종이다." 小野勝年, 1964,『入唐求法巡禮行記の研究』 第2卷, 鈴木學術財團, 95쪽.
52 李圭景,『五洲衍文長箋散稿』人事篇 服食類 諸膳 飮膳辨證說, "餺飥 卽不托 卽刀切麪也."

53 신복룡 번역, 1991, 『입당구법순례행기』, 정신세계사, 111쪽.
54 김인희, 2019, 「적산(赤山) 법화원(法華院)의 8월 15일 명절 연구」, 『제13회 신라학국제학술대회, 신라의 민속』, 신라문화유산연구원. 그는 적산 법화원 당시의 박탁은 칼국수를 지칭한다고 보았다. 하지만 원문은 餺飥이므로 훈툰 모양이라고 했다. 이어지는 논고에서 그는 "박돈은 송편의 기원이다"라고 했다. 김인희, 2019, 「중국 중추절의 기원은 신라?」, 『동북아역사재단 뉴스』 vol.156. 『훈몽자회』에서는 '만두 혼, 만두 둔'이라 풀이했다.
55 이쯤에서 한 사물을 놓고 지역에 따라, 또는 시대에 따라 조금씩 달리 부르는 경우도 생각해 볼 필요가 있다. 우리(한국)의 표준말이 '국수'이지만 지방에 따라 '국시'라고도 하듯이 약간의 차이를 너무 정면으로 받아들일 필요는 없다고 본다.
56 黃濤, 2011, 「入唐求法巡禮行記 所載 唐代節習俗考辨」, 『동아시아문화연구』 24쪽 등.
57 米·麥·粟 등의 가루를 반죽하여 이것을 찌거나 굽거나 한 것을 餠이라 한다. 8월 15일(중추절)에 먹는 떡은 월병(月餠)이라고 아름답게 부른다. 지금은 깨(胡麻)와 서과(西瓜) 등을 떡에 넣어 기름에 볶은 과자를 말한다(小野勝年, 『入唐求法巡禮行記の硏究』 第2卷, 鈴木學術財團, 1964, 95쪽).
58 [日本語用法] もち°もち米を蒸してついた食品 (『全譯 漢辭海』 三省堂, 2000)
59 에리히 노이만, 앞의 책, 369·429·461쪽.
60 최광식, 2019, 「문헌상으로 본 신라의 세시풍속」, 『신라사학보』 47, 173~174쪽.
61 서영대, 2021, 「추석의 연원에 관한 연구사 검토」, 『한국사학보』 84, 고려사학회, 47쪽.
62 나화 밀수제비. *나화 박:餺. 나화 탁飥(訓蒙上33) (남광우, 1984, 『補訂 고어사전』, 90쪽)
63 『정조실록』 권16, 정조 7년(1783) 10월 8일 병인 2번째 기사, 세종대왕기념사업회, 2016, 『역주 윤음언해』, 176쪽.
64 한자로는 松餠·松葉餠·松葉夾餠·葉子餢 등으로 쓰지만 '편'은 '절편'에서 보듯이 떡을 점잖게 이르는 고유어다. 반달 모양의 떡(개피떡, 바람떡)을 '달편/월편'이라 하는 것을 보면(박남일, 2004, 『좋은 문장을 쓰기 위한, 우리말 풀이사전』, 24쪽, 서해문집) 중국의 '月餠'이란 말도 그 기원은 오히려 신라에서 비롯되었을 가능성이 크다. 송편의 원래 모양은 솔가락 지겟과 솔잎 사이에 있는 데 비해 월편이 오히려 모양 면에서는 월병에 더 가깝다. 다시 말하면 달편→월편→월병으로 발전하는 과정을 추정해 볼 만하다.
65 김용갑의 인용문에도 보이듯이, 반드시 추석 때만 송편을 먹지는 않았다. 2월 초하루에도 아래 신분들에게 먹였는데 '좋은 음식' 또는 '후한 대접'을 한다는 취지다. 이날에 대해서는 다음과 같은 설명이 있다. "종날: 농가의 음력 이월 초하루, 이날 온 집안의 먼지를 털고 농사를 시작하며, 송편을 만들어 하인들에게 숫자대로 나누어 먹이던 풍습이 있었음." (박남일, 위의 책, 424쪽.)
66 김용갑, 2018, 「추석 대표 음식으로서 송편의 발달 배경」, 『인문논총』 75-2, 194쪽, 서울대학교 인문학연구원.
67 김용갑의 주장을 그대로 받아들여 최상규는 다음과 같이 썼다. "추석 송편은 오랜 옛날부터 한국의 전지역에서 빚어진 떡이 아닌, 현대에 들어 확대된 명절음식 문화임을 보여 준다."(2018, 「명절과 산림문화」, 『세시·풍속과 산림문화』, 숲과문화연구회·산림청, 89쪽.)
68 "당·송대에 들어 달 감상을 모태로 하는 추석이 출현했다"는 샤오팡(김지연 외 번역, 「월병과 추석 – 추석 풍습의 변천」, 『중국인의 전통생활 풍습』, 291쪽, 서울, 국립민속박물관)의 논지를 받아들임. 참고로, 月餠은 宋代에 처음 만들어져서 明朝에 이르러서야 중추절의 대표음식이 되었다.
69 추석-송편의 조합이 1930년대 이후라는 설에 위배되는 기사를 몇 인용해 본다. "금일은 팔월추석이다. … 철이 이른 해에는 햇쌀로 오려송편을 맨드러 먹는 곳도 있다."(동아일보, 1921년 9월 16일 자 석간, 사회면). "추석전야. 풋과실과 송편은 부자집의 명절"(동아일보, 1921년 9월 17일 자). "오날(늘)이 발서(벌써) 음력으로 팔월 일일이나 속담에 상말로 더도들(덜)도 말고 팔월 한가위가 제일이라는대 송편을 먹을 때도

머지 아니하얐다. 그러나 금년에는 몹쓸 홍수가 남북으로 두 번이나 지나가서 명절이 와도 송편은 고사하고 수수떡 한 개 하야 먹을 곡식도 업시 떠나려 보낸 농민들을 참 가이없다."(동아일보, 1922년 9월 21일 자). "내일은 음력으로 팔월보름날이니 추석이 이날이다. 한여름 동안 제멋대로 자라난 잡풀을 베이며 가을 성묘를 행하는 날도 이날이오 송편을 먹는 날도 이날이니 …"(동아일보, 1930년 10월 6일 자). 일부 현대 표기법으로 고친 곳 있다. "八月이라 秋夕날 / 송편 먹는 날" 김태준, 『소설집(전집 제5권)』 1936년(昭和11), 136쪽.
70 김용갑은 다음 글을 인용했다. 나경수 외, 2011, 「여수시 산삼면 초도의 세시풍속」, 『남도민속연구』 22.
71 依田千百子, 1977, 「秋夕考」, 『白初洪淳昶博士 還曆紀念史學論叢』; 『朝鮮民俗文化の硏究』에 다시 실림, 1985. 밑줄은 글쓴이.
72 위의 책, 「한중연중행사비교」, 128~130쪽.
73 曺述孌, 2010, 「中秋節 來歷慣習」, 『愛知淑德大學論集-文化創造硏究科篇』 10. 중국에서 중추절을 공휴일로 지정한 조처는 1203년 『慶元條法事類』 반포다. 김인희, 2021, 『또 하나의 전쟁, 문화전쟁』, 청아출판사, 116쪽.
74 "內外官吏則有假寧之節, 謂元正, 冬至各給假七日, 寒食通淸明四日, 八月十五日, 夏至及臘各三日." 상기숙은 中秋를 唐代의 '新興節日'로 분류했다. 2018, 「중국 민속문헌을 통해본 唐代 세시풍속 연구」, 『동방학』 38.
75 中村裕一, 2011, 『中國古代の年中行事』, 汲古書院, 329·367쪽.
76 陳馳, 2018, 「平安時代における八月十五夜の觀月の實態」, 歷史文化社會論講座紀要15.
77 熊飞, 1996, 「中秋节起源的文化思考」, 『文化史知识』 11期.
78 楊琳, 2000, 「中國傳統節日文化」, 宗教文化出版社, 北京.
79 구도영, 2021, 「한·중 문화교류상에서 고려·조선 摺扇의 의미」, 『한중 문화충돌 원인과 해결 방안 모색 학술토론회』, 동북아역사재단.
80 "盛唐 시대의 화장법으로써 머리를 높이 틀어 올려 쪽지는 髻堆와 뺨을 붉게 칠하는 面赭는 서역에서 들어온 胡風이었다. 전호태, 『중국인의 오브제』 201·370쪽, 성균관대학교출판부, 2020. 턱끈이 없어서 쉽게 썼다 벗을 수 있는 胡帽는 유목민족과 수렵민족이 즐겨 쓰던 모자였다. 5호 16국시대를 거치면서 이것이 중원 내륙에 들어와서 유행하였다."開元初 從駕宮人騎馬者 皆着胡帽 靚粧露面 無復障蔽. 士庶之家 又相倣效. 帷帽之制 絶不行用"(『舊唐書』, 輿服志)
81 劉德增, 2003, 「中秋節源自新羅考」, 『文史哲』 第6期(總第279期), 山東敎育學院.
82 黃濤, 「論中秋節起源于唐朝賞月風尙-兼駁"中秋節源自新羅"說」, 『文化安全與社會和諧』, 社會問題硏究叢書編輯委員會 編, 知識産權出版社, 2008年 6月, 「入唐求法巡禮行記 所載 唐代節日習俗考辨」, 『동아시아문화연구』 50, 2011.
83 윤성재, 「신라 가배와 여성 축제」, 『역사와 현실』 87, 2013.
84 요한 하위징아(이종인 옮김), 『호모 루덴스』, 52~53·73~75·302~303쪽, 연암서가, 2010.
85 端午及仲秋十五日上墓自駕洛始 (권37, 上元藥飯秋夕嘉會辨證說)

제7장

1 Laurajane Smith, 2006, *The Uses of Heritage*, New York: Routledge, 53~54쪽.
2 Regina F. Bendix, Aditya Eggert and Arnika Peselmann(2013, *Heritage Regimes and the State*, Göttingen: Göttingen University press, p.13; 권혁희, 2021, 「북한의 문화유산 담론의 창출과 변화」, 『북한학연구』 17-1, 394쪽 재인

용).
3 권혁희, 앞의 논문, 394~395쪽.
4 권혁희, 2018, 「공공민속학 담론의 현황과 과제」, 『한국민속학』 67, 25~26쪽, Convention for the Safeguarding of the Intangible Cultural Heritage(2003)의 가맹국 정보는 https://ich.unesco.org/en/states-parties-00024 참고.
5 김인희, 2021, 『또 하나의 전쟁, 문화전쟁』, 청아출판사.
6 김용환, 2007, 『모건의 가족 인류학』, 살림출판사.
7 앨런 바너드(김우영 옮김), 2003, 『인류학의 역사와 이론』, 한길사, 99~102쪽.
8 앨런 바너드, 앞의 책, 105~106쪽.
9 캐럴 엠버·멜빈 엠버(양영균 옮김), 2012, 『문화 인류학』, PEARSON, 57쪽.
10 앨런 바너드, 앞의 책, 110~112쪽; 강정원, 2008, 「옹기 문화지도 작성을 위한 이론적 모색-문화전파론을 중심으로-」, 『민족문화논총』 39, 84쪽 재인용.
11 캐럴 엠버·멜빈 엠버(양영균 옮김), 앞의 책, 57쪽.
12 피에르 봉트·미셸 이자르(류정아 옮김), 2021, 『민족학과 인류학 사전』 V, 커뮤니케이션북스, 232쪽.
13 공식적인 법률 지정 전까지는 주로 중국 국무원이 여러 차례로 행정 명령을 내려 중국의 무형문화유산 보호 사업을 지도하고 있었다. 그중에 가장 중요한 것은 2005년의 『중국 무형문화유산 보호 사업에 관한 국무원 판공청의 의견』이며, 이 문서에는 중국 무형문화유산 보호의 원칙을 "정부 주도, 사회 참여"로 규정하고 있다. 따라서 한국의 무형문화유산제도와 달리 중국은 중앙과 지방 정부가 주도적인 역할을 하고 있다. 이와 관련하여 무형문화유산 대표목록을 만드는 주체는 국가, 성, 시, 현·구 정부로 규정되어 있으며, 무형문화유산을 국가, 성, 시, 현·구 등 네 가지로 분류하고 있다. 조진곤, 2021, 「중국 위난성의 무형문화유산 보호 및 전승 현황」, 『아시아의 무형문화유산 학술회의 자료집』, 18쪽.
14 셰리 오트너(김우영 옮김), 2003, 『문화의 숙명』, 실천문학사, 33쪽.
15 한경구, 1994, 「어떤 음식은 생각하기에 좋다-김치와 한국 민족성의 정수-」, 『한국문화인류학』 26, 53쪽.
16 『동아일보』, 1936년 5월 5일 기사 참고.
17 경성제국대학 위생조사부(박현숙 옮김), 2010, 『토막민의 생활위생』, 민속원, 200쪽.
18 조숙정, 2007, 「김치와 문화적 지식」, 『한국문화인류학』 40-1, 83~85쪽.
19 오창현, 2016, 「19~21세기 한국 사회의 변동과 남서 연안부의 지역 축제」, 『한국문화인류학』 49-3, 361~406쪽.
20 한양명, 2009, 「경산자인단오제의 정체성과 발전 방향」, 『공연문화연구』 19, 5~33쪽.
21 권혁희, 2015, 「20세기 북한지역 단오의 지속과 변화에 대한 고찰: 식민지 시기 단오의 양상과 6·25 이후 사회주의적 변용을 중심으로」, 『한국민속학』 62, 163쪽. 북한이 단오를 중국 세시풍속으로 규정한 것은 국립민속박물관이 편찬한 『세시풍속대사전』에도 소개되어 있듯이 중국의 『열양세시기(洌陽歲時記)』에 형초(荊楚)의 풍속으로 소개한 것과 초나라 굴원이라는 인물과 관련된 기록 때문인 것으로 추정된다.
22 『양강일보사』, 「우리의 민속명절이 아닌 단오를 쇠는 현상을 철저히 없애자」, 2017년 7월 정치사업자료 참고.
23 문화의 전파가 아닌 '문화수용론' 입장을 강조하는 주장에 대한 논의는 김인희(2021)의 앞의 책 참고.
24 이평래, 2021, 「인류무형문화유산 후미 등재를 둘러싼 몽·중의 갈등과 그 배경」, 『아시아의 무형문화유산 학술회의 자료집』, 203~205쪽.
25 한국 정부도 이러한 점을 이미 인지해 해당 사태가 발생하기 이전인 2013년부터 농림수산부 주도 하에 중국 시장에서 한국 김치를 파오차이가 아닌 신치[후츠. Xinqi]로 홍보를 해왔다. https://namu.wiki/w/

%ED%8C%8C%EC%98%A4%EC%B0%A8%EC%9D%B4?form=MY01SV&OCID=MY01SV (검색일: 2021.11.8.)
26 오창현, 2021, 「유네스코 무형문화유산 협약의 가치와 실현수단에 관한 연구」, 『무형유산』 10, 14쪽.
27 김인희(2021)의 앞의 책, 32쪽 참고.

제8장

1 정열, 2020, 「홍위병의 부활?…지식인·기업 공격하는 中 극좌 논객들」, 『연합뉴스』, 1월 7일.
2 최원형, 2021, 「중국인·중국 정부 다 비호감, 청년세대 반중정서 톺아보다」, 『한겨레』, 11월 24일.
3 폭스 버터필드 저, 권덕주 역, 1987, 『고해 속의 중공』 上, 문조사, 43쪽.
4 李梅花, 2020, 「宋, 麗文化交流特点初探」, 『延邊大學學報(社會科學版)』 第3期, 59쪽.
5 馬爭鳴, 2008, 「杭州出土的高麗靑瓷」, 『東方博物』 第二十九輯, 115쪽.
6 權衡撰, 任崇岳 箋證, 1991, 『庚申外史箋證』, 中華書局, 96쪽. "高麗女婉媚善事人, 至則奪寵, 自至正以來, 宮中給事使令, 大半爲高麗女, 故四方衣冠靴帽, 大抵皆依高麗矣."
7 劉基 撰, 『誠意伯文集』 卷十 四部叢刊景刊明本. "女兒未始會穿針, 將去高麗學語音."
8 陸容 撰, 佚之点校, 1885, 『菽園雜記』 卷十, 中華書局, 123쪽. "馬尾裙始于朝鮮國. 流入京師人買服之, 未有能織者. 初服者, 惟富商貴公子歌妓而已. 以後武臣多服之, 京師始有織賣者. 于是無貴無賤, 服者日盛, 至成化末年, 朝官多服之者矣. 大抵服者下體虛奓, 取美觀耳. 閣老萬安公, 冬夏不脫, 宗伯周公洪謨, 重服二腰. 年幼侯伯駙馬, 至有以弓弦貫其齊者. 大臣不服者, 惟黎吏侍淳一人而已. 此服妖也° 弘治初, 始有禁例."
9 唐丑末, 2019, 『明代女性服飾的美學研究』, 黑龍江大學碩士學位論文, 41쪽.

동북아역사재단 연구총서 135
문화의 시대, 한중 문화충돌

초판 1쇄 인쇄　2022년 7월 15일
초판 1쇄 발행　2022년 7월 25일

지은이　김인희, 임동욱, 박정수, 박영환, 윤경우, 신종원, 권혁희
펴낸이　이영호
펴낸곳　동북아역사재단

등 록　제312-2004-050호(2004년 10월 18일)
주 소　서울시 서대문구 통일로 81, NH농협생명빌딩
전 화　02-2012-6065
팩 스　02-2012-6189
홈페이지　www.nahf.or.kr
제작·인쇄　청아출판사

ISBN　978-89-6187-907-1　　93910

- 이 책은 저작권법으로 보호를 받는 저작물이므로 어떤 형태나 어떤 방법으로도 무단전재와 무단복제를 금합니다.
- 책값은 뒤표지에 있습니다. 잘못된 책은 바꾸어 드립니다.